法国一流大学的
国际化战略逻辑与实施路径

以法国高师集团为例

张　丹◎著

华东师范大学出版社
·上海·

图书在版编目(CIP)数据

法国一流大学的国际化战略逻辑与实施路径:以法国高师集团为例/张丹著. —上海:华东师范大学出版社,2024
ISBN 978-7-5760-4335-8

Ⅰ.①法… Ⅱ.①张… Ⅲ.①高等教育-国际化-研究-法国 Ⅳ.①G649

中国国家版本馆 CIP 数据核字(2024)第 071585 号

法国一流大学的国际化战略逻辑与实施路径
以法国高师集团为例

著　者　张　丹
策划编辑　彭呈军
责任编辑　孙　娟
特约审读　朱晓韵
责任校对　王丽平
装帧设计　卢晓红

出版发行　华东师范大学出版社
社　　址　上海市中山北路 3663 号　邮编 200062
网　　址　www.ecnupress.com.cn
电　　话　021-60821666　行政传真 021-62572105
客服电话　021-62865537　门市(邮购)电话 021-62869887
地　　址　上海市中山北路 3663 号华东师范大学校内先锋路口
网　　店　http://hdsdcbs.tmall.com

印刷者　上海展强印刷有限公司
开　本　787 毫米×1092 毫米　1/16
印　张　20
字　数　256 千字
版　次　2024 年 8 月第 1 版
印　次　2024 年 8 月第 1 次
书　号　ISBN 978-7-5760-4335-8
定　价　78.00 元

出版人　王　焰

(如发现本版图书有印订质量问题,请寄回本社客服中心调换或电话 021-62865537 联系)

国家社会科学基金"十三五"规划 2019 年度教育学一般课题"法国创建世界一流大学的国际化战略研究：以法国高师集团为例"，课题批准号：BDA190070。

序 一

　　法国是世界近代高等教育的重要发祥地,在 12 世纪形成的巴黎大学一度成为后来大学的样板,有"母大学"之称。在 12 世纪到 18 世纪的数百年时间里,由于高等教育的发展,法国一直是欧洲乃至世界高等教育、科学技术和文化的中心。在 18 世纪后期,为了应对社会经济发展对专业人才的需要,法国的大学校(Les Grandes Ecoles)应运而生,综合大学与大学校并行不悖,成为法国教育对于世界教育发展的独特贡献。与综合性大学相比,大学校招生的选拔性更强、培养过程的专业性更强,更加强调实践教学,更加重视外语学习,致力于培养科研、工程、政治和商业精英,因而得到社会各界的高度认可,其声誉远胜于综合大学,不得不说是世界高等教育领域的一个奇迹。在大学校中,工程师学院数量最多,然后依次是商业学院、行政学院、师范学院、军事学院、新传学院等。师范学院虽然为数不多,主要包括巴黎高等师范学校、里昂高等师范学校、卡尚高等师范学校和雷恩高等师范学校等,却是显示度颇高的一种类型,特别是巴黎高等师范学校是一所世界闻名的一流大学,是世界重要的数学、科学和哲学研究中心,其办学经验已被世界各国所广为研究和仿效。在建设世界一流大学和学科的我国,以巴黎高等师范学校为代表的师范学院类大学校,也成为我国高等教育研究的对象,并涌现出一批高水平的研究成果,张丹博士的新作《法国一流大学的国际化战略逻辑与实施路径——以法国高师集团为例》便是其中一个。

　　在《法国一流大学的国际化战略逻辑与实施路径——以法国高师集团为例》中,张丹博士把法国高等教育置于全球化和欧洲高等教育一体化的宏观背景下,以法国高师集团为案例探讨法国创建世界一流大学的过程中的国际化战略逻辑与实施路径,特别是如何有效处理国际化、区域化和本土化之间的关系。首先,她分析了法国高等教育国际化战略、模式及路径选择,探讨欧洲高等教育一体化对法国高等教育国际化战略的影响,试图回答如何平衡欧洲区域一体化与国际化之间的关系问题。其次,她分析了教育国际化背景下法国大学校在改革机制、法律保障、财政引导、治理模式及学科等方面的改革与实践探索,揭示法国高等教育改革如何逐步打破制度藩篱,实现政策革新,从而提升世界一流大学的国际竞争力。第三,她系统分析了法国大学校在打造一流大学与一流学科方面的人员保障、管理保障以及质量监控与评价体系等,具体聚焦新的管理模式、评价体系保障、师资的选拔与培养以及跨学科、多学科的课程改革趋势。

细读该著作,我认为张丹博士在以下三个方面实现了研究的突破。第一,该著作结合了教育政策学研究框架以及社会学中的国家、官僚与社会群体,社会空间以及社会封闭等社会学理论,以实证研究多方位立体式地分析了法国高等教育国际化战略与双一流建设机制等问题。第二,该著作以政策执行主体学校即法国高师集团为研究对象,通过对学校组织内部机制的分析,阐述了法国大学校国际化的宏观战略、政策策略、中观机制及其在执行中的有效性,评判宏观政策与高校实践诉求间的差距。第三,该著作通过分析教育法典(档案)与政策文本等一手法语资料,结合实际改革的制定者和执行者的面对面访谈及田野调查,将高等教育国际化理论分析与高等教育国际化战略的比较研究、创建世界一流大学中教育法典条文与相关政策研究、"双一流建设"的实证研究等有机结合,体现国际比较研究与本土问题的融合、实证研究与理论分析的融合、研究的广度与深度的融合。

张丹博士的新作在法国一流大学的国际化研究方面进行了有益的尝试,也为我国"双一流"建设特别是高水平大学的国际化发展提供了有益的借鉴。在全球化时代,高等教育国际化是世界高等教育改革与发展的重要趋势,也是亟待进一步深入研究的课题。我期待张丹博士进一步深化自己的研究,有更多的成果问世;同时也期待有更多的中青年学者加入到高等教育的国际化研究中,一起拓展高等教育国际化研究的知识前沿,共同为我国高等教育的国际化发展建言献策。

刘宝存

2024 年 3 月 21 日于北京师范大学英东教育楼

序　二

　　张丹副教授的著作《法国一流大学的国际化战略逻辑与实施路径：以法国高师集团为例》对法国大学如何参与全球化进程进行了及时、重要且深刻的探讨。这些进程正在推动高等教育领域的全球化，这使法国在其中占据了独特的地位。20 世纪 90 年代和 21 世纪初，法国因抵制公司化和市场化趋势脱颖而出，而其他国家则受到了新自由主义和新公共管理理念的影响。毋庸置疑，2000 年启动的里斯本议程及 1999 年启动的博洛尼亚进程推动的相关改革对法国的影响绝不仅仅是表面上的。在一些权威专家看来，法国对咨询文化的回避至少是法国得以抵御市场化趋势的一个原因，而在 20世纪 90 年代，其他国家的咨询文化迅速见证了大学自治和治理结构转型。

　　然而，随着时间的推移以及政治右倾的转变，法国大学部门面临着许多持续的挑战和变化。这些挑战和变化削弱了共和主义项目计划，并代之以新的治理模式。这种模式更多地依赖于一套新的全球性话语、策略和干预措施，来定义现代大学和法国高等教育部门当下可以做什么和应该做什么。与英国和美国的大学系统可能截然不同，法国的这一独特安排引发了高等教育部门内外以及法国不同机构与世界各地机构之间关系的一系列重大转变。

　　该书包括 10 个章节，并巧妙地分为几个部分，以帮助读者更好地理解和导航文本结构。张丹副教授巧妙而深思熟虑地带领我们踏上了一段旅程，介绍了法国高等教育生态系统的复杂性、模式和路径，然后详细探讨了政策执行所依赖的战略机制等。与世界上大部分顺应全球大学变革潮流的戏剧性变化类似，这本书也向我们展示了法国高等教育体系如何以其独特的方式被重塑和重新框定，这源于其自身的历史基础以及一系列政治和社会安排。正因如此，这本书为我们提供了对法国高等教育部门的独特见解。这不仅使我们能够初步了解法国高等教育与博洛尼亚进程和里斯本议程的关系，还使我们深入了解了高等教育部门内部和大学内部的治理安排。还有一些章节实际上探讨了法国在全球排名中的参与，以及对各学科进行的改革，这些章节还讨论了这些学科和交叉学科改革如何在不同类型的制度实践和组织安排中得以具体落实。

我发现真正令人着迷和重要的是，张丹副教授实际上提出了一系列关于目标、如何实现目标、项目课程和专业课程之间的关系、与传统学科的差异以及课程教学模型如何发展的问题。她探讨了学科知识是如何选择的，卓越学科有什么特质或属性以及它们是如何构建的，这些都是极其重要的问题，读者通过深刻的反思理解和探索能获得丰富的启发，从而形成新的理解。

我还特别喜欢最后几章，作者深入探讨了在法国多所高等教育机构中运作的教师教育项目，以及引入的教师专业能力标准。这些措施和标准显然不仅仅是在高等教育领域内部，而且在法国及其教育领域的更广泛范围内产生重大影响。张丹副教授介绍了学校为教师职业发展提供的配套支持性政策，以及一流大学培养教师的方式和模式。

总之，这是一本了不起的书、一部杰作，值得广泛阅读。我坚信它将被列入重点阅读清单，特别是在中国的国际与比较教育课程中。这是一部最好的学术智识作品，值得在更广泛的国际和比较教育领域中被更多人看到并阅读。

苏珊·罗伯森
英国剑桥大学教育系

Preface

Professor Zhang's book, aptly titled The Strategic Approach and Practical Path of Internationalization is a timely, important and insightful account of how universities in France are engaging with global processes. In turn, these processes are globalizing the higher education sector, such that France stands in a very different position. France stood out in the 1990s and early 2000s as resisting what appeared to be the slide into corporatization and marketization elsewhere, injected by ideologies broadly associated with neoliberalism and new public management. For sure the Lisbon Agenda launched in 2000 and its allied reforms driven by the Bologna process launched in1999 caused more than a set of sub surface disturbances in France. To some pundits, the eschewing of the consultancy culture that elsewhere rapidly saw universities autonomy and governance structures transformed in the 1990s, was at least one reason for its imperviousness.

However, over time, and as a result of political shifts to the right, the French university sector has now faced many ongoing challenges and changes that have weakened the Republican project and replaced it with a new governance model that owes more to the global dominance of a new set of discourses, strategies and interventions about what a modern university and higher education sector in France now can do and should do.

Frances' very different set of arrangements to perhaps university the university sector in both the UK and in the United States, has resulted in a series of very significant shifts, both within and across the sector, as well as the relationship between different institutions in France and in different parts of the world.

Ranging over 10 chapters and usefully divided into sections to help the reader navigate the text. Zhang has skillfully and thoughtfully taken us on a journey that introduces us to the complexities of the French ecosystem. Its models and pathways before engaging us and looking closely at the strategic mechanisms through which policy work is done.

Much like much of the rest of the world that is dance to the tune of the global university drama, saying also shows us that it has been reframed and reshaped in a distinct unique way, the outcome of its own historical anchoring and a set of political and social arrangements. For all of these reasons this book offers unique insights into a French higher education sector. That moves us across from looking at its relationship initially, to the Bologna and Lisbon process right throughout into looking at recalibrations of the governance arrangements internally within the sector and within universities.

Other chapters actually address France's engagement with the global rankings as well as sets of reforms to disciplines and the way in which those disciplines and interdisciplinarity is both mobilised and materialised in different kinds of institutional practices and arrangements.

What I found really fascinating and important, here to is the set of questions that Zhang actually asked around goals, how things might be achieved, the relationship between project courses and specialised courses, the differences that might exist with the traditional disciplines and how curriculum teaching models are being developed. She asked How is disciplinary knowledge selected? And what attributes do top tier disciplines have and how they constructed? These are all incredibly important questions and ones that the reader will be rewarded by, by insightful reflexive understandings and explorations giving rise to new understandings.

I also particularly liked the final chapters that delve into the teacher education programmes. that operate in a number of the French institutions, as well as the introduction of professional teacher professional competency standards, which of course will have major ramifications, not just within the university sector, but with it across the wider education sector in France and beyond. She asks: what supporting policies does the school provide for teachers' professional development? And, what are the ways and models for top tier universities to cultivate faculty?

Again, this is a terrific book, a tour de force and one that deserves to be read incredibly widely. And I have no doubt that it will be on the key reading lists, particularly in comparative international courses in China, but also way beyond China. This is an intellectual work at its best and deserves to be given the widest possible set of exposures in the broader comparative and international community.

Susan Robertson

Faculty of Education, University of Cambridge

序 三

三十年来,高等教育机构始终在全球、区域、国家和地方的多重环境中运作.20世纪90年代末,全球知识经济的理念生根发芽.欧盟于2000年制定里斯本战略,旨在确保欧洲在2010年能够成为全球最具竞争力的知识区域.随后,主要的全球排名系统相继在2003年和2004年出现,最初由英语国家的高等教育机构主导,加速了许多非英语国家陆续实施卓越计划战略[①].例如,德国向选定的研究型大学提供额外资助,英国利用国际学生学费收入的持续增长为高等教育机构正常运转提供稳定的资金支持,而法国则开启了更引人注目的转型。

多年来,历届法国政府始终致力于高等教育体系的长期深度改革,将集群发展与全面兼并相结合,组建了几所欧洲规模最大的大学,同时彻底改革了这些大学的组织架构、融资战略、领导体制等内部系统和对外关系。正如世界领先的研究型大学哈佛大学之所以拥有庞大的研究团队,离不开其世界上最大的私人捐赠基金支持。法国科学研究和高等教育也长期展现出了雄厚的实力,且在同等条件下,法国知识导向型机构的知识生产能力与其机构规模同样相匹配。因此,法国高等教育发展的经验积累和现代化路径在全球范围内具有重要价值。

在法国高等教育转型的同时,全球环境也在发生变化。尽管欧洲在高等教育和研究领域仍保持着趋同的态势,但英国脱欧已导致了英法两国间学术合作的破裂。地缘政治的紧张局势也对欧洲高等教育机构与中国、伊

---

① Yudkevich, M, Altbach, P, a Salmi, J. Academic star wars: Excellence initiatives in global perspective [M]. Cambridge, MA: MIT Press, 2023.

朗之间的科学交流和合作产生了不利影响。俄乌战争的爆发，更导致俄罗斯的大学被迫退出了全球学术圈，乌克兰和俄罗斯的许多学者选择向西欧移民。这些紧张局势将继续影响高等教育，使政府开始重新慎重审视高等教育国际化的益处。因此，法国高等教育机构的集群发展面临着更加复杂的战略环境。

然而，尽管兼并和改革需要时间来稳步实现目标，但显而易见的是，在下一代，法国高等教育和研究在欧洲和欧洲以外区域的影响力将会显著增强——影响力的大小将取决于所提供的资源水平，特别是国家层面的支持。因此，张丹博士的这本书很有意义和价值。这本书提供了在全球和欧洲背景下对国家政策的宝贵论述，详细解读了法国高等教育生态系统中的精英大学的发展，并以法国高质量教师教育的视角切入，深入挖掘了法国高等教育的转型过程与制度探索。这本书涵盖了治理、国家与机构间的互动关系、机构内部学术与行政体系的权力互动关系、学科和交叉学科建设、教师发展和师资建设，以及如何在竞争日益激烈的全球环境中吸引和留住世界顶尖人才等多个领域，提供了深刻的学术洞见和法国实践路径。

我们应该特别感谢本书作者。对于所有想了解法国高等教育体系及其未来计划在全球舞台上扮演多层角色的个体与组织机构来说，这本书都极具阅读价值。

西蒙·马金森

牛津大学教育系

Preface

For three decades higher education institutions have been operating in global and regional settings, as well as national and local settings. The idea of the global knowledge economy took root in the late 1990s and the Lisbon strategy was established in 2000, designed to ensure that Europe was the most competitive knowledge region in the world by 2010. The main global rankings systems emerged in 2003 and 2004. The initial rankings tables were dominated by Anglophone institutions. This quickened excellence initiatives in many other countries[1]. While Germany applied extra funding to a selected group of research universities, and the United Kingdom used growing international student fee revenues to bolster its institutions, France embarked on a more spectacular transformation.

Successive French governments have sustained a long wave of higher education system reform, combining cluster development with full scale mergers, forming Europe's largest universities while overhauling their organisation, financing, leadership, internal systems and external relations. Given the long strength of French science and higher education, and given that all else being equal, the firepower of knowledge-oriented institutions is proportional to their size (it is no accident that the world's leading research university, Harvard, has a very large complement of

---

[1] Yudkevich, M, Altbach, P, a Salmi, J. Academic star wars: Excellence initiatives in global perspective [M]. Cambridge, MA: MIT Press, 2023.

researchers supported by the world's biggest private endowment), the accumulation and modernisation in French higher education is of global importance.

While the French higher education transformation has been unfolding, the larger global environment has also been changing. While European convergence in higher education and research has continued, Brexit has fragmented academic cooperation between the UK and France, geopolitical tensions and resistance to migration have affected relations between science and universities in Europe and those in China and Iran, and the Russia-Ukraine war has taken Russian universities out of the global circuits, as well as triggering the migration of many Ukrainian and Russian faculty into Western Europe. Such tensions will continue to impact higher education. Internationalisation in higher education is no longer seen in government as an unambiguous good. These developments together have created a more complex strategic environment for France's consolidating institutions.

Nevertheless, and while mergers and reforms take time to bed down, it is already clear that in the next generation French higher education and research will be markedly more potent in Europe and beyond-how much more potent will depend on the level of resources that are applied, especially by the state. Hence it is of great value to have this book by Dan Zhang. It dissects the transformation in France for us, providing an invaluable overview of national policies in the global and European contexts, explaining elite and other institutions in the national higher education eco-system, and working through the transformations in detail, using higher level teacher education as the lens with which to examine the system. Areas covered include governance, the relation between the state and institutions and the relation between academic and administrative units inside the institutions, disciplines and multi-disciplinary construction, the development and selection of faculty, and the attraction and holding of world-class talent in an ever more competitive world setting.

We can be grateful to the author. This book is invaluable reading for anyone who wants to understand the French system of higher education and its emerging future global role.

Simon Marginson

Department of Education, University of Oxford

目　录

第一章

法国高等教育国际化的战略选择与趋势研究①

① 本章的部分内容改编自笔者 2018 年发表在《国家教育行政学院学报》第 5 期的论文《法国高等教育国际化的战略措施及其启示》。

一、高等教育国际化战略选择背景

当前知识经济时代，全球化趋势为各国带来空前竞争与挑战的同时，也带来了前所未有的发展机遇，并逐步从外部推动全球高等教育国际化的快速发展。半个世纪以来"国际教育"相关研究逐步丰富，1990 年前大学间开展国际交流与合作活动，更多使用"境外教育"(education abroad)这一概念，最近二十年来"国际化"概念逐步被提出，并以战略性概念迅速取代已有某类活动的集合体意涵①。欧洲及跨区域性的组织与机制如博洛尼亚进程(Bologna Process)、欧洲研究型大学联盟(LERU)、全球欧洲科研人员网络(EURAXESS)、欧洲国际教育协会(EAIE)等逐步产生，推动全球交流合作平台逐步发展壮大。教育国际化作为全球经济一体化的必然产物，世界各国也纷纷将其列入国家战略高度规划，成为国家战略选择的首要目标。跨国课程的统一、文凭互认及大学国际排行榜的出现进一步加速了国际流动，教育国际化日益成为全球迈向 2030 教育发展重要且不可逆转的趋势。对此，本章将从新时期法国高等教育改革为何选择国际化战略、重点推行哪些策略、存在哪些问题等展开讨论。

---

① Ekaterina Filimonova. "Université-monde": l'internationalization des politiques universitaires en France et en Russie [D]. Bordeaux: Université de Bordeaux, 2015.

二、高等教育国际化战略选择是全面推进法国高等教育改革与转型之必需

高等教育转型是由经济社会转型所产生的外部驱力与高等教育自身发展困境所引发的内在动力共同作用下催生的重大变革①。转型的战略方向即转型意图是什么以及要达到何种转型目标，是转型战略的出发点、落脚点与判别转型效益的标准；而制度作为转型战略实施的系统支撑，依据资源禀赋、环境条件及治理模式等因时、因地、因实施主体特征来灵活选择具体路径，是判断转型驱动方式、谋划转型策略过程、营造转型环境的基本依据，构建适切的整合路径与机制，努力在关涉转型的重要领域和关键环节上取得新突破，是推进转型的关键②。而国际化作为外力与内力共同作用的产物，在推动法国高等教育改革过程中起到了重要催化作用。从世界主要发达国家国际化战略的纷纷落实，欧洲教育一体化的外力影响，到法国传统教育体制的内部发展瓶颈以及世界大学排名的冲击，内外双重张力驱使法国高等教育从传统封闭的高等教育发展转向国际化战略调整。

（一）高等教育国际化已成为国家间教育改革的核心战略选择

教育国际化作为知识经济时代全球经济一体化的必然产物，日益成为各国政府间教育战略乃至国家战略的首要目标。世界各国日益频繁的国际学生、学者、科研与教学等国际互动逐渐影响国际社会与区域发展的资源分配与布局调整，催促新的治理体系的生成。美国、德国、澳大利亚、加拿大、丹麦、芬兰、日本、英国等主要发达国家纷纷制定并推出适合本国发展的国际化战略。各国基于全球化教育交流的分析，以及本国教育体制的优势与

① 刘国瑞,高树仁.高等教育转型的结构—制度整合模式[J].教育研究,2017,38(05):52—54.
② 同上。

劣势,纷纷制定政策文本,并细化指标,制定可操作执行的策略及方法路径,美国2012年出台《全球性的成功:国际教育及参与(2012—2016)》[①],加拿大2014年出台《加拿大国际教育战略:利用知识优势,推动创新与繁荣》等(如表1-1)。

表1-1 发达国家教育国际化发展战略及其目标

国家	战略实施领域	轴心战略原则	指标(目标)
英国(2013)	国际教育(中小学,职业教育,高等教育,跨国教育,研究)	将教育服务作为主要出口领域 吸引优秀研究人员	招收国际学生:到2017年,国际学生增加15%—20%(或9万人) 跨国教育:2015年出口图书达到10亿英镑,2020年达到30亿英镑
德国(2013)	高等教育(本科阶段后)和研究	为了弥补德国人口赤字而吸引优秀人才;科研外交;大学国际化	从现在起到2020年,国际学生数量大约增加三分之一,达到35万左右
丹麦(2014)	高等教育	吸引并留住优秀人才;招收更多非欧盟学生;实行联合培养文凭;向外输送本国学生	到2020年,让一半的丹麦学生都有海外学习或实习经历;增加20%与国外大学合作的数量
芬兰(2009)	高等教育和研究	向外输出芬兰教育专长;提高教育质量和吸引力;吸引优秀人才	到2015年,高等教育领域的外国学生达到2万人
澳大利亚(2013)	国际教育(中小学,职业教育,高等教育,跨国教育,研究)	在学生流动市场上争取一席之地;提高大学的科研合作层次与密度;提高高等教育质量和接待学生的条件	吸引国际学生:到2020年,增加30%,或增加11.7万学生(涵盖所有学科)

① 徐瑾劼,张民选.美国国际教育发展战略(2012~2016)评述[J].外国教育研究,2014,41(02):36—44.

国家	战略实施领域	轴心战略原则	指标(目标)
加拿大(2011)	国际教育(中小学,职业教育,高等教育,跨国教育,研究)	增加国际学生数,缓解高素质劳动力的缺乏;发展研究领域的合作伙伴关系	到2022年,国际学生数量达到45万
日本(2008)	高等教育	吸引优秀学生;本国高校的国际化	到2020年,高等教育领域的国际学生数量达到30万;海外日本学生数量增加一倍

资料来源:IEAC (2013), Australia-Educating Globally. Advice from the International Education Advisory Council, février; DAAD (2013), Strategie 2020, mai; Deutschlands Zukunft gestalten Koalitionsvertrag zwischen CDU, CSU und SPD 18. Legislaturperiode, décembre 2013; Stratégie du Canada en matière d'éducation internationale, 2014; Strategy for the Internationalisation of Higher Education Institutions in Finland 2009 – 2015, 2009; BIS (2013), International Education-Global Growth and Prosperity, juillet; Japan, Ministry of Education, Culture, Sports, Science and Technology (2008), 300 000 International Students Plan, 29 juillet.

目前全球教育流动中发展中国家向发达国家流动仍在持续,法国国际学生的数量位居世界前五位。由上表可见,目前发达国家的国际化战略仍以吸纳国际学生与人才为主,这一趋势促使法国反思传统高等教育体制与发展路径是否可以满足日益增长的国际学生的教育需求。受早期殖民史影响,法国流入学生来源以法语区国家为主,这促使法国在战略选择中,急需思考如何系统性搭建平台,呈现多样化的教育模式,如何拓展法语课程开发,如何有效扩大教育规模,如何为国际学生提供有质量的高等教育与特色的学生服务等。

(二)欧洲教育一体化催促以国际化为契机,突破体制壁垒与发展瓶颈

教育国际化要求各国为国际市场培养具有全球竞争力且有专业技能的

人才,国际学生业已成为国家间贸易关系的重要纽带,为各国带来直接的经济效益①。然而欧洲经济一体化并未带来欧盟各国高等教育发展水平的同步协调一致,传统高等教育难以支撑欧盟经济发展对大规模综合国际型人才的迫切需求。欧盟高等教育亟需无国界的公共空间,实现研究人员、思想、技术及资金的自由流动。为此,1999年欧盟启动"博洛尼亚进程"(Bologna Process),推动欧洲各国合力构建欧盟区域内可相互衔接的高等教育共享空间,整合欧洲高等教育体制与高等教育资源,推动欧洲内部学生与学者流动,强化高等教育在全球范围内的吸引力与竞争力,为欧洲政治经济一体化与可持续发展提供知识及人才保障②。博洛尼亚进程标志着欧洲高等教育发展策略与重心向区域国际化转移,以期在"人才争夺战"中抢占有利位置。

2001年,布拉格公告(Prague Communiquér)启动的欧洲高等教育区,以区域中心化形式作为新时期高等教育国际化的突出表现,进一步冲破了中央集权式与社会封闭式管理和运行的法国双轨制教育传统,打破了现代单一民族国家官僚机构的集权性,在探寻法国传统精英教育与国家间关系时,进一步凸显了法国正面临扩大教育参与度与国际化的双重张力和挑战③。对于一向重视本土传统特色,采取小而精教育为主的法国,政府在改革中始终对法国高等教育传统本土化特色与国际化的冲突持较为复杂的态度。公立大学与精英大学校,以及公立大学与公立研究机构间的双重对立发展,使得法国高等教育与研究体制并未能充分发挥自身实力优势,继而因

---

① Knight, J. Internationalization of higher education: a conceptual framework. In J Knight, H de Wit (Eds.). Internationalization of higher education in Asia Pacific countries [M]. Amsterdam: European Association for International Education, 2001:249 – 259.

② 徐辉.欧洲"博洛尼亚进程"的目标、内容及其影响[J].教育研究,2010,31(04):94—95.

③ Agnès van Zanten, Claire Maxwell. Elite education and the State in France: durable ties and new challenges [J]. British Journal of Sociology of Education, 2015(36):1,71 – 94.

缺少战略统筹与目标聚焦而导致相比美英澳等国缺乏国际竞争力与人才吸引力。高校与科研机构尝试以联合体以及高校共同体（COMUE）等改革形式进行资源重组，试图强强联合整合优质资源，提升国际辨识度，并引入国际标准，引导高校自主质量评估。然而良好设想遭遇了实际操作与执行上的障碍，在国际化合作上，法国因缺乏国家顶层制度设计与政策保障，致使高校改革重组只能"从底部"发散式推动合作，成效极为有限，急需国家宏观战略统筹与系统保障。

（三）法国高等教育转型亟须全局性战略设计与系统性制度环境保障

与其说欧洲教育一体化与各国高等教育国际化战略选择从外部催促法国革新，那么世界大学排名与高等教育发展瓶颈则进一步从内部要求法国审视发展战略。曾享誉世界的法国高校，尤其是精英"大学校"，曾获 57 个诺贝尔奖，11 个菲尔兹奖等，顶尖领域成就显著[①]。然而，过去的成就并未令其在新时期国际化发展中持续保持卓越优势，传统发展路径无法令其在世界大学排名指标体系下继续崭露头角，尤其在 2003 年的国际排名中法国高校已跌到低谷。上海交通大学的世界500 强排名中，只有不到 20 所法国大学上榜，巴黎六大排名第 65 位、巴黎十一大排名第 72 位，时至今日，法国大学仍未能跻身世界大学排名前30 位，具体如图 1-1。

至此，法国逐渐意识到，精英教育与大众教育相互独立、双轨并行的教育体制，以及以"小而精"为基本理念的传统精英教育体系已无法继续满足知识经济时代对综合型、国际化人才的迫切需求。2015 年尼科尔（Nicole）和康坦（Quentin）在《投资法国高等教育国际化战略》中分析指出，世界大学排名指标是否合适虽有待讨论，但世界大学排名已成为当今全球高等教育市场评价的

---

① Nicolas Charles, Quentin Delpech. Investir dans l'internationalisation de l'enseignement supérieure. France Stratégie［R］. http://www.strategie.gouv.fr. 2015:20,21,22,47.

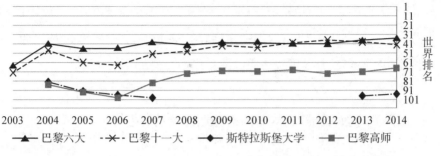

图1-1　法国大学2003—2014年世界大学前100名排名趋势图

资料来源：Academic Ranking of World Univerisities 2003；http://www. shanghairanking. com/ARWU2003. html.

重要标志，全球媒体对排名逐渐关注，则进一步加剧了大学间的国际竞争。这一差距将有损法国高校的国际吸引力与竞争力，成为法国推动新一轮以国际化为核心目标的战略调整的导火索①。与此同时，法国高校国际化程度存在较大差异，"大学校"选择一流大学进行国际化合作且较活跃深入，以提升教育质量，而综合性大学则更多聚焦本土区域化发展，服务主体与着眼点的差异促使国际化发展程度存在一定差距。虽与境外高校和科研机构保持程度不一的交流与合作，但较缺乏国家战略规划与政策保障用以推动学校研制与自身发展相匹配且适合的国际化战略，更缺乏制度性设计与宏观战略规划。

此外，研究显示学生服务是高等教育质量的重要标志，提升服务质量，为学生提供与学费相称的服务，是提升国际吸引力的关键因素②。然而，学生服务与学校组织方式及财政投入密切相关，急需国家统筹规划，设置有针对性的目标经费投入以保障服务的范围与质量。当下法国在数字资源、基础设施与大学生服务、海外教育推广以及建立国际合作伙伴关系方面的投资、经费预算等受到限制。由此，无论是全球发达国家国际化战略发展趋

① Nicolas Charles, Quentin Delpech. Investir dans l'internationalisation de l'enseignement supérieure. France Stratégie ［R］. http://www. strategie. gouv. fr. 2015：20，21，22，47.

② 同上。

势、国际学生流动外部趋势推动,欧洲知识一体化发展需要,还是法国高等教育改革内部发展瓶颈,以及国际化排名落差等,从外部到内部,从上而下,都促使法国高等教育发展战略向国际化战略转型。

三、法国高等教育国际化战略的措施选择及发展趋势

高等教育的发展应是制度性发展①。凯尔维马克(Kälvemark)和范德文德(van der Wende)指出情境因素会影响机构间国际化的路径选择与目标②。区域性的欧洲高等教育区战略进一步从外部刺激法国高等教育内部改革,由固守传统封闭的内部发展向外部国际化转向。对此,欧洲委员会在2011年4月发布的《2011—2014年法国改革国家规划》(*Programme national de réforme de la France 2011 - 2014*)③指出当下法国教育发展的主要战略为建设欧洲高等教育区,推动国际学生流动,加快综合大学、专科学校及研究机构的合作重组等。为实现这一改革转向,法国先后出台并完善修订了2002年4月8日颁布的法国高教体制建设欧洲高等教育区的2002 - 482号法令④,2005年4月23日颁布的《学校未来规划及导向法》⑤,2006年3月

---

① 陈解放. 论地方本科院校转型发展——大学内在逻辑与观念文化视角[J]. 中国高教研究,2014(11):35—37.

② Kälvemark T, M van der Wende. National policies for the internationalization of higher education in Europe [M]. Stockholm: National Agency for Higher Education, 1997.

③ Programme national de réforme de la France 2011 - 2014 [EB/OL]. http://ec. europa. eu/europe2020/pdf/nrp/nrp_france_fr. pdf.

④ Décret n°2002 - 482 du 8 avril 2002 portant application au système français d'enseignement supérieur de la construction de l'Espace européen de l'enseignement supérieur [EB/OL]. (2013 - 08 - 21). https://www. legifrance. gouv. fr/affichTexte. do?cidTexte=JORFTEXT000000771048.

⑤ Ministère éducation nationale enseignement supérieur recherche, Bulletin Officiel, Loi n° 2005 - 380 du 23 avril 2005 d'orientation et de programme pour l'avenir de l'école [EB/OL]. (2013 - 01 - 01) [2017 - 07 - 12]. https://www. legifrance. gouv. fr/affichTexte. do? cidTexte = JORFTEXT000000259787.

31 日颁布的《机会平等法》①,2006 年 4 月 8 日颁布的《科研规划法》②,2007 年 8 月 10 日颁布的《大学自由与责任法》③,2010 年 7 月 29 日颁布的《国家对外行动法》④,2011 年 8 月 1 日颁布的《关于学士的通令》⑤,以及 2011 年 12 月 30 日颁布的《关于法国教育服务中心的法令》⑥等多项相关法律、法规及政策,为改革转向铺设法律及制度基础,以保障法国高等教育改革顺利融入欧洲高等教育区,加快融入欧洲一体化建设,从区域发展的角度推进高等教育国际化的进程。

法律的保障及制度的创新不仅为高等教育发展注入新的要素,且成为系统推进转型的强大引擎,而转型重点则是从统揽全局的角度建立完备有效的制度保障体系⑦。当前法国亟须改变大学与大学校分散发展而导致的高等教育发展局部失衡与转型碎片化的现象。在系统思考高等教育国际化发展与转型时,仅微观聚焦某个大学校的发展改革远远无法满足国际市场的需求,亟须将转型价值统一到建构整个高等教育系统国际化战略的宏大

① Loi n° 2006 - 396 du 31 mars 2006 pour l'égalité des chances [EB/OL]. (2022 - 01 - 01) [2023 - 09 - 25]. Legigrance, https://www. legifrance. gouv. fr/affichTexte. do? cidTexte = JORFTEXT000000268539.

② Loi n° 2006 - 450 du 18 avril 2006 de programme pour la recherche [EB/OL]. (2006 - 04 - 19) [2017 - 07 - 12]. https://www. legifrance. gouv. fr/affichTexte. do? cidTexte = JORFTEXT000000426953.

③ Loi n° 2007 - 1199 du 10 août 2007 relative aux libertés et responsabilités des universités [EB/ OL]. (2007 - 08 - 11) [2017 - 07 - 12]. https://www. legifrance. gouv. fr/affichTexte. do? cidTexte=JORFTEXT000000824315.

④ Loi n° 2010 - 873 du 27 juillet 2010 relative à l'action extérieure de l'Etat [EB/OL]. [2017 - 07 - 12]. https://www. legifrance. gouv. fr/affichTexte. do?cidTexte=JORFTEXT000022521532&dateTexte=&categorieLien=id.

⑤ Arrêté du 1er août 2011 relatif à la licence [EB/OL]. (2011 - 08 - 11) [2017 - 07 - 12]. https://www. legifrance. gouv. fr/affichTexte. do?cidTexte=JORFTEXT000024457754.

⑥ Décret n° 2011 - 2048 du 30 décembre 2011 relatif à Campus France [EB/OL]. (2011 - 12 - 31) [2017 - 07 - 12]. https://www. legifrance. gouv. fr/affichTexte. do? cidTexte = JORFTEXT000025059513.

⑦ 刘国瑞,高树仁. 高等教育转型的结构—制度整合模式[J]. 教育研究,2017,38(05):52—54.

愿景与目标中。由此,从以往聚焦精英教育国际化到日渐扩大大众参与度切入,数字化与信息化成为助推高等教育国际化的首要调整目标,从而丰富境外境内课程多样化选择;其次,学生服务质量的提升与国际流动的加强,亟须国家统筹目标性财政作为系统性保障,提升法国的全球文化与教育体验;最后,全球人才流动与科研创新等是提升高等教育国际化质量的关键因素。

(一) 数字信息化拓展国际化规模:开放教育理念翻转传统课堂

从高等教育国际化的经济功能角度出发,向来重视文化功能的法国在国际化战略选择上逐步关注到国际教育的经济收益,并意识到扩大教育国际化规模相比追求教育质量带来的经济收益更快、更大。为此,法国以慕课形式网罗非洲法语区国家法语用户,植入开放教育理念,翻转本土传统课堂,以期加速拓展法国教育的国际化规模。

1. 开放教育理念植入传统教育,推动教育国际化发展与数字转型

针对法语用户的潜在需求以及法国在线课程开发的薄弱现状,法国政府 2017 年发布《高等教育与研究白皮书》,进一步从国家战略宏观规划推进数字化社会转型。以信息化推动国际化与国际教育,引入开放教育(open education)理念,拓展全球远程教育,扩大大众参与度。新的教育理念促使教师角色与常规教学活动转型,并引发新的教学组织方式的转变,致使终身学习路径越加灵活,催生出新的学习空间、校园环境及国际辨识度等学习生态系统的转型。这一模式的转变进一步推动教育的国际化发展规模与路径,促使学校变革者与行动者共同翻转数字世界。法国高校依托对大数据的分析(如 Linkedln 等平台数据)评价高校服务质量,以及毕业生离校后的生活质量、职业价值及适应性等,并提出针对性建议,催促专业技能快速转型,由此,掌握数字化手段已成为国际化人才培养的核心素质。

2. 慕课翻转传统课堂,数字化推动法语教育的国际规模扩大

知识经济时代,数字化、信息化成为促进教育国际化的有力工具与发展的必然趋势的同时,建立信息技术交流(ICT)及远程教育已成为国际化的重要模式之一,而慕课越来越多地成为有声望的学校吸引国际学生及研究者的战略之一。据统计,目前全世界拥有超过 2.2 亿的法语使用者,占世界人口总数的 3‰,到 2050 年,将达到 7.7 亿。而非洲国家有近一半的法语使用者,大比例的国际市场仍未被开发,慕课发展速度仍较缓慢[1]。世界慕课平台拥有 3 000 多门课程,其中法国仅有 88 门,美国仍占据主导[2]。面对大比例的潜在生源与现实稀缺的课程资源,2013 年法国进入慕课市场,逐步建立高校数字平台,在开拓高校国际视野的同时,鼓励教学创新与数字化资源运用,以协助学生学业方向选择与自我评价。

表 1-2 在线(sur place)教育国际化策略

分 类	活 动 侧 重
招生政策	在短期交流与长期课程教学中提升国际吸引力;吸引并招聘境外科研与教学人员
学生生活	革新已有社团网络并开发国际学生校园活动
教学内容	开发外语教学课程;加强教学内容的国际维度;丰富网页,汇总国际交流大事件
治理方式	与境外学校开发交流伙伴关系

与此同时,法国大力加强慕课平台建设,提升境外法语教学的积极性,如加强海外注册与完成率,每年投资七千万欧元(见表 1-3)。同时提供更

---

① Nicolas Charles, Quentin Delpech. Investir dans l'internationalisation de l'enseignement supérieure. France Stratégie [R/OL]. https://www. strategie. gouv. fr/publications/investir-linternationalisation-de-lenseignement-superieur-0.

② 同上。

加创新性的数字化方式等以满足大众教育市场的高效使用,尤其针对面向新兴国家已获文凭的精英(如巴西、印度、中国、俄罗斯和南非的毕业生等)及继续教育,而调查显示慕课80%的注册者来自6%的富裕阶层人群[①]。从国际化角度看,传统线上教育遵循传统远程服务模式,慕课的出现颠覆了传统模式,使得线上教育内容免费对使用者开放。没有营利目的的慕课平台可自愿运行[②]。

(二)目标导向性财政统筹资源:保障高等教育与研究国际化活力

随着管理日益细化、科学化,学生服务质量日益成为体现高等教育国际化质量的重要指标之一,而对此缺乏统一经费投入的法国,在《投资高等教育国际化战略》报告中指出财政投入是有效激励并引导学校自主开展适合自身发展的国际化战略的主要路径[③]。

1. 专项投入鼓励高校开发适合自身发展方向的国际化转型模式

定向激励性经费拨款有助于确保在高校自治法前提下,引导法国高校跟随国家战略规划方向发展,并鼓励自主创新,经费切实支持转型发展,避免高校凭借已有国际化合作基础重复获取资源,而无实质性突破与革新[④]。为确保国际学生更好地融入,该项目标性财政主要用于扩充留学生服务,提供经费项目鼓励国际流动,提升接待质量,改善法国的全球印象。此外,通过目标性经费投入引导高校创建"学习型社会"的愿景,支持高校组成战略联盟,创建有活力的校园环境[⑤]。此外,法国通过奖学金导向性工具,继续

---

① Nicolas Charles, Quentin Delpech. Investir dans l'internationalisation de l'enseignement supérieure. France Stratégie [R/OL]. https://www.strategie.gouv.fr/publications/investir-linternationalisation-de-lenseignement-superieur-0.

② 同上。

③ 同上。

④ 同上。

⑤ Ministère de l'éducation nationale de l'enseignement supérieur et de la recherche. Livre blanc de l'enseignement supérieur et de la recherche [R]. 2017:20,54,107.

推动培养精英的基础教育与继续教育的传统,留住来自法国境外中学体系的学生。在具体措施实施上,法国围绕公平、质量与吸引力等目标,以项目征集(Appels à projet)的方式提供专项针对性经费以支持高校国际化项目,聚焦增强学校服务逻辑,创建学校国际化任务清单,并辅助专家集合体与陪伴项目,提供推动并改善集体活动的组织与方法,为学校提供建议与帮助,研究未来愿景规划等[①],未来五年的目标性经费投入的规划具体如下。

表1-3 未来五年用于国际化建设的经费投入规划(百万欧元)

目标	措施	目标	指标	金额	%
公平	行动1:重新校准奖学金政策,主要针对法语区	每年额外增加30 000个奖学金名额	平衡分配区域性奖学金(如欠发达国家学生)	440	51.8%
质量	行动2:提升国际学生体验	好的体验源于优质的服务,每名学生给予1 000欧元经费,或是给予学生学费的10%,用于提升修法语课程、租房以及学生工作等体验	国际学生成功毕业率以及国际学生满意度等	280	32.9%
吸引力	行动3:学校国际化陪伴项目	每年投资5千万欧元,用于科研创新;每年250万欧元用于组建专家以及陪伴联合体	境外法语学生比例,教学与科研国际合作活动量	52.5	6.2%
	行动4:投资数字化服务	在未来投资计划的数字化投入基础上,同时投入经费用于在法语区学校激励科研与教学创新	发展慕课,提高海外注册与完成率等	70/年	8.2%

---

① Nicolas Charles, Quentin Delpech. Investir dans l'internationalisation de l'enseignement supérieure. France Stratégie [R]. www. strategie. gouv. fr. 2015:20,21,22,47.

目标	措施	目标	指标	金额	％
	行动5:强化招生吸引力政策	保障海外法语高等教育的质量,目标针对固定国家,加强海外市场沟通,并建立留学品牌项目,建立境外负责识别筛选奖学金候选人的外事网络,提升法国高等教育在海外的品牌升级	目标投入国家,在法国受高等教育的候选人数量比例	7.5/年	0.9％
投资的最高学费				850	100.0％

资料来源:Nicolas Charles, Quentin Delpech. France Stratégie: Investir dans l'internationalisation de l'enseignement supérieur [R]. 2015(1):25.

2. 目标导向性财政保障研发,以产学研国际协同创新提升国际化优质合作

随着资本与资源的流动,知识转移逐步成为推动传统向国际化转型与创新不可或缺的组成部分[1],而研发战略成为创建法国2025年的战略规划目标以及推动国际化的核心战略之一,尤其体现在未来投资计划中。以学者及其实验室的自主发起为动力,促进有目标针对性的经费投入,刺激公立与私立机构以及国际间的合作,最终发展以创建学者与企业的有效合作模式为目标,支持研究合作与创新的国际化发展路径。其中技术转让以及转移已在一些领域,如卡诺研究所项目(Instituts Carnot)、地中海传染病防治研究所(Instituts Hospitalo-Universitaires)、技术研究所(Instituts de Recherche Technologique)中优先发展。法国在未来规划中计划将3％(目前是2.23％)的国民生产总值用于研发经费投入,2％的国民生产总值(目前是1.4％)用于高等教育投入,2016年法国总统表示将在十年

---

① European commission [EB/OL]. (2015 – 07 – 23). http://eur-lex. europa. eu/legal-content/EN/TXT/?uri=URISERV%3Ac11088.

内完成这一指标①。为完成此目标，法国启动 2017—2020 年预算项目（如表1-4）。

表1-4　法国 2017—2020 年财政投入计划目标情况表（百万欧元）

高等教育	1 550～3 000
研究	840
职业与工作	820
政治性网站	130
数字化	30
不动产	300
汇总	3 670～5 120

资料来源：Ministère de l'éducation nationale de l'enseignement supérieur et de la recherche. Livre blanc de l'enseignement supérieur et de la recherche [R]. 2017:21.

未来十年法国将投入 100 亿欧元用于科研经费投入，且以目前 2015 年 335 000 名额外学生数为基准，预计 2024 年达到 735 000 名额外学生数的比例②。四年额外资源投入将从 15.5 亿欧元提高到 30 亿欧元。为推动研究及相关成果转化与创新，同时保持法国在欧洲研究领域中的重要地位，法国政府于 2013 年推出全国性政策《法国—欧洲 2020 计划》，通过战略选择明确自身方向指导与规划方面的角色，以此增加法国研究成果在欧洲及国际上的地位与影响力，促进法国高等教育机构面向国际开放，划定重点合作区域，增加高等教育和研究领域的学生与研究人员的国际流动③。在国际化政策实施驱动下，目前法国在科研成果总量上排在世界

①　Ministère de l'éducation nationale de l'enseignement supérieur et de la recherche. Livre blanc de l'enseignement supérieur et de la recherche [R]. 2017:20,54,107.

②　France Stratégie. Quelle France dans dix ans? Les chantiers de la décennie, rapport au président de la République [EB/OL]. http://www.strategie.gouv.fr/publications/france-10-ans.

③　Collège de France. France Europe 2020: Un agenda stratégique pour la recherché le transfert et l'innovation. Faire face aux défis sociétaux et contribuer à la compétitivité du pays [R]. 2013.

第六①。欧洲研究协会（European Research Council）将加大卓越研究的投入比重，以鼓励融入"欧盟卓越计划"的发展②，带动法国未来研究经费更多侧重于应用型研究，建立高精尖研究中心，以更好地让企业受益③等。

（三）全球高层次人才流动持续驱动国际化进程："引进来"与"走出去"双管齐下

除数字化、信息化以及目标导向性财政保障外，全球高层次人才的国际流动亦被列为提升高等教育质量，创设良好生态环境的重要动力来源。法国教育部 2017 年发布《高等教育与研究白皮书》，在规划面向 2025 年的法国高等教育战略（StraNES）中指出高等教育与研究实质是未来发展的象征，应为法国的明天打造"学习型社会"愿景，而高等教育国际化已成为发展中的当务之急④。其中，发展欧洲维度下的法国高等教育国际化，尤其是更好地接待外国学生，开启社会准入通道，并重新审视定向与多元化课程路径，以实现真正的融合与国际流动率的加强，同时办好离岸教育，将成为推动法国高等教育国际化的主要实践路径。

1. 持续推进国际流动，搭建平台，变革学生服务与教学方式

高等教育国际化受伊拉斯谟计划的影响，虽推动并加速了国际学生与日俱增的流动及双学历学位的发展，但现有大学体系与学生服务工作已无法满足留学生比例的快速增长。努力提升国际学生服务质量，留住学生取决于教学质量与学生生活体验。如何调整学校管理、教学结构与研究实践，

---

① Vidal P et Filliatreau G. Attractivité de la France dans le domaine de l'enseignement supérieur: points forts, points faibles [R]. Repères Campus France, 2011(7).

② European commission [EB/OL]. (2015 - 07 - 23). http://eur-lex.europa.eu/legal-content/EN/TXT/?uri=URISERV%3Ac11088.

③ Collège de France. France Europe 2020: Un agenda stratégique pour la recherché le transfert et l'innovation. Faire face aux défis sociétaux et contribuer à la compétitivité du pays [R]. 2013.

④ Ministère de l'éducation nationale de l'enseignement supérieur et de la recherche. Livre blanc de l'enseignement supérieur et de la recherche [R]. 2017:20,54.

以引入国际标准,将国际学生在教学实践、研究,以及学生生活方面带来的积极影响转化成资本,如何改善接待方式促进法国本土学生与外国学生的互动与融合,成为时下法国提升国际竞争力亟须解决的问题。除每年35 000名法国学生在欧洲范围内流动外,据联合国教科文组织(UNESCO)数据显示,2012年,法国有62 500名学生出国获取文凭[①]。一方面是大比例的"流入",另一方面面对法国学生大量"走出去"获取国际文凭,这一国际化进程进一步刺激高校重组战略的实施,以及对外来学者与学生接待服务质量的提升,如开设英语课程,提供长期居住证服务等,以此促进国际流动的不断增强[②]。语言文凭由过去多家个体科研院校颁发逐步过渡到统一由高校共同体(COMUE)颁发,有力地提升了高校整体的国际辨识度。在满足联合国2030年可持续发展议程目标的情况下,高等教育与研究目前以"流动"为核心可持续发展目标,并将目标转化为参考绿色计划管理、学校自觉评价、尝试生态校园等多种行动方式。在高等教育发展战略框架下,逐步推动学校整合经济、社会与环境三个可持续发展要素,并在教学、科研、管理等功能上进行逐步转变[③]。

2. 法国政府积极推进离岸教育,他国优质教育模式逐步引入

除鼓励国际流动外,法国积极推进离岸教育,建立伙伴关系,分享教学、管理及研究方面的经验,推进双学位、多学位等学位工厂模式,鼓励教学和科研的流动性,以提高法国研究的响应力与竞争力,推进法国教育本土国际化与离岸国际化进程。教育出口更多的是通过合作伙伴模式,如双学位、联合培养、兄弟学校等促进学分互认。如根据外交部和全球法语大学办事处

---

① Collège de France. France Europe 2020: Un agenda stratégique pour la recherché le transfert et l'innovation. Faire face aux défis sociétaux et contribuer à la compétitivité du pays [R]. 2013.

② Ministère de l'éducation nationale de l'enseignement supérieur et de la recherche. Livre blanc de l'enseignement supérieur et de la recherche [R]. 2017:20,54.

③ 同上。

（AUF）2006 年实施的对海外法国高等教育的审查,法国在海外 26 个国家共提供 242 种教育形式,海外大约 4 万名学生接受了法国教育,并获得相关联合培养学历文凭。其中,法国在"非本土"的教育市场上行动十分积极,仅次于美国、英国和澳大利亚。法国积极推出开放式的政策,具体措施如围绕研究积极开创项目合作,尤其关注博士阶段,积极引入优质教育模式,为法国大学及政府与国际伙伴合作积累前期经验,有效促进学生的国际流动并搭建良好的交流合作平台。如法国与越南大学合作的领头项目,即河内科技大学(USTH),目标指向"在新兴亚洲中心建立一所符合国际标准的大学",在 2020 年为约 3 000 名学生提供完整的学士教育及生物科技与制药、信息与通信的科学与技术、材料和纳米技术、水文、环境与海洋、航空、能源等专业硕士教育。与此同时,法国高校"走出去"战略实施顺利,特别是海外工程师学校联合办学成果丰富,如工程师学校联盟项目(N+i)、法国与南美国家合作的信息教育与技术教育项目(FiTec)、高校艺术交流合作项目(CampusArt)等。

四、旨在促进国际化发展的制度改革启示

法国积极推进以数字信息化加速国际化发展的步伐与规模,以目标引导性财政保障国际化发展的动力与活力,在以持续推动人才流动保障国际化进程的战略选择中,这一战略转型有力地冲破了法国传统高等教育的发展瓶颈,并进一步促进建设国际化高水平大学,吸引海外生源。法国高等教育国际化战略选择,提示我们要在改革中完善法制,即完善相关法律法规的修订保障改革,革新体制以推进国际化战略选择,整合传统双轨制资源,增加目标性经费投入引导改革方向,确保信息化带动国际化规模,以人才流动推动国际化发展。法国的改革经验对我国贯彻落实《做好新时期教育

对外开放事业的若干意见》,推进教育国际化战略具有重要的借鉴与启示意义。

(一) 完善法律法规是落实国际化战略选择的重要基础前提与制度保障

法国的国际化战略是在推进欧洲一体化进程与《2011—2014 年法国改革国家规划》框架发展下的战略选择。国家战略统筹与制度实施并非独立运行,而是一项系统化工程,其中,法律保障是决定法国国际化战略选择的重要基础性前提,决定了该项政策是否切实贯彻落实及有效执行。法国在国际化战略实施前,逐步修订了《国家对外行动法》《关于学士的通令》《关于法国教育服务中心的法令》等相关法律法规,为高校开发适合自身发展的国际化策略铺设制度基础。制定国家战略并非引导所有机构实行相同战略,而是需与机构自身发展战略相辅相成。

法国自 2007 年《大学自由与责任法》颁布后,高校自主权扩大,政府如何统筹高等教育国际化战略布局已成为迫在眉睫的挑战。高校共同体为各成员学校做出了统一的高等教育国际化发展战略规划,但由于成员高校享有高度自主权,且各级政府机关、各教育集团直至各高校在国际化理念、预期目标以及利益诉求上存在一定差异,常有一定程度上资源浪费与重复建设的现象产生。由此,一方面,法国急需理清国家层面的战略逻辑。国家作为战略制定者,亟须确定如投资的目标群体与精准项目等优先考虑的政策议程,以引领各特定领域的改革行为,并在预算有限的背景下理性做出行动。国家优先采取能够服务于自身发展的战略行动,并给予高等教育机构较大自主权。另一方面,需考虑政府权力服务于学校的逻辑。国家作为促进者,有责任创设并维持有利于高等教育和研究国际化的发展环境。政府行为应服务于学校需求,尤其在推动建立特有专业领域时,亟须充分赋予学校所需的资源、信息及专业技能等①。法国改革的发展路径提示我国高等教育改革中,在完善法律法规的同时,政府通过有效的行动逻辑来协调与清晰界定各部门间的职权范围进而统筹促进国际化,将顺国家战略逻辑与高校发展逻辑,并理清内部关系与权责至关重要,从而切实有效地依法保障政策的贯彻以及高校的自主运行与实施。

(二)目标导向性财政支持,切实引导高校自主实施国际化战略促科研创新

法国在推进高等教育国际化战略中,以财政资金的约束性与目标性为杠杆,引导高校落实并践行国际化战略,这是法国各项改革的一项突出特点。法国政府明晰其职能在于引导而非指导,由此引入如目标性财政投入等方向性引导来促进高校改革与产学研协同创新。特别是在提升国际留学生来法的服务机制上,为鼓励外国学生留法,政府奖学金计划力度加大,并以目标性财政鼓励高校外事部门改善留学生对法国高等教育体制特点、学科专业设置等缺乏了解的现状;推行"一视同仁"政策,在学费、住房、交通、医疗保险等方面,外国留学生与本国学生待遇相同,并加强对留学生毕业情况的跟踪,建立统一的留学生数据库。

此外,法国政府从研发管理转向创新服务,突出市场配置资源的功能。2006 年法国有关财政投入的组织法(LOLF)引入项目基础管理,将公共政策评估与管理控制结合。法国高等教育部进一步提出大学的财政投入应服务于国家高水平发展需要,完成改善大学研究的有效性与提高效益等目标②。继而围绕公平、质量与吸引力等核心导向,重点聚焦法语区潜在生源,提升国际学生体验,实行国际化陪伴项目,提高国际学生服务质量,颁布数

---

① Nicolas Charles, Quentin Delpech. Investir dans l'internationalisation de l'enseignement supérieure. France Stratégie [R]. http://www.strategie.gouv.fr. 2015:20,21,22,47.
② 张丹."双一流"建设机制研究——以法国高师集团"高校共同体"改革为例[J].教育发展研究,2016,36(17):66.

字化服务以及招生吸引力等政策,有目标、有针对性地细化指标并确定经费投入重点,制定相应的配套性评估指标,以有效督促并服务于项目的推进,并避免经费使用者与经费检查者之间的理解误差。对我国时下贯彻落实《关于做好新时期教育对外开放工作的若干意见》(以下简称《若干意见》)中六项重点工作之一,为加强高端引领,促进高校科技国际协同创新,建设高水平国际联合科研平台,提升我国对区域和全球科技创新的影响力具有重要启示与借鉴意义。

(三)数字信息化推动国际化规模发展与资源全球共享,应对全球教育公平挑战

信息化可克服传统资源物理空间配置模式的弊端,促进教育资源的空间国际化配置,实现国内外资源的共享共建,以应对教育公平的全球挑战。法国数字化信息化一方面通过慕课与在线课程等方式吸纳境外潜在国际生源,另一方面,数字化平台为精准提升高校教育与学生服务质量提供了数据支撑工具。法国政府重视并健全数据统计和发布机制,引导支持高校建立专家咨询组以提供国际化咨询与协助,建设研究数据平台,为高校制定适合自身发展特色的国际化战略规划提供决策咨询依据与预测性愿景方案。

与此同时,慕课及开放教育理念的引入逐步冲击并翻转传统课堂,数字化形式重构了学习生态系统,打破了学习时空限制,拓展了师生互动渠道。随着欧洲各国高等教育规模扩大,大学招生对象已从相对较小范围内的优秀学生群体拓展至各类学生。知识经济大背景下对跨文化高技能人才的需求不断增加,中等教育的普及使高中毕业生供应量日益增加,由此带来新的教育公平性的挑战,尤其是如何处理处于不利社会经济地位的学生群体的大学入学率与国际流动机会持续较低的现状,以缩减社会阶层间的文化资本与教育资本差距,成为政府急需关注的问题。而慕课与开放教育理念的引入,则在某种程度上解决了教育国际化的规模问题,并应对了全球教育公

平的挑战。这为我国落实《若干意见》并开展教育国际化战略提供了实施的框架基础与方案借鉴。

（四）人才流动推动国际化，政策设计的初衷与执行间的偏差与保障

在博洛尼亚进程的推动下，法国学生流动比例虽不断加强，但政府意识到法国教学与科研人员在欧洲范围内流动活跃度仍较弱，与境外高校行政技术人员间交流不够充分。其中法国高端教学科研工作者与专家学者，以及法国国际教育研究中心、法国高等教育评估机构、大学校长联谊会议、大学校校长联席会议等高等教育国际化相关参与机构的国外宣传力度不足。为增强国际吸引力，吸纳国际人才，2013年法国议会通过"高等教育可部分采用外语教学"特别是英语教学的法规，促进高等教育国际项目发展。

数字化信息化虽不断扩大教育国际化的规模与法国教育的境外受众群体，但并未改变法国内部传统精英教育与大众教育间的实质差距，且在某种程度上，高等教育的国际化战略在实际推行与实践中，再生产了法国精英与大众间的社会阶层差距。法国虽有一定的财政投入提升高等教育质量与学生服务质量，但战略设计的初衷在于如何吸引国际学生，因而经费投入上更多以吸纳国外学生为主。因出国留学所需的经济及社会资源影响，在法国，出国留学曾是上层阶级的特权，教育国际化到今天，虽在阶层划分上逐步扩大受众范围，但仍较有限。伴随高等教育大众化，高校学生人数不断上涨，但自1990年以来国际流动率却仅占2%，即接受过境外高等教育课程的法国本土学生仍仅占2%。若学生流动仍是社会精英阶层及上层社会的专利，那么法国大学校国际合作频繁，而普通大学相比封闭保守的格局没有实质突破性革新，这会进一步加剧两极分化，逐步扩大精英阶层与大众阶层的国际化视野与社会文化资本间的差距，有学者对此表示担忧。而这一区分化的国际流动将逐步脱离社会民主化目标，这一现象值得政策制定者与高校实践者关注与思考。

第二章

法国高等教育国际化模式与路径选择
——以法国高师为例

一、高等教育国际化研究现状与概念厘清

当今,国际化已经成为各国高等教育迈向 2030 年的重要议程。预计到 2025 年,欧盟委员会计划推动所有成员国采用更为统一的教育体系,逐步实现教育一体化和欧洲大学间的文凭互认。近年来,我国相继制定并出台相关政策,力图迎头赶上这一国际潮流。然而,一些研究表明,我国一流大学建设存在若干政策执行偏差的迹象,主要表现为对大学自身发展内在学术逻辑的忽视,导致逻辑起点偏离。大学建设方向的观念及态度倾向功利化,理念引导与目标驱动的建设路径趋同,同时国际视野不足。① 尽管我国在这方面拥有强有力的政策支持和明确的目标导向,但具体如何落实仍然缺乏明确说明,目前仍处于实践摸索阶段。而法国高师在兼顾国际合作传统优势的同时,在全球化驱动下进一步拓展新的国际化模式,逐步探索出适合自身发展的国际化模式与路径选择。

(一)法国高等教育国际化研究现状

从现有文献研究发现,我国的高等教育国际化研究主要分为三类。首先,从教育学角度,探讨高等教育国际化的概念界定与要素构成等问

---

① 蒋洪池,王如雪,徐绍红.我国一流大学建设的若干偏差及其修复——基于 42 所一流大学建设方案的文本分析[J].江苏高教,2019(01):14—19.

题,多以文献研究与个案为主,涉及国际化内涵及发展趋势、质量标准、发展模式等主题,勾勒高等教育国际化概念图[①];基于教育实践,梳理人才培养、师资队伍建设、课程设置、治理体系等个案经验[②]。其次,从政策学角度,聚焦"双一流"建设策略、政策实施与机制保障的国际比较研究[③],以我国"双一流"建设的问题为着眼点,探索国际经验与本土借鉴[④]。但此类研究多以英语国家战略经验为主,鲜少关注法国等小语种国家。再次,从地方高校政策落实角度,探讨高等教育国际化与本土化的张力[⑤],及宏观高等教育国际化战略[⑥]。此类研究以案例研究为主,聚焦地方高校国际化发展路径、问题及对策,如探索我国边疆省份如何运用地缘优势发展高等教育国际化[⑦]。

　　国际上有关高等教育国际化的研究相比中国办法较为丰富。一方面是社会学角度的功能划分研究,基于西方殖民历史将高等教育国际化功能划分为两大类,一类将国际化视为全球公共产品[⑧],探究全球知识经济国际化[⑨],探索高等教育如何成为经济增长与竞争力的核心部分[⑩],强调西方知

① 陈学飞.高等教育国际化——从历史到理论到策略[J].上海高教研究,1997(11):59—63.
② 林金辉.论中外合作办学的可持续发展[J].教育研究,2011,32(06):64—67.
③ 张民选.国际教育:趋势与途径[J].世界教育信息,2014,27(02):25—28+34.
④ 周光礼."双一流"建设中的学术突破——论大学学科、专业、课程一体化建设[J].教育研究,2016,37(05):72—76.
⑤ 刘海峰.高等教育的国际化与本土化[J].中国高等教育,2001(02):22—23+29.
⑥ 项贤明.当前国际教育改革主题与我国教育改革走向探析[J].北京师范大学学报(社会科学版),2005(04):5—14.
⑦ 吕一楠.基于SWOT模型的地方高校高等教育国际化策略研究[J].中国教育学刊,2015(S1):128—129.
⑧ Marginson S. The Public/Private Divide in Higher Education: A Global Revision [J]. Higher Education, 2007,53(3):307–333.
⑨ Peters M. Education Policy Research and the Global Knowledge Economy [J]. Educational Philosophy and Theory, 2002,34(1):91–102.
⑩ Gibb T, Walker J. Educating for a high skills society? The landscape of federal employment, training and lifelong learning policy in Canada [J]. Journal of Education Policy, 2011,26(3):381–398.

识中的价值交换与普世价值[1]；另一类聚焦反压迫国际化和外来及边缘国际化[2]，批判将高等教育国际化作为殖民主义工具，追求社会公正的体制转型[3]，对适应本土文化与社会经济需要处于劣势地位的群体予以支持[4]。另一方面是国际比较角度的战略及政策研究，分析各国形态多样的高等教育战略格局及目标，如德国与芬兰聚焦高等教育和研究，澳大利亚、加拿大与英国侧重贯穿整个教育体系，但与中国历史传统和国际化功能类似的法国经验仍较缺乏。

由此，我国目前对高等教育国际化的研究虽较多且涉猎范围较广，但相比国际上的研究，涉及面还较为局限，多聚焦在定义、功能、要素和模式等问题的初步探索与分析阶段；另外，国内外相关国别比较研究多集中于美国、英国、加拿大等英语国家，与我国教育体制存在差异。对此，本章选取精英教育典范的法国高师集团作为案例，探讨法国政府和大学如何在渐进式改革中逐步做出政策调整与国际化路径选择，以期为助推高等教育国际化与"双一流"建设提供国际标尺与启示借鉴，以学术研究反哺政策决策咨询服务。

（二）高等教育国际化的定义厘清

目前学界的高等教育国际化概念界定主要来源于国际学者，并探讨其定义的历史演化。中世纪时的国际化是基于宗教、语言（拉丁语）与学术实践而开展的有限且分散的"漫游"；18、19 世纪，大学主要服务国家发展，国际化旨在促进高等教育输出、研究成果的传播及学生与学者间个体性国际

---

① Ozga J, Jones R. Travelling and embedded policy: the case of knowledge transfer [J]. Journal of Education Policy, 2006, 21(1):1 - 17.

② Andreotti O D V, Stein S, Pashby K, et al. Social cartographies as performative devices in research on higher education [J]. Higher Education Research & Development, 2016, 35(1): 84 - 99.

③ Marginson S. University mission and identity for a post post-public era [J]. Higher Education Research & Development, 2007, 26(1):117 - 131.

④ Becker S, Woessmann L. Was Weber Wrong? A Human Capital Theory of Protestant Economic History [J]. The Quarterly Journal of Economics, 2009, 124(2):531 - 596.

流动；二战后，国际化逐步从政府层面得到重视与推进，以和平与理解为目的推进国际合作与交流①。加拿大多伦多大学学者简·奈特(Jane Knight)认为，高等教育国际化"主要通过教学与学习、研究等传播高等教育的方式，将跨文化或全球维度整合到高等教育体系中"②，将国际化划分为"在地国际化"(Internationalization at Home)和"海外国际化"(Internationalization Abroad)，前者主要包括校园国际化与课程国际化，后者主要包括师生、课程与研究项目流动等多元的跨境教育③。2015年，欧洲委员会将高等教育国际化界定为"有意识地将国际、跨文化或全球维度融入中学后教育的目的、功能和实施的过程，以提高所有学生和教职员工的教学和研究质量，并为社会作出有意义的贡献"④，进一步拓展到对社会服务的贡献上，有意识地惠及全社会人群，而非仅服务于精英群体。

知识经济时代，全球化推动了全球高等教育变革。国际化与全球化均指高等教育机构超越民族国家范畴向全球提供教育服务⑤，但存在思想与实践上的混淆⑥。高等教育国际化以民族国家利益分割和意识形态对立为背景，反映民族国家主导的世界秩序，大学的本质是国家机构⑦，侧重承认国家

① de Wit, H, Altbach, P G. Internationalization in higher education: global trends and recommendations for its future [J]. Policy Reviews in Higher Education, 2021,5(1):28－46.

② Knight, J. Internationalization remodeled: Definitions, rationales and approaches [J]. Journal for Studies in International Education, 2004,8(1):5－31.

③ Knight, J. Internationalization of higher education: new directions, new challenges: 2005 IAU global survey report [R]. International Association of Universities, 2006.

④ de Wit, H, F Hunter, L Howard, et al. Internationalization of Higher Education [M]. Brussels: European Parliament, Directorate-General for Internal Policies, 2015.

⑤ Scott, L. The Globalization of Higher Education [M]. Buckingham: SRHE and Open University Press, 1998.

⑥ Vaira, M. Globalization and Higher Education Organization Change: A Framework for Analysis [J]. Higher Education, 2014,48(04):483－510.

⑦ Yang, R. Tensions Between the Global and the Local: A Comparative Illustration of the Reorganization of China's Higher Education in the 1950s and 1990s [J]. Higher Education, 2000,39(03):319－337.

教育体系基础上的人员、思想、商品和服务在不同国家和文化体系间的交流。全球化则在后民族结构下全球或区域一体化的发展趋势中模糊国家界限①,本土发生的事件可受跨界他国发生的事件所形塑②,须拓展到全球范围内审视③,与全球竞争、市场操作、商业性的知识转移紧密相关,侧重超越国家边界影响到知识、人员、价值观的流动④。

高等教育国际化是对全球化的早期反应,高等教育全球化则是全球性制度的必然结果⑤,是国际化的再演化⑥。如欧盟政治经济一体化战略衍生了对服务于这一政治经济体系人才培养的需求,进而产生欧洲高等教育区的区域国际化战略。法国在此趋势推动下,形成了"区域一体化"的国际化模式。同时法国强有力的文化属性与身份认同推动了自身国际化模式不仅兼顾欧洲区域人才的培养,也受国际竞争的压力。⑦ 于是法国也试图超越国界,将高等教育看作全球共同利益,把高等教育国际化视为超越国与国之间利益博弈对立的理想路径。因此,从概念范畴与边界上,本章立足于从法国历史演化与资源分配等角度分析法国高等教育国际化模式与路径选择。

---

① Scott, P. Globalization and Higher Education: Challenges for the 21st Century [J]. Journal of Studies International Education, 2000,4(01):3-10.

② Held, D. Political Theory Today [M]. Stan-ford, CA: Stanford University Press, 1991:9.

③ Sklair, L. Competing Conceptions of Globalization [M]. Presented at World Congress of Sociology. Montreal, 1998:1.

④ Knight, J, de Wit, H (eds.). Internationalization of Higher Education in Asia Pacific Countries [M]. Amsterdam: Europe an Association for International Education, 1997:5-19.

⑤ 蔡宗模,毛亚庆. 高等教育全球化:逻辑与内涵[J]. 高等教育研究,2013,34(07):10—17.

⑥ Council on International Educational Exchange (ed.). The Power of Educational Exchange. Essays in Honor of Jack Egle [M]. New York, 1994:71-85.

⑦ 黄福涛."全球化"时代的高等教育国际化——历史与比较的视角[J]. 北京大学教育评论,2003 (02):93—98.

二、从双边合作到区域一体化再到全球化:法国高等教育国际化模式与路径演变

通过对法国高等教育改革的历史演变与教育法典分析发现,法国高等教育的国际化发展依据国际化功能与目标分析划分为四种模式,包括以学术外交为载体,兼具文化政治功能的法德双边合作模式;以课程为载体,兼具文化政治功能的后殖民化趋向的法属殖民地或法语区国家国际化模式;以研究、学分互认与人才流动为载体,基于欧洲区域一体化框架下的高等教育国际化模式;逐步超越民族国家范畴拓展至全球领域,以大学和实验室合作为载体,形成全球化价值取向的国际化模式。具体如表2-1所示。

表2-1 法国高等教育国际化功能区分与模式选择

国际化模式	国际化功能	地缘边界	方式/载体
综合双边合作模式	法德两国政府主导大学合作,旨在解决历史矛盾,实现外交和平(文化历史)	由法德两国萌发至第三方国家	主要通过法德大学,强调语言学习与职业教育融合
法语区国家文化殖民与教育扶植	法语国际组织主导教育,旨在培养法国代理人,弥补历史殖民遗留(文化历史)	法国与原为法属殖民地的第三世界国家	主要通过数字大学普及MOOC,离岸教育培养精英人才
区域一体化的欧洲高等教育区	文化同源,欧洲委员会主导,推动欧洲公民对区域经济和政治建设的身份认同,法国为主导国(政治经济)	欧盟范围内的五个国家所属大学,法德为固定成员	主要通过欧洲大学联盟,高师以共同体的形式合作实践项目
以卓越前沿为学术旨趣的全球化模式	大学教师多年学术合作,衍生跨国强强联合,专注卓越研究与团队合作(大学历史)	高师与世界顶尖大学或实验室建立学术合作,不限地域与语言	主要通过国际联合实验室和大学间的友好合作关系,输送师生进行跨国流动

（一）综合双边合作发展的国际化模式：政府主导的谋求和平外交的课程合作模式

早期战争遗留问题演化出对高等教育的政治与文化功能诉求，主要以跨文化与语言课程为载体，增进双边国家合作交流，以文化融合和职业导向为显著特点，课程作为桥梁起到连接两个跨境实体间国际化交流与合作的关键作用。这种模式的典型代表是法德大学双边合作模式，最早生发于二战后，是为弥补战争带来的创伤而由两国政府牵头开展的学术外交，以高等教育合作为工具促进战后和解，发展历程如图 2-1。

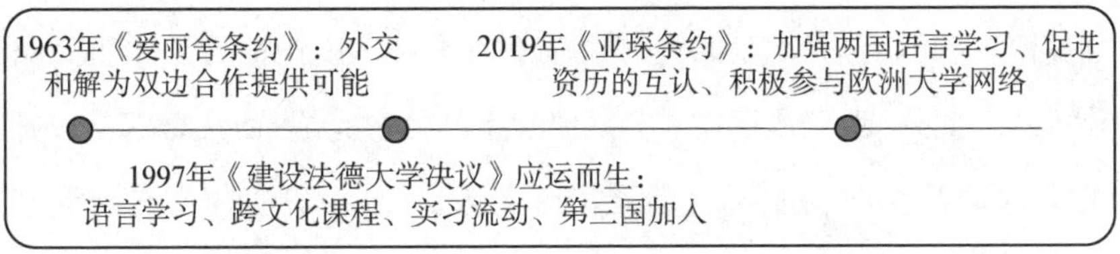

图 2-1　法德双边合作模式的发展历程

从 1963 年的《爱丽舍条约》以外交形式促进跨境双边合作，到 1997 年《建设法德大学决议》，通过语言学习等跨文化课程推进国际化融合，到 2019 年《亚琛条约》进一步促进资历互认，参与欧洲大学网络等，这一模式主要服务于学术外交的政治功能属性，大学凸显了其文化政治属性的角色功能。

首先，学术外交驱动的国际理解，突破了法德跨文化理解壁垒，建立了法国早期国际化的双边合作模式。这一双边合作模式主要通过学术外交弥合历史遗留的国家矛盾，依托语言学习与课程内容引导，聚焦课程输出与跨文化理解教育。法德大学目前共开设 186 门法德综合课程，以伙伴国家特定语言、文化、社会职业结构等理解与适应性为目标导向，并专门设置了跨文化研究方向的本科与硕士课程项目，培养学生跨文化理解力。具体课程如表 2-2。

表 2-2　人文社会科学领域的跨文化课程的内容模块

| 学士学位 | 欧洲研究;法德研究;法德研究:跨境交流与合作;法德研究:文化与文明;经济学、法律以及应用法德研究;文化和经济 |
| 硕士学位 | 两门欧洲跨文化研究;两门法德跨文化研究;边境研究;法德研究:跨境交流与合作 |

如表 2-2 所示,以"法德研究:跨境交流与合作"课程为例,该课程在学士学位和硕士学位阶段均有设置,在法德两国均匀分配课程时间、共同制定教学方案与内容、颁发联合文凭,具有高度的融合性。无论是学士阶段还是硕士阶段,该课程特别强调跨国培训的跨文化附加值[①],使学生能够熟悉伙伴国家语言和特有的科学和方法体系,不以绝对态度倾向看待本土意见和工作方法。此外,课程尽可能在共同的学生群体中完成,由法德双方教师共同组织,通过法德学生实际互动充实跨文化资源,促进法德文化交流与融合,进而辐射经济、法律、多媒体等领域,实现课程的社会价值。

其次,以跨国实习为导向的职业融合发展促进国际市场实践趋向的人才培养。法德双边合作模式注重以市场为导向的实践型人才培养,以满足法德两国经济合作与发展的双边国际人才需求,以跨国实习为导向开展职业融合发展。知识经济时代,尤其在人文社会科学领域,"为了知识而知识"已无法满足当今社会的需求。因此,督导和完善毕业生的职业融合是法德大学综合课程的先决条件之一。法德大学网络在学科领域的设置上实践性较强,注重实习份额,申请综合课程的学校须确保所开课程能够良好地应对法德两国劳工市场的需求,确保文凭的专业性,使学生能够在综合课程的学习之后进入到法国、德国乃至国际劳动力市场。以"法德研究:跨境交流与

---

① Hellmann, J. L'Université franco-allemande Un modèle de réseau de coopérations intégrées bilatérales [EB/OL]. https://www. fafapourleurope. fr/wp-content/uploads/2014/04/L%E2%80%99Universit%C3%A9-Franco-Allemande-un-mod%C3%A8le-de-r%C3%A9seau-de-coop%C3%A9rations-int%C3%A9gr%C3%A9es-bilat%C3%A9rales. pdf.

合作"课程为例,学生的实习是课程的必要组成部分之一,并积极鼓励学生在国际市场中展开多领域的实习,工作岗位不设限制,学生可根据自身需求进行自主选择。此外,法德大学在选择课程评估专家时,除需要有适当的科学技能外,特别强调评估人员须对合作伙伴国家的学科文化和大学体系有深入的了解,熟悉合作伙伴国家的工作语言,对高等教育毕业生的职业融合表现出敏感性。

最后,欧洲第三方国家加入,行政管理独立统一,有力地促进了跨境双边合作网络的拓展与治理体系的整合。双边合作模式逐步深化,通过法德高校文凭互认搭建跨国双文凭专业平台,影响力和合作网络逐步延伸至欧洲第三方国家。2020年2月10日法国公布《法兰西共和国和联邦共和国关于法德合作与一体化的条约》[①],提出两国增进文凭互认行动计划,提升法德两国教育系统的紧密联系性,并促进研究系统合作的网络结构化,鼓励法德大学及两国大学加入欧洲大学网络中。随着法国和德国大学的双边合作逐步深化,逐步有第三方国家,如瑞典、英国等欧洲国家的加入。当前法德大学的成员机构与合作伙伴网络已由208个法国、德国和第三国学术机构组成[②]。虽然法德大学未有实体校园的建立,但其治理体系逐步整合,行政管理已走向独立统一。总部由专业委员会与翻译事务办公室、新闻办公室、信息化办公室、人事与财务办公室、外事处、评估与资助处、博士生培养与科研处组成,有主席团、大学理事会、成员大学大会、科学咨询委员会、评估组、学生代表等组织机构,已逐步趋于独立法人代表,具备国际法人资格,并对行

---

① Décret n° 2020 - 108 du 10 février 2020 portant publication du traité entre la République française et la République fédérale d'Allemagne sur la coopération et l'intégration franco-allemandes, signé à Aix-la-Chapelle le 22 janvier 2019 [EB/OL]. (2020 - 02 - 12)[2021 - 01 - 17]. https://www. legifrance. gouv. fr/jorf/id/JORFTEXT000041558926? tab _ selection = all&searchField=ALL&query=Les+deux+Etats+rapprochent+leurs+syst％C3％A8mes+％C3％A9ducatifs+gr％C3％A2ce+au+d％C3％A9veloppement+de+&page=1&init=true.

② L'UFA en bref [EB/OL]. [2021 - 01 - 17]. https://www.dfh-ufa.org/fr/lufa/lufa-en-bref.

政人员设有德法双语种硬性要求,以确保治理体系的国际化,促进跨文化理解课程与人才培养实践的开展。

由此,法德双边合作的国际化模式,是最初由政府主导、以综合课程为依托的大学间国际合作模式,通过双语课程学习,融入两国文化传统与话语体系,进而通过跨国实习交流,拓展适应法德市场需求的人才培养国际化,并辅助转向课程评估体系以保障课程质量。因而,法德双边合作的国际化模式从历史渊源驱动的政府主导的双边合作模式逐步演化为民间大学自发驱动的合作模式,进而逐步通过文凭认证促进了双边国际合作的独立治理体系。

(二)法语国家的高等教育国际化发展模式:国际组织倡议的教育援助与后殖民化

后殖民化趋向的法语区国家国际化模式始于 1958 年法属殖民地独立。受殖民历史与语言文化影响,独立后的主权国家仍与法国直接或间接保持密切联系,法国通过一系列措施在法语世界保持较高的影响力(见图 2-2),旨在保障法国对法语区国家的政治影响力,并延续在语言文化上的软实力殖民化,有学者将其称为"法非主义"(Françafrique)①,具有文化侵略与殖民

图 2-2 法语国家的高等教育国际化模式发展历程

---

① 源于 1955 年科特迪瓦(Côte d'Ivoire)总统费利克斯·乌弗埃-博瓦尼(Félix Houphouët-Boigny)所提出的"法国-非洲"(France-Afrique)一词,以表明一些前法属殖民地的非洲国家领导人希望在其获得独立之后仍与法国保持特殊关系。起初该词具有积极的外交意义,后来在20 世纪 90 年代末逐渐具有新殖民主义的色彩。

的意识形态倾向。因而,这一模式主要聚焦在政治与文化功能上,但与法德双边合作模式的内涵和对象有所区分,课程类型也有所不同,主要包含两种方式:一种是以数字大学为载体面向大众的法语普及课程;另一种则是离岸教育,培养法方代理人的法英双语精英工程师项目课程。

首先,以数字大学与文化殖民为驱动的法国-摩洛哥中外合作办学模式,普及并引领法语世界的大众化高等教育。2013年10月2日,法国正式开通了法国数字大学(France Université Numérique,简称FUN)MOOC平台的官方网站,10月28日正式面向全球开放注册,服务范围覆盖法国和多数法语区大学及其国际学术合作伙伴①。截至目前共有127所大学或研究中心参与制作MOOC,内容以科普为主,较通俗易懂,受众主要为法语国家和法国本土大众,如"取得进展"②这门课程主要由多学科领域教师提供各专业领域(生物学、医学、经济学、政治学、音乐、教育、工程学等)内的学术进展与前沿学术观点。在法语世界国家国际组织推动下,2017年法国数字大学(FUN)与摩洛哥高等教育和科学研究部签署了合作协议,指定由FUN合作开发摩洛哥数字大学(Maroc Université Numérique,简称MUN)③。2019年6月,MUN正式启动,截至2021年1月共开设了36门在线课程,其中4门课程与法语有关④,面向摩洛哥社会大众或大学内语言专业及师范专业的

① 曾晓洁,张惠. 法国MOOC发展的国家战略:"法国数字大学"探析[J]. 比较教育研究,2018,40(01):78—87.

② ENS de Lyon [EB/OL]. [2021 - 01 - 17]. https://www.fun-mooc.fr/courses/course-v1: ENSDeLyon+14007+session02/about.

③ Décret n° 2018 - 566 du 2 juillet 2018 portant publication de l'accord-cadre entre le Gouvernement de la République française et le Gouvernement du Royaume du Maroc relatif au développement de la plateforme Maroc Université numérique (ensemble deux annexes), signé à Rabat le 16 novembre 2017(1)-Légifrance [EB/OL]. (2018 - 07 - 04) [2021 - 01 - 17]. https://www.legifrance.gouv.fr/jorf/id/JORFTEXT000037146401? tab _ selection = all&searchField = ALL&query=France+Universit%C3%A9+Num%C3%A9rique&page=1&init=true.

④ 摩洛哥数字大学[EB/OL]. [2021 - 01 - 17]. https://www.mun.ma/.

学生,以语言学习维系法国文化殖民①。此外,法国承担维护 MUN 平台的全部线上管理费用,因此,摩洛哥明显处于国际化弱势一方,法国进一步提出将高等教育的国际化维度延伸至中学阶段,以拓展国际化影响广度。2019 年 5 月 20 日法国第 2019-478 号法令发布了法兰西共和国政府与摩洛哥王国政府关于教育合作中双边优先事项的协议框架②,提出法国和摩洛哥共同确定的教育合作重点在于改善对小学、中学、大学合格教师的初步和持续培训;增加法语教学数量并提高质量;完善摩洛哥和法国学术界之间的学术间伙伴关系制度;加强摩洛哥国际文凭课程的合作-选择法国(choose france)。

其次,精英教育参与文化扶植,法国-突尼斯非洲和地中海大学赋予离岸教育新特色。在线虚拟大学的开设有效保障了以数字化方式提升法国文化软实力的国际影响力,但服务对象群体仍主要是大众群体。法语区国家国际化模式的第二种方式是精英教育参与的文化扶植离岸教育,寻找法国教育文化代理人,削弱了国际化战略的殖民色彩。2019 年 10 月 4 日,法国高等教育研究与创新部部长和突尼斯代表宣布在突尼斯建立法国-突尼斯非洲和地中海大学(以下简称法-突大学)③,旨在开发卓越的精英教育模式,并结合法国精英教育体系的国际化发展路径,对外国际援助,对内在突尼斯培养法国代理人。

---

① Algorithmique : Concepts de base et applications | MUN [EB/OL]. (2019-10-10)[2021-01-17]. https://www.mun.ma/courses/course-v1:UHP+UHP004+session03/about.

② Décret n° 2019-478 du 20 mai 2019 portant publication de l'accord-cadre entre le Gouvernement de la République française et le Gouvernement du Royaume du Maroc relatif aux priorités bilatérales en matière de coopération éducative (ensemble une annexe), signé à Rabat le 16 novembre 2017(1) [EB/OL]. (2019-05-22)[2021-01-17]. https://www.legifrance.gouv.fr/jorf/id/JORFTEXT000038492237? tab _ selection ＝ all&searchField ＝ ALL&query ＝ MENFPESRS&page＝1&init＝true.

③ L'ENS Paris-Saclay partenaire de l'UFTAM, la nouvelle université franco-tunisienne | ENS-PARIS-SACLAY [EB/OL]. (2019-04-10)[2021-01-17]. https://ens-paris-saclay.fr/node/3685/.

法-突大学筛选突尼斯境内的顶尖大学,与法国高师联合培养硕士生,提供由突尼斯和法国大学共同开办的卓越课程培训,颁发联合文凭,促进法突两国大学顶尖的数据科学、环境工程、经济学等专业领域的合作交流。萨克雷高师作为法-突大学的创始成员之一,参与了"面向教育的工业电气与计算机工程"硕士的培养,尝试了课程开设与硕士生培养的精英取向,激发学生的自主学习能力,为接受博士训练打下基础。课程不再局限于法语授课,专设英语类课程,进而增设了学科理论前沿与多学科交叉内容,如"高端微控制器体系结构和实时系统"。同时重视学生教育教学技能的培训,在最后一个学期专设"多学科与教育教学",对标高师内部为本国培养精英师资的人才取向,助力学生在实践工作中的教育技能知识在突尼斯工作技能培训中得以传播①。无论是开放大众高等教育数字课程的法摩合作形式,还是精英教育参与培养法国代理人的法-突大学模式,这种国际化模式具有典型的殖民化与意识形态色彩,同时在国家层面提升了法国在法语世界的地位。这种模式区别于法德双边国际化合作模式,主要针对非洲法语区国家,兼具教育扶植的教育与文化传播功能。

(三)欧盟一体化框架下的法国高等教育国际化模式:区域一体化与欧洲联合大学

由于文明的同源性质和欧洲价值观的普及,受地缘政治影响和发展水平的相对接近,欧洲高等教育区建设最早可追溯至中世纪。近代以来,欧洲国家间的高等教育合作从跨文化课程、学位互认、文凭认证②,到欧洲大学 358 学制统一改革③,乃至欧洲联合大学的建立,逐步演化形成欧洲区域一

---

① plaquette-1-05. pdf [EB/OL]. [2021 – 12 – 27]. https://uftam.net/wp-content/uploads/2020/07/plaquette-1-05. pdf.

② 赵叶珠. 欧洲高等教育区建设:背景、进程与意义[J]. 比较教育研究,2003(07):9—13.

③ EHEA. The Bologna Declaration of 19 June 1999 [EB/OL]. (1999 – 06 – 19)[2021 – 12 – 27]. http://media. ehea. info/file/Ministerial_conferences/02/8/1999_Bologna_Declaration_English_553028.

体化框架下的欧洲高等教育区的联盟①,具体如图 2-3 所示。

图 2-3　欧洲一体化框架下的法国高等教育国际化模式发展历程

这一模式的影响力与发展范围逐步拓展,深化到各国高等教育的治理体系国际化层面,有效促进了开放多元、协调共治的欧洲大学联盟形成。这不仅体现了地域层面上的国际化,还开始走向价值观层面的国际化,即培养"欧洲公民"身份建构与服务欧洲经济和政治一体化,彰显其政治与经济功能。

首先,以建构"欧洲身份"意识为旨趣,建立欧洲联合大学,促进区域一体化。从 1999 年实施的博洛尼亚进程,到 2003 年欧盟委员会提出的伊拉斯谟计划(Erasmus Mundus),欧洲范围的学生流动日益增多,逐步加深到了社会经济与文化价值观的层面。基于教育作为强化欧洲共同身份的建构与认同和加强欧洲凝聚力的工具,欧洲大学倡议于 2017 年 12 月得到欧洲理事会的认可②,目的是将新一代有创造力的欧洲人聚集,跨越语言、边界和学科合作,并通过采用知识三角模式(包括教学、研究和创新)为欧洲的知识经济、就业市场、文化传承、公民参与和社会福利作出实质性贡献。具体情况如表 2-3 所示。

---

① EHEA. Sorbonne Declaration 1998 [EB/OL]. (1998-5-25)[2021-12-27]. https://www. ehea. info/cid100203/sorbonnedeclaration-1998. html.

② European Universities Initiative | Education and Training [EB/OL]. [2021-12-27]. https:// ec. europa. eu/education/education-in-the-eu/european-education-area/european-universities-initiative _en.

表2-3 法国高师集团的欧洲大学联盟

欧洲大学联盟	法国大学成员	大学联盟理念	身份建构	联盟成员国
欧洲大学联盟(ARQUS European University Alliance)	里昂大学(里昂高师)	促进欧洲民主、尊重多样性和坚持以人为本的核心价值观,并承诺努力实现联合国的可持续发展目标①	欧洲公民	法国、德国、挪威、西班牙、意大利、奥地利、立陶宛
全球健康领域欧洲大学联盟(European University Alliance for Global Health)	巴黎萨克雷大学(萨克雷高师)	聚焦统一的跨学科主题,即全球健康,以应对重大的社会挑战	欧洲医生	法国、德国、葡萄牙、瑞典
欧洲工程学习创新与科学联盟(European Engineering Learning Innovation and Science Alliance)	巴黎文理研究大学(巴黎高师)	重新打造"欧洲工程师",使工程教育民主化,不断发展跨学科工程学习,鼓励知识、技能和技术转让	欧洲工程师	法国、德国、土耳其、意大利、罗马尼亚、葡萄牙

注:高师集团以共同体身份加入欧洲大学联盟,除雷恩高师以外,其余三所均加入。

为促进欧洲学生的身份认同,欧洲大学联盟开发了多种辅助工具,孕育多元化与包容性的欧洲公民。文凭补编(Diploma Supplement)作为博洛尼亚进程的一部分,旨在为欧洲的大学提供一个通用且灵活的文凭证明,以表示个体学习的背景、内容等,从而节省时间和金钱并促进欧盟大学间的学生流动。随着学生流动性的不断增加,欧洲学生卡(European Student Card)通过简化行政流程,减轻了学生和教育机构的负担和成本,成为学生欧洲身份的显著标识②。通过这一学生卡,学生能够在欧洲大学联盟内的任何高等教育机构展示个人身份,更新教育信息,享受图书馆、交通住宿等多种服务,

---

① Vision and Mission | [EB/OL]. (2019 - 06) [2021 - 01 - 22]. Arqus https://www. arqus-alliance. eu/about/vision-mission.
② Strengthening European Identity through Education and Culture [EB/OL]. (2017 - 11 - 14) [2021 - 01 - 22]. https://ec. europa. eu/commission/sites/beta-political/files/communication-strengthening-european-identity-education-culture_en. pdf.

进一步促进更深入的学生流动。

其次，多方参与治理一体化，搭建纽带桥梁促进欧洲区域一体化。欧洲大学联盟旨在打破物理空间交叉上的国界限制，推动大学间双边与多边深度合作，不仅提升高等教育质量，同时也作为经济和文化跨国合作的纽带。通过大学内部的教师、学生和行政人员的流动实现欧洲社会一体化是单一的，只有多方外部参与治理才能突破教育一体化的边界，延伸到社会经济领域的一体化[①]。如里昂大学所在的欧洲大学联盟中设立了地方协调委员会（Local Coordination Committees），成员包括合作大学的校长、项目负责人、国际专家、学生代表和利益相关者（公共机构，非政府组织，私营公司的代表）等，保障各合作伙伴的广泛参与，并收集本地学生和教职员工的反馈，与当地官员沟通协调，传播联盟的活动以及相关的政策[②]。

此外，欧洲大学联盟采取挑战式教学法（challenge-based approach），将研究人员、企业、社会机构、社会民间团体等聚集在一起，通过多学科方法共同解决欧洲社会所面临的挑战，通过评估方案促进知识成果转移[③]。提案评估方案专门设立了有关知识转移服务于欧洲政治经济发展的评估标准[④]，提案需说明其将如何利用数字技术、混合学习和基于工作的学习，研究成果将如何反馈到教育中。因此，联盟知识团队的科研成果应当对地域的经济与文化发展作出贡献，并可转移回教育领域，形成产学研一体化的循环模式。

① Building a stronger Europe: the role of youth, education and culture policies [EB/OL]. (2018-07-16)[2021-01-22]. https://eur-lex.europa.eu/legal-content/EN/TXT/?uri=CELEX:52018DC0268.

② ARQUS 治理结构[EB/OL]. [2021-01-17]. https://www.arqus-alliance.eu/about/organizational-structure.

③ European Universities Initiative [EB/OL]. [2021-01-22]. https://education.ec.europa.eu/education-levels/higher-education/quality-and-relevance/effective-and-efficient-higher-education.

④ European Universities | Erasmus+[EB/OL]. (2018-06-28)[2021-01-22]. https://ec.europa.eu/programmes/erasmus-plus/programme-guide/part-b/three-key-actions/key-action-2/european-universities.

如里昂大学所负责的联盟行动路线"创业型大学与区域合作"除开设三级自定义的创业课程之外,还与商会、经济集群等社会经济合作伙伴联系,加强创业倡议与交流,为学生提供实习机会和社区挑战,培养学生利用资源的创业意识。

在欧洲区域一体化框架下的法国高等教育国际化具有建构欧洲身份的目标,兼具解决欧洲面临的社会挑战的作用。就国际化范围而言,扩大了法德大学的双边合作,吸纳了更多欧盟成员国的参与。就国际化的背景而言,欧洲大学联盟是为了欧洲社会经济文化一体化而建立的。因此,这一国际化模式仅限于欧洲范围内,以自身所在区域为基础,实现区域内的全覆盖,并具有以欧洲整体迈向全球化的萌芽特征,国际化程度相对较高。

(四)全球辐射的法国高等教育国际化模式:大学自发追求卓越前沿的跨境全球学术合作

这一国际化模式有别于前三种模式的动力机制,源自大学自身的学术追求,同时又囊括了前三种模式的地理范围,学术合作既可兼顾双边范围,依托欧洲区域一体化,也可跨越大洲,辐射亚洲与美洲的顶尖大学。全球学术合作不受国家政府与国际组织的束缚与管制,逐步超越民族国家范畴,拓展至全球领域,形成全球化价值取向的国际化模式,指向学术研究与学科知识的生产。在这种模式中,法国高师从大学自身的学术逻辑出发,面向全球,寻求多个双边合作伙伴,建立起一对一的排他性国际合作,促进前沿、交叉学科的突破性发展。以世界级研究型学校为定位的巴黎萨克雷高等师范学院实行在合作协议基础上系统的国际开放政策,是该模式下的典型代表。学校以交叉学科卓越实验室为发展平台,致力于培养一批卓越教师,实现研究型教学,培养国际型人才,最终打造萨克雷高师这一世界一流的综合性大学。

首先,依托卓越实验室,促进国际学科前沿交叉,搭建世界顶尖合作网络。萨克雷高师在国际交流与伙伴关系上，辐射范围突破欧洲，逐渐覆盖全球。萨克雷高师通过层层筛选建立强强联合的合作伙伴网络，青睐于选择具有大学自由精神、重视科研且跨学科性的机构成为合作伙伴，地理区域占其次①。目前学校的合作伙伴多为各国的一流大学，合作学科也统一为伙伴国家的优势学科，包括 38 个国家的 120 多项合作和研究协议，不少合作伙伴借助萨克雷高师的平台与更多全球的顶尖高校达成合作关系。合作形式主要涵盖联合科研项目、联合培养学生和联合论文指导三种。以联合科研项目为例，学校通过国际研究团队（GDRI）、国际联合实验室（LIA）或国际科研混合单位（UMI）及伙伴机构进行"点对点"合作。例如，学校 2017 年在印度钦奈数学研究所（Chennai Math Institute）成立 UMI Relax，开展与印度卓越研究所在数学领域的强强联合。基于顶尖大学和实验室合作，萨克雷高师的研究中心具有先进的科研团队，汇集了近 600 名研究人员和博士生，拥有 14 个实验室和 3 个跨学科研究机构，积极促进围绕统一主题的科学连贯性研究，鼓励交叉学科实验室的建立。例如，博雷利实验室（Centre Borelli），涵盖数学、神经科学和生物医学研究等多个领域交叉前沿话题。跨学科性及强大的科研团队为研究的世界性提供坚实的基础，关注并深入开展全球前沿的多学科研究。

其次，开拓研究型教学新模式，培养学生国际交流与学科交叉能力。萨克雷高师以搭建卓越实验室，尤其是交叉学科实验室为纽带，打造世界级的教师队伍，开展研究型教学，以创新、个性化辅导和真实情境的创建为特征，培养国际型的未来人才。在教学人员的选择上，萨克雷高师创新采用附属

---

① École normale supérieure Paris-Saclay. Rapport d'autoévaluation établissement［EB/OL］.［2021 - 01 - 22］. https://ens-paris-saclay. fr/sites/default/files/2019-07/Rapport-auto-evaluation-ENS-Paris-Saclay. pdf.

教授(professeur attaché)的方式①，法国国家科学研究中心和法国国家信息与自动化研究所的研究人员都获得了隶属于萨克雷高师的教授职位，通过这种方式使研究人员充分融入学校的教学和研究部门，参与高师学生的教育过程，将他们的科学专长带到学校。为帮助学生更好地融入国际舞台，学校将国际能力培养作为学生毕业文凭的一部分，以促进国际交流和语言掌握②。每位学生须通过在国外的一个学期或至少两个月的沉浸式体验来掌握国际科学技术交流所需的语言。同时萨克雷高师还设置线下语言中心，共57间教室，涵盖德语、西班牙语、俄语、中文、日语、葡萄牙语、意大利语和希伯来语八种语言课程；六门硕士课程全英文授课，八个硕士方向提供国际英语课程。在交叉学科能力方面，学校通过跨部门提供的各种活动和学科开放培训，展开与其他专业学生进行跨学科的合作项目，并在课程中建立横向的教学单元以培养学生的跨学科能力。③

最后，在法国高等教育国际化模式中，萨克雷高师实验室构建实验室-教师-学生卓越三角模式，旨在全球范围内积极寻找与其战略定位和发展价值观一致的合作伙伴，以达成国际化的卓越目标。这一国际化模式由高师内驱力主导，遵从作为精英大学校的学术追求与卓越精神的逻辑。首先生发于学者间的跨国学术交流合作，发展到合作访学制的形成，再到国际实验室的搭建，最后到人才培养的国际化，以实体形式开展具有针对性和一定排他性的交流与合作。这一国际化模式严格确保合作质量，打造全球一流伙伴网络，进而达到"强强联合"的发展目的，区别于前三条国际化模式的政府

---

① École normale supérieure Paris-Saclay. Professeur Attaché, Véritable Ressource Pour L'ENS [EB/OL]. (2020 - 12 - 16)[2021 - 01 - 22]. https://ens-paris-saclay.fr/actualite/professeur-attache-veritable-ressource-pour-lens.

② 同上。

③ 同上。

主导或者国际组织倡议性质。

三、旨在促进高等教育国际化模式转型的启示

　　法国高等教育多元国际化模式并行交错,促进了高等教育全球化的时空交叠。而国际化的这四种模式并非处于四个独立的平行时空中,而是形成国际化的大循环。首先,以学术外交为载体,兼具文化政治功能的法德双边合作模式。法德双边合作的跨境课程合作,进一步催化了双边合作逐渐深化,并逐步扩展到学历学位的文凭互认。通过双语教学增进对两国间的文化理解,并通过语言学习为载体进行跨文化理解教育,辅之跨国实习流动,试图在法德劳动力市场上打通人才培养一体化,这一国际化模式主要服务于学术外交的政治功能属性。其次,法语世界国家的高等教育国际化随着各国相继独立,但仍依赖法国的教育体系与教学标准。由此,第二种模式以课程为载体,是兼具文化政治功能的后殖民化趋向的法属殖民地或法语区国家的国际化模式。这一模式仍以课程为载体,但课程类型与法德双边合作模式有所不同,主要包含两种方式,一是以数字大学为载体面向大众的法语普及课程;二是开展离岸教育,创设以培养法方代理人为目标旨趣的培养精英工程师项目课程,授课语言包含法语与英语。这一模式旨在保障法国对法语区国家的政治影响力,并延续在语言文化上的软实力殖民化。因而,这条国际化路径主要聚焦在政治与文化功能上,但与第一条路径之下的内涵与对象又有所区分。第三种模式基于欧洲区域一体化框架下的高等教育一体化模式,是以研究、学分互认与人才流动为广泛载体的欧洲区域一体化之下的教育国际化模式,为各国提供了全面的国际化合作机会。这一模式也源于历史与文化根源,最早可追溯到中世纪,到近代欧盟委员会成立,从跨文化课程、学位互认、文凭认证,到欧洲大学 358 学制统一改革,乃至发

展到今天的欧洲联合大学的建立,逐步演化形成欧洲区域一体化框架下的欧洲高等教育区的联盟。这一国际化模式,影响力与发展范围逐步拓展,依托系列跨文化课程、伊拉斯谟计划等课程、人才与研究项目间的国际合作与交流,进一步深化教育国际化的内涵发展,并深化到各国高等教育的治理体系国际化层面,有效促进了开放多元、协调共治的欧洲大学联盟形成。这条路径开始走向价值观层面的国际化,即为培养"欧洲公民"与服务欧洲经济和政治一体化而开展的法国高等教育国际化,彰显其政治与经济功能。最后一种模式,高等教育全球化的发展模式源于大学自身的学术追求和主动参与学术合作,在动力机制上有别于前三条,但又包含了前三条模式的地理范围,形成了空间的重叠。国际化边界逐步超越民族国家范畴,并拓展至全球领域,形成全球化价值取向的国际化模式。这一国际化模式源自大学自身的学术追求,有别于前三条的路径的动力机制,大学自身积极地开展国际学术合作交流,同时又囊括了前三条路径的地理范围。在这条路径中,法国高师面向全球,寻求多个双边合作伙伴,建立起一对一的排他性国际合作。首先生发于学者间的跨国学术交流合作,发展到合作访学制的形成,再到国际实验室的搭建,最后到人才培养的国际化。因此,这一模式从大学自身的学术逻辑出发,促进前沿、交叉学科的突破性发展,超越了国界与意识形态,如巴黎-萨克雷高师的全球学术合作伙伴中还包括越南的河内科技大学,有别于对法属殖民地的国际化模式,凸显其学术功能。在学术发展的过程中,这种合作可以是双边范围的,也可以依托欧洲区域一体化,同时也可跨越大洲,辐射至亚洲与美洲的顶尖大学,不受国家政府与国际组织的束缚与管制。只是在后疫情时代之下,面向全球的学术辐射主要流向区域一体化的范畴,但就其性质与功能而言,还是指向学术研究与学科知识的生产的。

总之,在法国高等教育国际化合作中,驱动因素多样,涵盖满足学生和工作人员需求、维护声誉、提高教育与研究质量、实现规模经济等。动机在教学、学习、课程等方面可能存在差异,同时还受到研究创新和伙伴关系等因素的影响。高校之间的互补性和差异性是合作的前提,但也构成了应对国家法规、机构使命、组织文化等差异的障碍。后疫情时代的高等教育国际化受到"逆全球化与反全球化"的影响,但法国的高等教育国际化进一步拓展,外交部发布"法国欢迎您"的战略机制,吸引各国学生前往法国就读;2020年颁布"多年计划法案",提升博士及博士后的薪资待遇,进一步保障"国际化"。而英国脱欧进一步影响了全球化与区域化两种国际化模式的对冲与弥合。法国这一国际化模式与路径在国际局势变动中适应革新,并在发展中逐渐形成符合自身发展历史与特征的路径选择,值得借鉴与反思。

第三章

欧盟高等教育区背景下法国高师改革的机制研究①

---

① 本章的部分内容改编自笔者 2016 年发表在《教育发展研究》第 17 期的论文《"双一流"建设机制研究——以法国高师集团"高校共同体"改革为例》。

一、高等教育改革背景

在世界经济全球化和教育国际化的趋势下,高等教育与研究日益成为影响社会经济发展和国家竞争力的关键因素①。如何生产知识、如何合理使用并分享知识已成为提升国家综合国力和参与国际事务能力的关键环节和亟待解决的首要问题②。在今天的社会领域中,高等教育的转变成为最根本性的转变之一:"高等教育与研究者一致认为该领域正经历着一场前所未有的转型,且无论各国经济发展水平与程度如何,这一转型过渡有可能会或多或少影响所有国家。"③大学是新思想扎根,逐渐成长到稳固,且包罗全人类知识的唯一空间。它是创造性思想汇聚、互动,并建构新愿景与生成事实的地方,在追求知识中挑战真理并建立理论概念④。大学的发展对各国经济乃

---

① United Nations Educational, Scientific and Cultural Organization. Final proceedings, research summaries and poster presentations, Merle Jacob. Global research seminar: Sharing research agendas on knowledge system [EB/OL]. (2008 - 11)[2019 - 09 - 25]. http://unesco. unesco. org/images/0018/001818/181836e. pdf.

② Guruz, K. Higher education and international student mobility in the global knowledge economy[M]. Albany, NY: State University of New York Press, 2008.

③ 同①。

④ Yashpal Committee Report. Report of the Committee to advise on renovation and rejuvenation of higher education [EB/OL]. (2013 - 10 - 28)[2019 - 09 - 25]. http://www. academics-india. com§/Yashpal-committeereport. pdf.

至社会发展起着至关重要的引领性作用。近年来,中共中央、国务院印发了《关于深化体制机制改革加快实施创新驱动发展战略的若干意见》,2015年10月24日,国务院印发了《统筹推进世界一流大学和一流学科建设的总体方案》的通知,以支撑创新驱动发展战略、服务经济社会发展为导向,坚持"以一流为目标、以学科为基础、以绩效为杠杆、以改革为动力"的基本原则,加快建成一批世界一流大学和一流学科。引导和支持具备一定实力的高水平大学和高水平学科瞄准世界一流,汇聚优质资源;并引导和支持高等学校优化学科结构,凝聚学科发展方向,突出学科建设重点,创新学科组织模式,带动学校发挥优势、办出特色。同时深化高校综合改革,着力破除体制机制障碍,加快构建充满活力、富有效率、更加开放、有利于学校科学发展的体制机制等[①]。

有研究表明,目前中国研究型大学群体已初步形成。按照美国卡内基基金会"每年至少在15个学科授予50位博士学位"即为研究型大学的分类,中国在1998年以前,较少有大学能够称得上是研究型大学,也几乎没有大学能够与世界一流大学对话。学者陈学飞表示中国目前与世界一流大学的差距,或许主要不在具体评价指标,如经费、课题、文章发表、生师比等,最主要的差距"可能是在理念上、制度上的差距",比如如何保障科研创新和自由探索,以及鼓励追求真理等机制的生成[②]。中国虽有强有力的政策支持与坚定的目标导向,但如何实施、如何落实等并无具体说明,如何为一流大学建设提供相应配套的制度保障,改革后如何构建新的管理模式以提供保障,如何建设一流学科以及发展方向为何等。对此,本章探讨法国政府和大学如何应对国际经济社会发展对高等教育的需求,如何在渐进式改革中逐步

---

① 教育部. 国务院关于印发统筹推进世界一流大学和一流学科建设总体方案的通知[EB/OL].
   (2015-11-05). http://www.gov.cn/zhengce/content/2015-11/05/content_10269.htm.
② 陈学飞. 导向是建设世界一流大学的关键[J]. 探索与争鸣,2016(07):11—13.

整合法国精英教育与大众教育优质资源，如何做出政策调整为构建世界一流大学提供体制机制保障，如何进行一流学科建设、存在哪些措施等。

法国的精英教育与大众教育相互独立、双轨并行的教育体制，以及以"小而精"为基本理念的传统精英教育体系已经无法满足知识经济时代对综合型、国际化人才的迫切需求。为应对国际经济社会发展对高等教育的需求，法国国民议会于 2013 年 7 月 22 日正式通过《高等教育与研究法》，增加了创建"高校共同体"（ComUE）的条款，进一步推动法国高等教育改革，增强法国高等教育的自治性、开放性、融合性和创新性，从而提高法国高等教育的整体实力，为世界前十位一流大学建设铺设制度基础。

二、顶层制度设计:法律保障与财政支持为"世界一流大学"建设改革铺设制度基础

法国一流大学的建设并非是一蹴而就的改革或工程建设，而是循序渐进，依据大学自身发展规律，将基础研究、大学变革实践与制度设计相结合，经由精英"大学校"牵头试运行，寻找成熟模式，再从政策上逐步过渡，为高校共同体建设铺设制度基础。而高校共同体的最终建立离不开大学自治的法律基础和鼓励优质与创新、强有力且目标明确的财政导向与经贸支持。

（一）高校自由发展与优质资源整合的法律机制,保障高校共同体内成员大学自治与学术自由联盟

法国大学自治与学术自由经历了三十年的变革与过渡。作为中央集权制国家，20 世纪 80 年代中央政府开始向地方政府下放权力，增设大区。通过行政体制改革，法国加强了地方议会的自治权。1984 年《萨瓦里法》承认大学自治权，强调"自主自治、民主参与、多学科结构"的原则，对普通大学和

大学校(Grande école)①作统一规范②。然而,该法并未在事实上动摇已有的"基于学科标准纵向细化分类的逻辑"以及大学间各自独立发展、相互恶性竞争的态势。为建立高校间科研协同合作的意识,促进新一流大学的产生,2006年4月维勒班政府通过"科研项目法"(2006－450号法令),进一步触及法国研究与技术发展的规划与定向,成立基于学科发展的"高等教育与科研联合中心"(Pôles de recherche et d'enseignement supérieur,简称 PRES),旨在改善以往大学间各自发展,同质性实验室研究恶性循环竞争,内耗资源的局面,以财政支持提供科研合作契机,从而凝聚资源创新体制机制,刺激高校间合作意识的生成③,逐步为切实的合作乃至科研合作共同体奠定初步基础。2006—2013年间全法共有27个联合中心相继成立,如里昂大学(PRES)包括里昂高师、里昂一大、里昂二大等11所院校。为进一步服务于新大学的重组构建,解决重组后面临新型管理及自由选择合作伙伴等方式问题,2007年8月法国费雍政府通过了《大学自由与责任法》(2007－1199号法令),反思已有大学治理模式、自治区域等改革方式问题,推进高等教育改革,提高教育质量,提升国际地位,改变治理困境,加强校长权力④,同时进一步加强大学在人事、经费管理、课程设置、科研活动、教师待遇、国际合作等方面的自治权⑤。至此大学各实验室拥有自治权,可以根据各自学科特色自主选择合作伙伴,结构重组。然而,改革中仍存在诸多问题,如大学在拥有更多自治

① 大学校(Grande école)是法国传统上旨在培养国家精英的高等教育院校。
② [荷兰]弗兰斯·F·范富格特.国际高等教育政策比较研究[M].王承绪,等,译.杭州:浙江教育出版社,2001:144.
③ Aust J, et Crespy C. Napoléon renversé? Institutionnalisation des Pôless de recherche et d'enseignement supérieur et réforme du système académique français [J]. Revue française de science politique, 2009,59(5):915－938.
④ 同上。
⑤ Secrétariat général pour l'investissement (SGPI) . Un programme pour investir l'avenir[EB/OL]. (2016－06－21)[2021－10－31]. https://www.info.gouv.fr/actualite/un-programme-pour-investir-l-avenir.

权的同时,仍在沿袭以学科发展为中心的思路,难以突破学科壁垒,有碍创新。

为进一步深化高等教育与科研改革,法国总统奥朗德上任后,法国国民议会通过的《高等教育与研究法》,对教育法典中的 L711-2 条款进行了修改,增加了创建"高校共同体"(communauté d'université et établisement,简称 COMUE)的条款,以此替代"高等教育与科研联合中心"(PRES),正式进入改革第二阶段,该法为"高校共同体"自由联合与变革奠定了法律基础。"高校共同体"在体制机制上突破了以往以学科发展为中心的改革思路,至此,法律强制相关院校正式高度整合,增强了法国高等教育的自治性、开放性、融合性和创新性,提高了法国高等教育的整体实力。教育法典中明确规定了成员学校的要求、标准、责任,共同体成立后依据自身发展规律对学术委员会与行政委员会成员构成的筛选程序以及人员比例与结构构成等,通过法律形式进一步明晰,力求程序公正、公开、透明。

(二) 鼓励优质与创新的财政保障机制,为"世界一流大学"建设提供战略引导与财政支持

世界一流大学建设并非是一蹴而就的工程建设,而是由基础设施建设到内部软件逐步发展的过程。在法国,财政支持是促使法国高校从自由重组到强制性高度整合的外在动力与主要且必要的调控工具。法国大学财政支持要求更好地满足国家更高水平的发展需求,提高大学研究的有效性,并改善效率,力求"做优",最终促成法国高校共同体的优质与创新发展。为努力冲进前十名世界一流大学,将法国已有精英教育的卓越品质进一步扩展到普通大学教育领域,首先在基础设施建设上,2008 年 1 月法国高等教育与研究部启动了"卓越大学计划"(Plan Campus),亦称"校园行动计划"(Opération Campus),投资 50 亿欧元,主要用于大学实验室更新、教学楼翻修等基础设施建设。首批支持波尔多、里昂、斯特拉斯堡、蒙彼利埃与格勒等五个区域联合中心,随即加入马赛、贡德赛(condorcet)、萨克雷以及巴黎(paris intramuros)、里尔与图卢兹等六个区域联合中心。

表3-1 卓越大学计划对高师集团组建的高等教育与科研联合中心投资情况

投资高等教育与 科研联合中心		资金(万欧元)
里昂大学(ENS de Lyon)		575
巴黎大学(ENS de Paris)	PRES Sorbonne Paris CitéitS Sorbonne Paris C	700
	CROUS de Paris et Cité international universitaire de Paris 200	
	Paris Sorbinne Universités 130	
	PRES Hautes Études-Sorbonne-Arts et Métiers 100	
	PRES Paris Sciences et Lettres-Quartier Latin 70	
萨克雷大学(ENS de Cachan)	ENS Cachan, HEC Paris 等 19 个高校机构等	850

这笔特殊的经费支持进一步刺激多所大学争先联合筹建高等教育与科研联合中心以增强竞争力,进一步促进改变以往大学各自为政、相互竞争的局面,催化大学间围绕高等教育与科研联合中心相互协商与合作,着眼于全局战略调整,对资源进行统筹分配以谋求共同发展,并为高校共同体的过渡夯实了前期基础。其次,在此基础上,为进一步聚焦优质并鼓励创新,法国政府重点投资对国家未来发展有重要战略意义的优先领域,于 2009 年 12 月启动未来投资计划(Investissements d'avenir)①,以支持研究项目与教学的创

----

① Guy Peters, B. Theory in political science: The 'new institutionalism'[M]. London: Continuum, 2005; Inspection générale de l'administration de l'Éducation nationale et de la Recherche [IGAENR]. Pôles de recherche et d'enseignement supérieur (PRES) et reconfiguration des sites universitaires, Rapport-n° 2010-014[EB/OL]. (2010-03-01)[2022-10-31]. http://www. univ-lille-nord-de-france. fr/telechargement/pres/rapportIGAENR_PRES. pdf.

新,筹建了技术研究所(IRT)、医疗教学中心(IHU)、加速技术转让协会(SATT),并支持大巴黎地区"萨克雷技术群"(cluster technologique Paris-Saclay)的建设,法国政府进一步加强了工厂、社会、政府以及学术机构间的紧密联系,其资助的主要研究议题源于工厂、社会以及经济需求。其中,投资计划对高等教育与研究部分的"优质项目"内含的卓越大学计划追加投资13亿欧元,对高校共同体中的"航母大学"萨克雷大学继续追加投资10亿欧元。政府以巨额的财政投资作为调控杠杆,在大学自治的法律效力下,有力地促进了大学与大学校间的理性协同发展意愿的生成,为高校共同体及实体自然过渡奠定了坚实的基础,通过目标性投资项目,鼓励高校共同体内共同联合建立优质实验室(Labex),建立技术平台,促进共同体内成员院校间切实而创新的科研项目合作。

三、"双一流"建设与资源整合机制:高校结构重组,强强联合构建高校共同体

(一) 资源整合与创新的平稳过渡:从"高等教育与科研联合中心"渐进走向"高校共同体"

"双一流"建设离不开资源有效而科学的整合,高校按照内部发展逻辑自然过渡,实现科研、教学及学生培养等资源的有效整合与学科交叉发展中的创新。法国自2006年逐步推动普通大学与"大学校"变革,尤其以"高等教育与科研联合中心"的形式合作发展,以更好地应对教育国际化趋势下的国际竞争[1]。"高等教育与科研联合中心"内部成员学校高度自治,自主自愿选择联合(内含联邦合作制与合并等方式联合),非法律强制性,且主要以科

---

[1] B,B. Que reste-t-il du grand emprunt [J]. Le Journal du dimanche, 2013(5).

研合作形式联合为主,形成初步的共同管理模式,如在博士生招收与培养上,由各个学科形成的联合博士生院(Ecole Doctorale)统一进行课程管理与毕业考核等。该联合中心允许高等教育的精英机构如"大学校"可不按既有刻板而严格的学生选拔机制,为普通大学的优秀学生增设就读途径,促进了高等教育的优质和公平。截至2013年,"高等教育与科研联合中心"已初具规模,但形式上还不具法律效力,继而无权直接接收政府资金投入以及岗位设置等并对其进行管理与支配。

为深度整合资源,统筹和推进高等教育和科研机构的合作,根据《高等教育与研究法》的要求,"高等教育与科研联合中心"逐渐被改造为由多所具备博士生培养条件及科研研究为主的院校及科研中心重组合并且高度整合而成的"高校共同体",新的共同体仍由发起学校与成员学校两部分构成,但具法律效力,且在教学及科研上行使实体大学权利。"高校共同体"从根本上突破了阻碍科研机构开展实质性合作的制度性障碍,专门设立"共同体"行政委员会和学术委员会,统筹安排经费,实施统一的国际化发展战略,科研成果以"共同体"名义发表,为进一步合作或重组奠定了基础。[①] 升级后的"高校共同体"内学科更加交叉融合,科学、工程技术、人文、社会科学等学科大类之间围绕研究问题开展合作,发挥各自优势。如早期的加香高师的阿朗贝尔研究所(Institut d'Alembert)融合了生命科学、物理、生物化学以及生物工程等学科。改革后对学生思维品质要求更高,高校共同体强化通识教育,强调文化知识与社会实践的连接,避免学生陷入单一学科或书本知识的固化思维。2015年始,里尔、里昂、雷恩、波尔多、马赛、格勒、斯特拉斯堡等地逐步过渡建立具有法律实效的

---

① Inspection générale de l'administration de l'Éducation nationale et de la Recherche [IGAENR]. Pôles de recherche et d'enseignement supérieur (PRES) et reconfiguration des sites universitaires [R/OL]. (2010-03)[2019-09-25]. http://www.univ-lille-nord-de-france.fr/telechargement/pres/rapportIGAENR_PRES.pdf.

"高校共同体",为逐步过渡建立世界一流大学奠定了资源整合与创新的基础。

(二) 保持办学特色,追求卓越:法国高师集团引领"高校共同体"改革

法国高等教育在试图高度整合、打造新的学术合作与创新平台的同时,还遵从大学自身发展意愿,力求拓展资源整合的深度与广度,而高师系统保存了原有"小而精"的办学传统与"宁缺毋滥"严格遴选兼顾学术与社会资本等双重优质生源的传统特色,通过严格的筛选过程,以彰显该系统毕业生在未来公立及私立机构中的职业声誉,为其在世界舞台竞争中树立早期威望[①]。如巴黎高师、里昂高师、加香高师、雷恩高师一贯以其特有的竞争性选拔考试遴选全法最优质生源,且逐步实现自治创新,整合优质,协同卓越的发展路径。以巴黎高师与里昂高师为例,"大学校"牵头组建高校共同体,进一步提升大学科研实力与国际竞争力,整合各领域优质研究机构,并得到大量财政支持,如重组后巴黎科学与人文大学包含 16 所科研院校,里昂大学包含 12 所科研院所,详见表 3-2。

表 3-2 巴黎科学与人文大学(PSL)和里昂大学(UDL)的内部成员机构

高校共同体[②]	建立时间	高校及研究所成员	研究中心成员
巴黎科学与人文大学(PSL)	2015-04-12	**巴黎高师**;法国国立高等化工学校;巴黎高等物理化工学院;巴黎第九大学又称巴黎多菲纳大学;巴黎天文台;国立巴黎高等矿业学校;国立高等戏剧艺术学校;巴黎国立高等音乐舞蹈学院;国	巴黎科学与人文合作基金会;居里研究所;法国国家科学研究中心;国家医学与

---

① Agnès van Zanten, Claire Maxwell. Elite education and the State in France: durable ties and new challenges [J]. British Journal of Sociology of Education, 2015(36):71-94.

② Legifrance. Décret n°2015-127 du 5 Février 2015 portant approbation des status de la communauté d'universités et établissements : Université de Lyon [EB/OL]. (2015-02-05)[2019-09-25]. http://www.legifrance/gouv.fr/affichTexte.do?cidTexte=JORFTEXT000030199354&categorieLien=id.

高校共同体	建立时间	高校及研究所成员	研究中心成员
		立高等装饰艺术学院;巴黎国立高等美术艺术学院;国立高等视觉艺术学校等11所院校	健康研究中心;国家信息与自动化研究所等5个单位
里昂大学(UDL)	2015 - 02 - 07	**里昂高师**;里昂一大;里昂二大;里昂三大;圣艾蒂安大学;里昂中央理工;里昂国立应用科学院;里昂政治学院;食品,动物健康,农艺学与环境高等教学与研究所;国家市政工程学院;圣艾蒂安工程学院等11所院校	法国国家科学研究中心

首先,跨学区"高校共同体"内成员学校享有自治,可保留已有办学特色。例如高师系统仍保留严格选拔优质生源的传统,学生进入高师后享有高度自主权,根据个人兴趣自由更换学科专业,实行"一对一"导师制,对学生学业及生涯规划等进行定向引导,在专业导师引导下自我管理。在选择合作及整合院校伙伴中,严格筛选优质生源成为寻找合作伙伴进行重组的首要筛选原则。其次,联合项目还存在区域差异,遵从《大学自由与责任法》,地方大学可根据各自发展意愿,选择合作的深度与广度,自主联合,各成员机构保持独立。总之,"卓越大学计划""未来投资计划""高校共同体"等改革举措逐步促进了各区域大学间的结构重组与协同发展,组建共同体后主要发展战略方向为:提升潜在科技潜力建立欧洲大学,加强研究的透明度与国际影响力,加强与社会政治经济间的联系,促进创新与技术力转移,毕业生就业与创业文化等。但新的问题产生,上述"高校共同体"亟待新型管理模式的生成以有效整合并使用共同体资源。

四、管理模式转变与新课程变革:新管理制度生成及"一流学科"建设

(一) 社会融入与开放管理:去中心化的、多元化的"高校共同体"

法国政府鼓励发展普通大学与"大学校"合作,从公共政策角度鼓励两类机构间科研合作。为将欧洲构建为更具活力与国际竞争力的知识经济社会[①],经济合作与发展组织(OECD)指出,高等教育机构更应提高机构管理的有效性[②],而欧盟高等教育区改革目前已成为规范多层代理人行动空间以及规范其政治与社会合理化进程的一个基础部分[③]。在法国高等教育改革进程中,逐步实行"去中心化",减少中央政府对高等教育和科研机构的统一管理。大学在所在地、所在大区与国家等多层监管博弈间,逐步寻求契合自身学术旨趣且以自由为导向的发展路径,同时与市场需求相联系,结合医院、公司、咨询机构等需求,通过科研项目合作及合同的方式将其引入大学改革与发展中[④],推动实行"新型治理模式",如图 3-1 所示。

为建设"一流大学",提升其本土与国际影响力,新的治理模式依靠与绩效相关的新的资助方式进行预算及监控,采用新的评估程序与责任负责制,将研究发展策略纳入研究与创新全国监管策略体系下,体现了知识经济社会的全球管理模式。教学依靠每年国家大量拨款来支持,但因企业等对大学董事会的介入,教学方式逐步依据劳动力市场的需求进行变革,并改变了已有的中央集权式的直线型管理模式,凸显大学的自治与自由权,吸纳社会

---

① European Council. Conclusions de la Présidence du Conseil européen de Lisbonne [R]. Brussels, 2000.

② Milot, P, La reconfiguration des universités selon l'OCDE. Economie du savoir et politique de l'innovation [J]. Acts de la recherche en sciences sociales, 2003,3(148):68-73.

③ Sophia Stavrou. Negotiating curriculum change in the French university: the case of 'regionalising' social scientific knowledge [J]. International Studies in Sociology of Education, 2009,19:1.

④ Marie Boitier, Anne Rivière. Are French universities under control [J]. Public Money & Management, 2013,33(2):105-110.

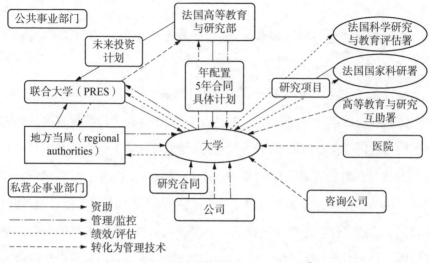

图 3-1　法国大学新型治理模式①

力量,逐步实现"去中心化的、多元化的"变革。

"高校共同体"建立后,在已有基础上深入改革,组建新的行政管理委员会代表大学、科研机构和地方的利益。如图 3-2 所示。

其中行政管理委员会处于核心决策角色,分布比例如下。

表 3-3　共同体行政管理委员会内大学所占委员会比重②

学校代表数量	里昂一大	里昂二大	里昂三大	圣艾蒂安大学	里昂高师	里昂中央理工	里昂国立应用科学院	法国国家科学研究院	其余成员学校
	3	2	2	2	2	2	2	1	1

---

① 法国科学研究与教育评估署(ARES):2006 年将全国评估委员会(CNE)与法国科研评估委员会(CNER)和教育委员会(MSTP)的评估机构合并,成立法国科学研究与教育评估署(AERES),负责全面评价科研机构和高校教学机构等,但不受科研和教育行政部门的制约。

② Legifrance. Décret n°2015 - 127 du 5 Février 2015 portant approbation des status de la communauté d'universités et établissements : Université de Lyon [EB/OL]. (2015 - 02 - 05). [2019 - 09 - 25]. http://www. legifrance/gouv. fr/affichTexte. do? cidTexte = JORFTEXT0000030199354&. categorieLien=id.

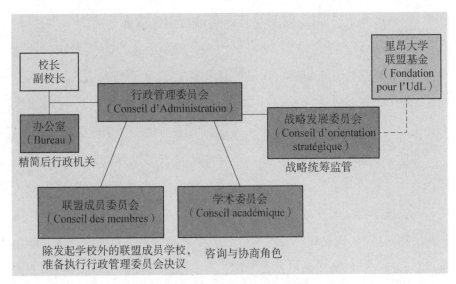

图 3-2 里昂大学共同体管理构成

具体由 17 名高校校方代表,6 名来自公司、社会团体与协会代表(包含罗纳·卢瓦大区代表),1 名圣埃蒂安地区代表,1 名里昂地区代表,8 名共同体或内部成员学校教师研究员代表,4 名教职工代表,4 名共同体培训学员代表等构成行政管理委员会,协同管理"高校共同体"事务,进行战略引导及统筹经费等。同时法国政府加强了对"高校共同体"的宏观调控,注重提高地区一级的管理能力。

(二)突破学科壁垒:多学科与跨学科融合是高校共同体学科建设机制的主要方向

纵观中国高等教育发展史,先后经历了面向行业的、面向学科的以及面向职场的三种专业教育过渡[①],虽在社会不同时期发挥了相应的作用,但同时仍有学科分科过细、知识面窄、创造性差等问题。而法国自 1984 年《萨

---

① 周光礼."双一流"建设中的学术突破——论大学学科、专业、课程一体化建设[J].教育研究,2016,37(05):72—76.

瓦里法》提出多学科原则,时至今日以建设前十位世界一流大学为目标,真正实践多学科跨学科原则,历经三十多年改革历程。2006 年法国国立教育、高等教育与研究部进一步切实引入多学科、多语言与人文社会科学(Plurilettres, Langues et sciences Humaines)概念,从制度上落实多学科课程体系。与此同时打破了学科界限,对除本学科外的专业领域更加开放①。

新的课程倾向学科间的广泛合作与共通,不仅涉及目标界定,还涉及课程内容以及理论与方法论等共通②,以适应知识经济时代社会新需求的产生。新的教学模式弱化教师与学生间的等级关系,聚焦团队合作而非个体知识习得,且团队构成倾向不同学科背景和学术与专业背景的教师及学生组成。如建立共同体后的里昂大学博士生院组织质性研究方法课程,课程由里昂二大社会学教授、里昂政治学院人类学教授以及里昂高师历史学教授共同组织工作坊形式,学生由里昂大学内部各成员学校组成,涉及博士一年级、二年级、三年级等学生,且涉及政治学、文学、历史学、社会学、人类学等多学科学生 20 人,他们分专题讨论,共同完成。与教学和学术项目的整合相比,新的跨学科多学科课程更多是以主题或能力为核心的一系列学科知识的深化。

在法国人文与社会科学领域,跨学科多学科背景的学历 2007 年开始不断增长,与此同时,为迎合课程的多学科性与专业性,国家相应加大了对多学科背景学术人才的聘任③。2013 年《高等教育与研究法》进一步要求加强

---

① Sophia Stavrou. Negotiating curriculum change in the French university: the case of 'regionalising' social scientific knowledge [J]. International Studies in Sociology of Education, 2009:19,27.

② Sophia Stavrou. Negotiating curriculum change in the French university: the case of 'regionalising' social scientific knowledge [J]. International Studies in Sociology of Education, 2009:19,25.

③ Le Gall, B, et C Soulié. Massification, Professionalisation et Réforme du Gouvernement des Univiersités: Une Actualisation du Conflit des Facultés en France. In Charle C, Soulié C(Eds). Les Ravages de la "Modernisation" Universitaire en Europe [M]. Paris: Syllepse, 2007.

高校的跨学科性,以增强法国科研创新力。课程的多学科融合,旨在将传统主流的单一学科模式转向以劳动力市场分工转型为基础的项目课程,从而将基于专业分工的学科知识界定为专业化课程(professionalising courses)①。而这种课程结构则呈现了"项目课程"与"专业课程"的变化趋势,更加侧重实践思维。课程是一种在特有社会历史背景下、在具体的教育体制中进行不同选择的教育路径,通过对知识的选择,提取其原初产生的背景,在新的教学背景下组织,并以新的教学模式传播给学生。而课程变革揭示的是一种社会行动规则与规范的变化②,与传统学科知识和课程不同,我们发现,多学科跨学科知识是由原初背景下的专业化知识经历"去背景化"以及"再现背景化"过程而形成的,这一知识产生过程并不为学生所见。这一变革体系蕴含着一种多学科跨学科知识,以及在社会秩序规范下的教学对话形式,即通过学科的合法沟通方式与逻辑界定了其外部场域,由学科内部逻辑转向外部社会与经济必要性的需要,进一步适应了"高校共同体"科研发展的需求,有利于创新,并顺应了知识经济时代对知识多元化一体化的需求。无论从学科发展还是知识社会发展,多学科跨学科都成为"一流学科"建设的重要发展方向。

五、法国高师改革与机制保障的经验启示

我国目前研究型大学群体已初步形成,但与世界一流大学依然存在较大差距,有学者表示主要差距可能在制度与理念上③。世界一流大学的建设

① Sophia Stavrou. Negotiating curriculum change in the French university: the case of 'regionalising' social scientific knowledge [J]. International Studies in Sociology of Education, 2009:19,20.

② Sophia Stavrou. Negotiating curriculum change in the French university: the case of 'regionalising' social scientific knowledge [J]. International Studies in Sociology of Education, 2009:19,28.

③ 陈学飞. 导向是建设世界一流大学的关键[J]. 探索与争鸣,2016(07):11—13.

并非一项短期内立竿见影的工程建设,而是一项渐进式改革,需要稳健的演变过程。世界一流大学是在遵循教育规律和学术发展规律的基础上,经过长期实践逐步形成和发展起来的①。

从法国老牌精英教育的法国高师集团努力建设世界前十的一流大学的改革努力到目前"高校共同体"的成立可以证明,首先,大学自治与学术自由是创新的土壤,法国《大学自由与责任法》(2007 - 1199 号法令)从法律上为大学的自由发展提供了坚实的基础。其次,大学自治后,为避免以往大学间因排名以及抢生源等产生的恶性竞争带来的资源循环利用与浪费,充足的财政支持与明确而细致的经费杠杆,有力地整合了大学间的合作。再次,制度管理上多元化与去中心化进一步适应了大学自身发展逻辑,开放管理进一步平衡了社会、政府与高校间的关系。最后,一流大学建设需要以一流的学科与课程建设为核心落实人才培养。

(一) 制定权责明晰具体的法律法规,大学自治与学术自由是一流大学建设的必要基础与内生动力

学术自治与自由是大学"不可或缺的灵魂"②。法国《大学自由与责任法》赋予大学自治权,对学校的治理、管理进行了改革,将所有的经费管理委托给大学(包含职工工资),并要求执行新的管理与监督机制,改变了以往法国大学缺乏经费自治与地方机构授权的情况。例如,无法增设职位、决定工资,对学术员工选用的有限的决定权,大学对总经费的支配只有不到 20% 决定权等问题③。法律提升了高校活动的视野,赋予高校配置人力资源的掌控权。高校自治后,大学可依据内部学术与学科发展及时且有针对性地增

---

① 陈学飞.导向是建设世界一流大学的关键[J].探索与争鸣,2016(07):11—13.

② 同上。

③ McKenzie, Z. Higher education reform in France: Some lessons from the Australian experience [EB/OL]. [2019 - 09 - 25]. http://www.fondapol.org/fileadmin/uploads/pdf/documents/DT _Higher_Education_Reform_in_France.pdf.

设相应的学术岗位,经费管理上透明,根据项目需求自主协调,为大学自由思想与创新提供宽松的支持环境,制度上为"双一流"建设提供了坚实的自由发展与创新的土壤。一流大学的建设需按大学自身内在生长与发展规律,循序渐进、逐步提升,但离不开坚实而稳定的土壤。法国经历了长期的中央集权制统筹规划改革,逐步意识到若想创新与发展离不开大学自治,以科研合作旨趣与诉求内在驱动多学科协同发展。以往过度干预导致的高校间恶性竞争,局限了大学的发展视野,不利于法国建设世界一流大学,更与知识经济时代教育国际化的趋势相背离。因而在协同发展的规划图景中,权责明晰,程序公正、公开、透明的《大学自由与责任法》为法国建设世界一流大学奠定了坚实的基础,有力保障了后续一系列改革,这对我国的高校改革具有一定的启示意义。

(二) 提供目标导向与管理的财政支持,以创新与资源整合为导向促进高校间切实合作与资源开放共享

目前我国对高校的财政支持较以往显著提升,尤其是"985 工程"大学的财政能力显著增强,北京大学 1994—1998 年五年期间年均经费总收入不到 6 亿元人民币,而 2014 年一年增加了将近 100 亿元[①]。但多数经费多投以某重点院校或某重点实验室,缺乏以优质创新为契机的切实的资源共享与开放合作导向。财政投入应在与国家宏观战略相结合的同时,将目标战略更具体化,投入更有针对性与可操作性,且具有内在发展性与连续过渡性。如法国"校园行动计划"专项经费用于大学与实验室更新等基础设施建设,"未来投资计划"专项经费用于支持优质项目与技术转让,以促进卓越大学从外部硬件到内部软件等一系列的深化建设的过渡。经费引导高校间实验室转型并积极以切实的优质创新为目标,实现资源整合与跨领域合作,催

---

① 陈学飞.导向是建设世界一流大学的关键[J].探索与争鸣,2016(07):11—13.

生技术转让服务于社会,逐步孵化世界一流大学。在资金的监督管理上,法国大量的资金投入基于绩效指标评估,2006 年法国有关财政投入的组织法(the "organic law concerning financial acts", LOLF)引入项目基础管理,将公共政策评估与管理控制相结合;法国高等教育部进一步提出大学的财政投入应满足服务于国家高水平发展需要,改善大学研究的有效性,提高教育效益等目标。在创建多学科高校共同体的政策推动中,以明晰的目标投入为导向,推动了基础研究和应用研究的良好发展,同时发展与私立机构间的可持续合作模式,有力地刺激与鼓励了高校间的合作与资源开放共享,克服了以往环境所带来的机构分裂与隐性竞争状态。高校共同体协同发展,以经费为驱动统筹发展规划,客观接受了高校间存在的合理差异。

(三) 开放与多元化管理,将高校科研与社会需求相链接,公开透明

目前我国高校虽与社会、公司企事业单位等有广泛合作,但在学校治理上仍为自上而下、内部较封闭的"象牙塔"管理,缺乏开放性。近年来,中共中央、国务院印发《关于深化体制机制改革加快实施创新驱动发展战略的若干意见》,国务院印发《统筹推进一流大学和一流学科建设的决定》,在贯彻落实中,首先是建机制,通过搭建合作平台,完善制度保障,其中机制建设的立体性,需要推进方式的多样性,以及参与者多方和广泛,既要有政府层面,又要有学校层面以及社会力量。

而从法国"高校共同体"改革中,我们看到法国一改昔日精英教育与大众教育双轨并行的传统,在新的治理结构改革中,以不断吸收市场需求与社会服务为导向,依靠以绩效相关的新的资助方式进行预算及监控,采用新的评估程序与责任负责制,将研究发展策略纳入研究与创新全国监管策略体系,体现了知识经济社会的全球管理模式,顺应了时代发展。其中,开放性是公认的最大的转变,如学科间发展更加开放透明,系所乃至高等教育其他领域更加开放:对市场开放,对经济乃至高等教育体制开放等。另一个改革趋向则是多元性。新的管理模式逐步去中心化,趋向多元化,将社会需求融入大学治理中,吸纳社会资金与力量,开放管理,且在选取学术及行政委员会各方代表中权责明晰,选取代表程序及要求公开透明,规则制定具体有针对性,符合大学发展规律,并列入教育法典内,供日常处理问题时作为具体参考依据。

(四)以研究问题为契机,多学科跨学科融合,知识导向实践

目前我国鼓励建设一流学科,而一流学科的发展方向至关重要。中央全面深化改革领导小组第十五次会议强调,推动一批高水平大学和学科进入世界一流行列或前列,要引导和支持高等院校优化学科结构,凝练学科发展方向,突出学科建设重点,通过体制机制改革激发高校内生动力和活力。对此,法国在建设世界一流大学建设的高校共同体改革中亦从国家法律法规、政策调控、高校课程实践等方面高度重视多学科跨学科融合的运行机制。

学科既是一套系统有序的知识体系,也是一套体现社会建构的学术制度[①]。跨学科原则是一条重要的原则,如果注入资源能促进跨学科研究,促进科学交叉融合,提升大学综合实力,这样的领域可划入优先发展的范围[②]。从我国的改革趋势上看,《统筹推进世界一流大学和一流学科建设总方案》对新时期高等教育重点建设作出的新部署中,将"985 工程""211 工程""优势学科创新平台""特色重点学科建设"等重点建设项目,纳入世界一流大学和一流学科建设,但仍以学科为单位,缺乏学科合作意识的顶层设计引导。而法国则自 1984 年《萨瓦里法》提出多学科原则,2006 年法国国立教育、高等教育与研究部进一步切实引入多学科、多语言与人文社会科学概念。与

---

① 周光礼,武建鑫. 什么是世界一流学科[J]. 中国高等教育研究,2016(01):65—73.
② 周光礼."双一流"建设中的学术突破——论大学学科、专业、课程一体化建设[J]. 教育研究,2016(05):72—76.

法国相比,在多学科跨学科融合趋向的学科发展道路上我国已滞后三十年。过于细化的学科分科导致知识面狭窄,系统性基础知识不牢固,依据法国改革逻辑,有碍创新的产生。

在大学高度自治的背景下,法国以项目问题为聚焦点整合多方资源形成理性协同发展的"高校共同体",国家给予充足却极具目标导向与管理的资金作为调控大学与大学校间协同合作的杠杆,努力建设世界一流大学与一流学科。作为传统精英教育的大学校代表——高师系统积极投入到改革中来,如巴黎、加香、里昂、雷恩四所高师最为核心而经典的发展模式即为多学科跨学科的融合,经过新的教育改革后,这一思想得到进一步发展,拓展为各大学、科研机构合作或整合而联合发展的思路,但合作中却并不失各自机构的科研教学特色与追求卓越品质的传承,并以此为基础进行合作机构的优质筛选,在优质中追求公平。由此,知识经济时代,以社会实践与市场需求为导向,更新已有学科知识与课程教学系统,实现资源的开放与整合已成为高等教育机构实现优质、卓越与创新的重要导向性举措。高校内部协同创新本身包含着学科间知识分享、相互渗透、交叉发展,而交叉学科的兴起跨越了不同学科间的边界,对学科的前沿性动态把握更加准确①。

虽然中国与法国国情不同,发展模式与发展阶段存在一定的差异,但法国高师集团作为传统精英教育,以往教育模式对世界大学具有较为深远的影响意义。全球经济时代,法国为推进挤入世界前十位一流大学行列,顺应时代的发展,进行的一系列基础性、平稳过渡、逐步深化的机制改革模式,对于我国"双一流"建设改革具有一定的借鉴与启示作用。

---

① 游士兵,惠源,崔娅雯.高校协同创新中交叉学科发展路径探索[J].教育研究,2014,35(04):94—99.

第四章

教育国际化背景下法国高师发展的路径选择及其问题^①

---

① 本章的部分内容改编自笔者 2018 年发表在《外国教育研究》第 1 期的论文《教育国际化背景下法国高师发展的路径选择及其问题》。

一、法国高师改革背景

在世界经济全球化、教育国际化的双重趋势下，高等教育与研究日益成为影响社会经济发展和国家竞争力的关键因素[1]。国际化趋势成为多数国家高等教育迈向 2030 的重要议程，一些世界一流大学也将其自身冠名为国际大学，通过建立海外分校将其触角延伸至国外[2]。与此同时，世界一流大学作为高等教育国际化的主要载体，正不断革新，以迎接知识经济时代对国际型综合型人才需求的挑战，并在世界市场的"人才争夺战"中赢得一席有利位置。法国政府以往对高等教育改革始终持较为复杂的态度，一方面教育国际化趋势于法国保守封闭的传统精英式教育模式是一种威胁，另一方面又催生了法国新的改革契机。在此背景下，如果说博洛尼亚计划是重建欧洲，为抗衡教育国际化的初步尝试，那么上海交通大学 2003 年世界一流大学排名则进一步点燃了法国改革大潮的导火索[3]。这些事实促使法国意

---

① UNESCO. Global Research Seminar: Sharing Research Agendas on Knowledge System [EB/OL]. (2008 - 11 - 27) [2019 - 09 - 25]. http://webs. wichita. edu/depttools/depttoolsmemberfiles/chp_phs/NEWS%20-%20DOCS/UNESCO-Ngoyi. pdf.

② 世界银行集团东亚及太平洋地区教育实践局中国教育组. 关于国际教育趋势及经验的政策建议：为制定中国教育现代化 2030 发展战略提供参考[R]. 2016:23.

③ Cécile Hoareau. Globalization and dual modes of higher education policymaking in France: Je t'aime moi non plus[J]. Center for studies in higher education, 2011,1(1):1 - 12.

识到,已有精英教育与大众教育相互独立、双轨并行的教育体制现状,以及"小而精"的精英教育为基本理念支撑起来的法国高等教育理念与传统发展路径已无法满足知识经济时代对人才竞争的大规模综合型国际需求。与此同时,全球教育开放与国际化趋势要求法国内部变革原有学术体系与学术文化,以刺激新的学术训练的改革①。那么作为传统精英教育中"大学校"(Grande École)代表的法国高师集团,在面临教育国际化与欧盟一体化挑战时,如何逐步革新传统"小而精"的"大学校"发展路径,打破已有固守的精英阶层封闭培养的双轨制教育体制环境? 如何与综合大学资源整合,寻求新的发展契机,在全球化驱动的世界高等教育"人才争夺战"中抢占有利位置,提高国际辨识度,走出发展瓶颈? 至此,本章以堪称精英教育典范的法国高师集团为案例,探讨法国政府及大学在应对国际经济社会发展对高等教育挑战的同时,围绕如何在渐进式改革中逐步整合传统的精英教育与大众教育双轨差异性优质资源,如何寻求新的发展路径及其存在的问题展开分析。

二、法国高师"小而精"的传统发展模式与特点

在传统法国中央集权制的教育管理体制下,综合大学与"大学校"、综合大学与研究机构并行发展,然而此种模式下,法国大学在发展中未占优势,"大学校"的精英培养未占优势,同时科研组织在知识传播上也未占优势。有学者甚至指出这种发展路径与部分盎格鲁·撒克逊国家以及斯堪的纳维亚国家大学相比,在确保大学广泛的科研活动以及在建筑学、工程学、农艺学等方面的发展模式上仍存在较大差距②。同时,科研机构如法国国家科学

① Christine Musselin, James J F Forest, Philip G Altbach (eds.). International Handbook of Higher Education[M]. New York: Springer, 2006:711-712.
② Christine Szymankiewicz. Le système éducatif en France [M]. Paris: La documentation français, 2013:36,37.

院(CNRS)、全国保健和医学研究所(INSERM),通过科研联合体(UMR)与综合大学紧密合作,其中80％的潜在科学研究在大学里。博士生院、硕士管理以及科研实验室通常又与综合大学以及"大学校"共享①,资源相对分散。法国高师集团虽享有极高的国际与社会声誉,但传统"小而精"的发展路径已无法满足教育国际化对教育的需求。那么法国高师有哪些传统,又与综合性公立大学存在哪些差异呢?

(一)双轨并行:法国高师历史传统及与综合大学的主要差异

法国"大学校"作为独立于综合大学的一种体制设置,主要培养工程师、企业高管、研究者以及高级公务员等②,通过高中毕业会考(bac)或预科班筛选,颁发bac＋5文凭的教育形式,因其严格的生源选拔,通常规模较小,并与综合大学同时并行发展。与此同时,大学校中的顶级大学校(très grades écoles),如国家行政学院(ENA)、巴黎高商(HEC)、巴黎高师(ENS Ulm)及巴黎综合理工(Ecole polytechnique)等,主要培养国家及超大型企业管理层精英③,因而又以"精"著称,暗含精英教育的意涵。作为"大学校"代表的法国高师,最初对教师的培训不仅是给予教育教学知识与技能训练或教育学历,且给予学生对教育本质的理解与教学方式培训,并对于各级各类学校起示范与引领作用,追求卓越,在开放多元的办学思想中,成就多种可能以创新。

我最为自豪的是我们是一个特别而卓越的团队,充满了知识与学术自由,并创造了各种冒险与尝试的可能。同事们有相同的理想与追求,相互学习促进,互动探索,思想开放多元,共同打开科学的大门。举

---

① Christine Szymankiewicz. Le système éducatif en France [M]. Paris: La documentation français, 2013:36,37.

② Thomas Lebège, Emmanuelle Walter. Grandes Ecoles la fin d'une exception française [M]. Paris:Calmann-Lévy, 2008:215,217,219.

③ 同上。

例说,如塞德里克(Cedrique)是个理科师范生,去年他写了本小说,已在卡斯特芒出版社(Caslerman)出版,在高师,这样的例子常有出现,It makes a lot of things possible!(M-M)

传统师范院校(École Normale)在法国第三共和国时期(Jules Ferry in 1880)被称为"初等师范学校"(École Normale Primaire),不仅是大学系统中的一个部分,同时也是高中系统中的一种中等教育教学方式(secondary instruction)。师范生事实上由初等-高等师范院校(École Primaire-Supérieure)招收,而教师则从这些最优质的师范生中征召选拔,并在圣·克劳德与丰德尼专业学校(École Speciales of St. Cloud and Fontenay),即法国高师(École Normale Supérieure)培训①。早期教学方式主要是独立于大众教育的一种中等与高等教育方式,是一种封闭的社会循环②。第三共和国时期师范院校的示范作用源于公民理念,即探讨科学研究与公民身份间的关系,以及教学科学(teaching science)与教学方法间(methods of instruction)的关系③。"Normal"意味着引导(guide)与先锋(steer)的作用,因而师范学校须呈现出"各类型学校教学方式的规则,并起到榜样示范作用"④。在教授传达给学生知识的过程中鼓励学生反对专制,并植入法兰西共和国的品德与美德⑤。当前法国高师倾力打造并输送精英学生,令学生通晓如何以创造性及尽善尽美的方式方法发展科学,或将已有所学学科知识与科学研究变

① Christine Musselin. State/University Relations and How to Change Them: The Case of France and Germany [J]. European Journal of Education, 1997,32(2):145-164.
② Guy Vincent. The École Normale in the year III of the First French Republic [J]. European Education, 1993,25(1):6-22.
③ 同上。
④ 同上。
⑤ M Gontard. La question des Écoles Normales Primaires de la Révolution de 1789 à 1962[M]. Toulouse: I.N.R.P., C.R.D.P (second edition), 1975:10.

得更通俗易懂以教授他人方法①,并试图减少学科知识间的界限与对立。而综合性大学则主要聚焦大众普及教育,与高师在发展中存在较大差异,具体差异见表4-1所示。

表4-1 2014年"大学校"中的高师(ENS)与综合大学(université)的主要差异

"高师"(ENS)体制		综合大学(université)体制
高中后两年预科班学习后,参加国家竞争性选拔考试(concours)严格筛选	招生	文凭资格基础上招生:学生需通过法国会考(国家高中文凭)或具有同等学力,由高中定向教师推荐,递交材料形式进入大学
师范生=学生+公务员培训	身份	学生
双课程=大学课程+完成的培训过程——从本科教育到博士学位	课程学习	大学课程(从高中会考后到博士学位水平)
4所高师(ENS)共招收约3 000名师范生	学生数量	招收约1.3万名学生
校长由总统任命	校长任命	校长由各大学委员会决定

(二)"宁缺毋滥"的优质生源选拔标准与预科班独有的专业选择路径

早期作为"大学校"代表的"高师"不仅追求卓越,且具有先锋精神,尤其以巴黎高师为主,是法国知识分子卓越的象征,如柏格森(Bergson)、涂尔干(Durkheim)、让勒斯(Jaurès)、巴斯德(Pasteur)、萨特(Satre)、阿隆(Aron)、德里达(Derrida)、布尔迪厄(Bourdieu)、福柯(Foucault)等②。这一"卓越"的大学精神品质得以传承至今,并影响着高师的办学思想及社会声誉。如学生的学业学术质量及社会质量追求卓越,并强调严格的精英管理与筛选

---

① Guy Vincent. The École Normale in the year III of the First French Republic [J]. European Education, 1993,25(1):6-22.

② Thomas Lebège, Emmanuelle Walter. Grandes Ecoles la fin d'une exception française [M]. Paris: Calmann-Lévy, 2008:215,217,219.

过程,以及走出校门后毕业生在公立与私立组织中的事业声望;科研产出的指标排名(诺贝尔奖,菲尔兹奖,高影响因子发表与引用等)①。高师先锋精神的传承离不开其优质生源选拔,更离不开特有的"宁缺毋滥"的生源选拔标准传统,如:

> (巴黎)高师一直在挑战传统,创新成就。我们的研究者是国际顶尖的,如哲学界有萨特,物理学有诺贝尔奖获得者等。通过不断革新创新项目,建构"顶尖身份",将这种追求卓越的文化价值观输送到社会、生物、文学、语言学以及哲学界等领域。(M-M)

就读高师的路径通常是基于高中最后两年(一年级与结业班)的学业表现,通过"大学校"预科班(CPGE)严格选拔(如表4-1所示)。这一类预科班虽设在高中阶段内,却属于高等教育范畴,意味着每名学生须通过业士(bac)学位证书考试,方可进入"大学校"预科班,主要为国家输送行政及技术领域的公务员②。每年4月和5月接受来自全世界数百名申请入学者,按其严格标准,通过全国竞争性选拔考试(concours)精心挑选新生。少数大学校预科班来源于私立大学校预科班(占大学校预科班数量的10%),亦有面试程序。

> (加香高师)在小而精的传统办学模式中,学生经过严格选拔,如每年约有9 000名学生报考加香高师,但却仅有约200名学生被录取。(P-Z)

---

① Agnès van Zanten, Claire Maxwell. Elite Education and the State in France: durable ties and new challenges [J]. British Journal of Sociology of Education, 2015,36(1):71-94.
② 同上。

里昂高师,筛选竞争很激烈,通过率只有5%。(J-S)

巴黎高师每年仅招收约 200 名学生,全校师生总人数约 2000 人。(M-M)

同时,高师的专业选择与预科班衔接,包含三类学习领域,即商业、科学与工程,以及人文学科。所有预科班持续两年,主要为输送学生到精英学校。其中传统最悠久的是科学类预科班,通过两年培养以及专业课程修读,如第一年修读数学、物理及工程类(MPSI)课程,第二年可选择数学—物理(MP)或物理—工程学(PSI)两条路径,选择相应的大学校如巴黎综合理工大学、巴黎高师等大学校①,具体如图 4-1 所示。

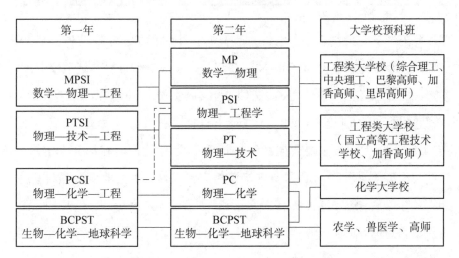

图 4-1　科学类预科班进入"大学校"路径(要求持有 Bac S)

资料来源:Greuter, M, Mandry, P. Bien choisir sa classe préparatoire［M］. Paris:L'Etudiant. 2008.

经济学预科班通常可选择以下三种专业路径:ECS1(即经济与商业科学),针对科学类(bac S)毕业生;ECE1(经济与商业经济学),针对经济与社

① Greuter, M, Mandry, P. Bien choisir sa classe préparatoire［M］. Paris: L'Etudiant, 2008.

会学类(bac ES)毕业生;以及 ECT1(经济与商业技术)针对技术类毕业生(bac T)等,具体如表4-2所示。

表4-2 经济类预科班进入大学校路径

商科班路径	ECS1	ECE1	ECT1
课程修读门类	数学 历史、地理与地缘政治 外语1 外语2 哲学 文学 经济学(可选)	数学 经济、社会学与历史 外语1 外语2 哲学 文学	数学 管理学 经济学 法学 外语1 外语2 哲学 文学

此外经济类预科班还包含在加香高师内少量的 D1 与 D2 路径,如 D1 主要面向经济与法律方向,学生同时在综合大学法律系与预科班学校就读,学习民法、经济学、商业法、公共法律或数学、外语1、外语2、通识文化等。D1 路径也可面向 bac L(文学类)、bac ES(社会科学类),以及 bac S(科学类)等综合学科。D2 主要面向经济与管理专业,学生同时在综合大学修读数学与经济学课程,并在预科班内修读相应课程等。人文学科类预科班主要聚焦多学科课程,包含所有人文学科,如哲学、文学、历史、地理、外语、古代语言(如拉丁语与希腊语)等,主要集中面向为法国四所高师培养师范生。

通过以上三种预科班专业路径,经过两年预科班学习,进行首次竞争性选拔考试(concours),或拿到大学本科文凭后进行第二次竞争性选拔考试被录取,成为师范生(normalian),同时兼具公务员身份。此外,在"小而精"的教育模式中,秉持"一对一"个性化培养模式。

法国一流大学的国际化战略逻辑与实施路径
以法国高师集团为例

（巴黎高师）小而精的办学模式便于学校针对学生个体发展需要灵活选择培养模式。学校至本科始采取导师制，一对一辅导。学生有高度自主权，可依据自身兴趣点，在导师协助与导引下自主管理，也可在进校后随时更换学科专业。（M-M）

（加香高师）教师与实验室间关系紧密，如化学系只有 10 名学生，但有 15 位科研工作者可直接一对一指导与密切交流。（P-Z）

师范生获得四年以工资形式的资助，进而有三年的奖学金资助完成博士学位，作为义务为国家服务十年，其中包括做研究、接受高等教育等。（J-P）

此外，资质优秀但失去选拔考试机会的学生，亦可通过递交材料成为旁听生（auditeurs）或国际学生，进入本科、硕士学习，并参加竞争激烈的教师资格考试（agrégation），与师范生受同等教育，但无国家工资（1 400 欧/月），每年因教师资格证与国家教师岗位相连，因而竞争激烈。然而随着外部国际化的挑战，以往小规模且较封闭的高师发展模式逐步遇到发展瓶颈，在外部环境冲击下，迫使法国政府革新传统发展路径，推动资源整合，以迎接国际化的挑战。

三、教育国际化挑战下法国高师改革趋势与路径选择："Small is not beautiful"

在过去法国高等教育多元的发展路径中，持续不断地试图促成相似发展路径的机构合作发展，如地理位置相近的大学、科研机构以及大学校等，并试图逐步改变以往分散且各自独立发展的封闭的教学科研发展模式，实现资源整合，协同发展。

（一）双轨走向"单轨"：延续卓越传统，整合优质资源，"联合大学"的演化过程

高等教育国际化挑战了已有法国精英教育与政府间的关系，并打破了已有精英教育培养与生源筛选过程中的教育和社会封闭的界限，进一步促使高师改变以往"小而精"的传统发展路径，改善"大学校"、综合大学、科研机构重复性科研活动与"恶性竞争"的局面，逐步走向资源合作与整合，并将大学校追求卓越的精神扩大至综合大学。

> "卓越"品质并非是行政意义上的，而是一种"精神"，所有高师人都知道。具体表现如科研成果、教学质量等方面以高标准严要求筛选合作伙伴。（J-S）

自法国政府参与博洛尼亚进程的高等教育框架制定起，便在试图以制度设计确保欧洲高等教育间的质量与共同标准[①]，从学生培养上试图缩小"大学校"与"综合大学"间的培养标准差异。而已有"小而精的大学校"在世界科研产出排名竞争中举步维艰，则进一步促使法国政府于 2006 年发起高等教育与科研联合为核心发展（即联合大学）改革，逐步促使普通大学与"大学校"资源整合，以更好地应对国际竞争。该项改革目标旨在帮助确保重组研究，联合署名发表学术论文，主要侧重国际辨识度，尤其注重世界大学排名，加强联合大学内各科研机构间的学术交流合作；加强研究活动，集中共享资源以改进科研合作；进行地区性重构；并将人文或社会科学交叉，并以科学及技术学科的方式管理，达到多学科综合优势互补，加强通识教育

---

① Ravinet Pauline. La Coordination Européen "à la Bolognaise" Réflexions sur l'instrumentation de l'espace Européen d'enseignement Supérieur[J]. Revue Française de Science Politique, 2011, 61(1):23-49.

及文化知识与社会性的整合,以防止学生因过早受单一学科影响而思维固化①。此外,针对学生未来发展给予学业路径与定向专业建议与指导②。"大学校"在积极推动改革的同时,延续了原有追求卓越与"宁缺毋滥"的办学特色与传统预科班路径,如巴黎高师、里昂高师、加香高师、雷恩高师以其特有的竞争性选拔考试选拔全法最优质生源,在选择合作及整合院校伙伴中,将这一招生原则作为首要筛选原则寻找合作伙伴进行重组合作。

> 巴黎科学与人文共同体内成员学校(巴黎高师),遵从"宁缺毋滥"共同的价值观与原则,同时重视生源质量,筛选最优秀、最具学习动力的学生,遵守高质量的科研规则。(M-M)

> (PRES合作院校)没有固定的(选择)规范,主要是靠实验室间的学术交流,秉持同一科研与价值标准及招生规则,严格遴选学生。例如我们(巴黎高师)音乐教育方面是全法顶尖,我们选择与巴黎国立高等音乐舞蹈学院联盟,实现强强联合。通过严格的竞争性选拔考试,最终遴选60名全法最聪明、最具潜质与动力的学生。同时采取学生评价教学效果的方式,使教学内容与教学方式更为系统化。(M-M)

此外,通过整合学校特色与学科兴趣点,提升原有各大学国际影响力不高的局面,除高师牵头的里昂大学(UDL)、巴黎科学与人文大学(PSL)、萨克雷大学、雷恩大学外,在里尔、波尔多、马赛、格勒、斯特拉斯堡等城市逐步

---

① Marc Pilkington. The French evolution: France and the Europeanisation of higher education [J]. Journal of Higher Education Policy and Management, 2012,34(1):40,43.
② McKenzie, Z. Higher education reform in France: Some lessons from the Australian experience [EB/OL]. (2009-03)[2019-09-25]. http://www.fondapol.org/fileadmin/uploads/pdf/documents/DT_Higher_Education_Reform_in_France.pdf.

组建了联合大学,重构后联合大学拥有独立的科研与行政结构,丰富了学生社团及学术联合体的社会差异性,并提升了学生的社会与文化多元性,催促联合体内各大学根据自身发展特色反思与变革。通过大学的传播,法国文化、道德价值、批判性思想、语言多样性、公民意识等得以碰撞并发扬。

在联合大学改革的科研与教学合作基础上,法国进一步选拔优质联合体,打造12所具有国际竞争力的优质大学实体群,在2008年启动了"卓越大学计划"(Plan Campus/Opération Campus)[①],旨在建设国际一流优质大学,将法国已有精英教育的"卓越"品质进一步扩展到普通大学教育领域,投入约五十亿欧元用于"卓越大学计划"中。卓越大学计划已在2015年建成了一批试点大学的新校园,如波尔多的波尔多高等教育与联合研究中心(Pôle de Recherche et d'enseignement Supérieur Université de Bordeaux)、格勒的创新大学(Université de l'innovation)、里昂的大学城(Lyon cité Campus)、马赛联合大学(pôle de recherche et d'enseignement supérieur Aix-Marseille université)等。自高等教育与科研联合中心建立以来,迅速获得主要高等教育机构利益相关者(政府、地区政府机构、研究中心等)的认可,通过联合以往独立的机构,聚集一批新的伙伴关系[②]。然而,创建有竞争力的高等教育与科研联合中心的政策初衷虽好,但在政策执行中遇到诸多问题。联合大学旨在整合优质资源谋求创新,以增强国际竞争力,提高国际辨识度。然而在政策执行中,仍不免综合性大学在联合大学中扮演辅助性

---

① 法国高等教育与研究部. L'opération Campus: un plan exceptionnel en faveur de l'immobilier universitaire [EB/OL]. (2008 - 02 - 02) [2019 - 09 - 25]. http://www. enseignementsup-recherche. gouv. fr/cid56024/l-operation-campus-plan-exceptionnel-en-faveur-de-l-immobilier-universitaire. html.

② Inspection générale de l'administration de l'Éducation nationale et de la Recherche. Pôles de recherche et d'enseignement supérieur (PRES) et reconfiguration des sites universitaires, Rapport - n° 2010 - 2014[EB/OL]. (2010 - 03)[2019 - 09 - 25]. http://www. univ-lille-nord-de-france. fr/telechargement/pres/rapportIGAENR_PRES. pdf.

与边缘性决策角色,甚至是因其薄弱的管理机制而在联合体中扮演微不足道的合作者角色①,在规划与改革中处于不利地位,并未在根本上实现双轨并轨后资源高度整合而共同发展的制度效果。

(二) 去中心化:扩大高校自主权,为"联合大学"注入创新活力

与此同时,在科研国际化标准的竞争影响下,大学排名进一步直接或间接刺激了法国大学校已有的封闭且稳定的科研与管理的生态环境。有研究显示自治及竞争对科研产出具有影响作用,科研产出最高的学校允许更多自治权,如独立购买系统、大学经费预算无须国家同意或审批、雇佣职工与薪资的绝对自由度等。如根据美国国家经济研究所研究显示在瑞典与英国对比中,具有高度自治权的大学在上海交通大学发布的排名中相对较高,而在西班牙与英国对比中,越是低自治权的大学,则排名越低②。法国逐步意识到通过大学自治可扩大科研产出,并通过创新而有效的科研项目以回应科研基金竞争,有利于逐步提升科研质量,提高国际辨识度。由此 2007 年法国《大学自由与责任法》赋予大学自治权,对学校管理进行改革,将所有的经费管理委托给大学,并要求执行新的管理与监督机制。这一政策改变了以往法国大学缺乏经费自治与地方机构授权,无法根据大学自身发展需要增设相应岗位,无法决定工资等③限制大学发展的情况。

> 高等教育与科研联合中心(PRES)改革前,岗位需要与实际聘用教师不对称。如年初向(法国)教育部提交方案申请 1 个数学教授岗位,

---

① Gilbert Béréziat. Radical Reform of the French university system [J]. Higher Education in Europe, 2008,33(1):159-181.

② Marc Pilkington. The French evolution: France and the Europeanisation of higher education [J]. Journal of Higher Education Policy and Management, 2012,34(1):40,43.

③ Ravinet Pauline. La Coordination Européen "à la Bolognaise" Réflexions sur l'instrumentation de l'espace Européen d'enseignement Supérieur[J]. Revue Française de Science Politique, 2011, 61(1):23-49.

年底教育部回复已有岗位中无数学专业岗位设置,但同意给予1个计算机副教授岗位作为补偿,而从高师的实验室发展需要角度,并不需要副教授岗位以及计算机岗位。高等教育与科研联合中心改革后,教育部将岗位数量及岗位属性直接交予校长分配与定位,校长有了更大的自由选择与决策权。高等教育与科研联合中心虽整合了"大学校"与"综合大学"的资源,但作为牵头学校的"大学校"如高师仍保持独立的经费预算与发展策略,只是在科研项目合作上,统一由"里昂大学"(UDL)协商分配科研经费及博士生管理等。(J-S)

《大学自由与责任法》颁布后,对"联合大学"的进一步过渡起到了催化作用,其影响范围涵盖区域院校合作选择、实验室自主重组,还包含教学及学生专业选择自由等。例如,"高等教育与科研联合中心"虽存在区域性差异,但依据地方大学意愿及选择自由,各地方院校可自主选择合作的深度与广度,并非统一强制限定在一种形式(高度整合的共同体或协同合作关系)内:

> (各地区大学重组后的联合大学)相似但又有不同,法国政府尊重区域性科研组织机构自身意愿,一些研究性机构或大学愿意合并成为同一研究机构,如斯特拉斯堡大学、艾克斯-马赛大学(Aix-Marseille)、波尔多大学等。另有一些院校试图保持协同合作关系,但无意整合成同一所实体大学,因而仍保留原有大学颁发学历证书的权力。而巴黎萨克雷大学(Paris-Saclay)机制则为高度整合,统一硕士及博士毕业学历,共享学术资源,共享科研项目策略,共享资金投入分配。如巴黎高等商学院、巴黎综合理工大学等合作院校的学生最终毕业获得巴黎萨克雷大学统一颁发的毕业文凭;但同时各自有其高度的自治权,以吸纳各学校办学特色,高度融合后力争欧洲十强大学,并努力成为世界五十

强大学。（P-Z）

就学校和工作人员的层面来说，要在国家战略和地区战略之间找到平衡。学校机构有逐渐扩大自治权成为重大策略导向的趋势。

（加香高师）有关法国政府资助，由于联合大学内部学校是自治的，因而每所学校有相应的资金支持，同时有一笔特殊资金作为补充，具体用于整合后的大学项目，如用于联合培养的硕士，约十亿欧元政府投入，项目运行两年，联合培训联合大学学位13%的学生，目前18%已完成。（P-Z）

此外，大学内各实验室也拥有了自治权，便于根据学科特色选择合作伙伴，自由结构重组，由此"大学校""大学"以及科研机构内的实验室实现资源共享，如里昂马克斯·韦伯中心，实体行政办公地点设在人文科学所（Institut des Sciences de l'Homme），中心研究员主要分布在里昂高师、里昂二大以及法国国家科学研究中心等。大学自由还包含学术自由、教学以及学生专业选择自由等，同时科研发展则以问题兴趣为主导进行优质学科与实验之间的合作与整合。

对于研究者，"自由、时间、资金"尤为重要，与此同时，亦需要优秀的博士生团队与优质的合作伙伴。（P-Z）

（巴黎高师）学生们有更多认知自由、学术选择自由。学生们可能进入ULM时为数学专业，但走出校门时也许是位音乐家，或是哲学家，只要学生们可以证明他们有能力去学习并完成这个专业，那么他们可自由选择学习计划、教学结构，同时拥有一对一的师生互动引导。（M-M）

《大学自由与责任法》改变了以往中央集权制下高校间恶性竞争,局限大学发展视野,背离知识经济时代教育国际化的趋势局面①。同时,有效改变了以往由高等教育部支付所有预算的现状,例如薪资此后纳入到编制预算,并达到以往预算的两倍。这一薪资改革措施给予学校更多的责任与空间②,同时,相应也带来更多的义务与挑战。

四、法国高师改革中取得的成绩与面临的挑战

(一)"联合大学"国际科研成果提升显著,有效应对了国际化挑战

在高等教育国际化背景影响下,逐步催化了以往法国高校双轨制并行发展面临的问题,以及小规模精英教育的发展局限,由此催促以高师为代表的大学校牵头改革,即由"大学校"与"大学"双轨并行发展的局面逐步过渡走向"单轨"整合后的"联合大学"(PRES)。改革卓有成效,在高师集团牵头发起下,法国各大区内"大学校""大学"以及科研院所等有条不紊地结构重组与协同合作发展,实现了优质资源整合,并逐步化解了以往"大学校"与"大学"间优质生源竞争、各自封闭发展衍生的科研重叠及恶性竞争的矛盾;同时也逐步提升了大学间国际竞争力与国际科研影响力,有力地回应了全球化与国际化对人才资源的争夺。同时,教育的国际化趋势逐步打破以往法国高师发展的社会封闭格局,在"小而精"的发展路径中逐步过渡至"联合大学",进一步催促高师集团开放师资、课程与实验室等优质资源与平台,将追求卓越的精神扩散影响至综合大学与科研院所,扩大了普通大学学生接受精英教育培养模式的已有规模,同时为高度整合的"高校共同体"过渡发

---

① 张丹."双一流"建设机制研究——以法国高师集团"高校共同体"改革为例[J].教育发展研究,2016(17):65—73.

② Christine Szymankiewicz. Le système éducatif en France [M]. Paris: La documentation français, 2013:36,37.

展铺设了有利的合作与发展基础。

此外,法国高师因其科研教学等追求卓越的精神,率先走出国界,引入国际标准与规则,积极与世界知名高校与实验室建立合作交流平台,加速了科研、师资以及学生间的国际流动,促进了科研的国际合作。高师的国际化发展路径中,不仅包含科研合作平台的国际化,同时包含国际化的办学方式。

> 我认为学术研究是无国界的,因为知识无国界。学校的革新与发展亦需要竞争,但这种竞争更多意味着一种比较。我们通过与不同国家的顶尖实验室建立学术交流与合作,从而为我们的学生提供更多在世界各国实验室实习的机会。同时亦邀请国际知名学者访学与讲学,与此同时,吸纳国际学生来我校学习与跨文化交流。(P-Q)

> 通过积极与国际知名高校合作以提升我校的学术能力与影响力,我们采用类似英国剑桥大学的学院制办学方式,学生在学院中得到精英式的培训和教育,同时可在其他学院或大学修读课程。(P-Z)

"联合大学"改革后带动了以往只注重法国本土研究的封闭的大学与科研院所的国际交流与合作,逐步提升了法国本土的科研质量,提升了科研产出的国际能见度,法国科研成果的国际化成绩突出。研究显示,科研成果排名总体上与国内生产总值相关,排在法国之前的有美国、中国、英国、德国和日本[①]。而当前国际尤为关注世界级水准的科研成果总量,经过"联合大学"改革后,

---

① Vidal P, et Filliatreau G. Attractivité de la France dans le domaine de l'enseignement supérieur: points forts, points faibles [R]. Repères Campus France, 2011, 7 (7). https://www.researchgate.net/publication/266896883_Attractivite_de_la_France_dans_le_domaine_de_l%27enseignement_superieur_points_forts_points_faibles.

法国在国际合作方面表现突出,在科研成果的国际合作比例方面(46.5%)①位于最高科研总量排名前六位国家之首,具体如表4-3所示。

表4-3　国际科研合作与研究发表数量情况

	2010年科研文章总数	国际合作文章所占比例
美国	502 804	28.5%
中国	320 800	14.7%
英国	139 700	44.4%
德国	130 000	44.7%
日本	113 250	23.7%
法国	94 740	46.5%
加拿大	77 700	44.6%
意大利	73 562	41.0%

资料来源:British Council, The Shape of Things to Come. op. cit. , à partir des données Scopus et Thomson Reuters [R]. 2012.

(二) 法国联合大学改革中存在的问题与挑战

法国联合大学改革向外提升了法国科研国际竞争力,加强了法国科研的国际辨识度,向内有力缓解了以往大学间重复性科研劳动,以及同类实验室与系所中心的"恶性竞争"局面,激发了良性竞争与合作,但同时也拉大了新一轮"校际"间差距,以及精英与大众阶层间的"区隔",进一步加剧了社会的不平等,引发教育公平问题。传统的法国高等教育两极分化现象并未因"联合大学"资源共享而得到解决,反而进一步催化了普通公立大学发展的边缘效应。联合大学改革后因缺乏国家层面有效、系统的治理体系,追求卓越的诉求不利于以往小规模且基础薄弱的科研院所发展,逐步导致资源再

---

① British Council. The shape of things to come: Higher education global trends and emerging opportunities to 2020 [R/OL]. [2019 - 10 - 31]. https://www. britishcouncil. org/sites/default/files/the_shape_of_things_to_come_-_higher_education_global_trends_and_emerging_opportunities_to_2020. pdf.

度集中在联合大学中的牵头学校手中，其中仍以聚焦精英教育的"大学校"为主，且因预算拨款以"联合大学"名义申请与自治管理，普通院校资源进一步被间接削弱，因而大众与精英间的差距并未得到有效缩小。

对此次改革，法国社会呼声较大的为批判卓越大学计划与联合大学(PRES)两个项目间政策制定缺乏内在逻辑连贯性，导致在执行中出现同一院校成为多个联合大学成员的现象。其中，卓越大学计划，尤其质疑索邦学院，如巴黎一大参与了孔德塞校区计划(l'Opération Condorcet)①，而巴黎三大、巴黎四大则应加入拉丁区计划项目(Quartier Latin)，由此以集合索邦大学这一视角的重组计划将由此偏离卓越大学计划主旨。在孔德塞校区计划中的九个合作院校中的五所学校（即法国社会科学高等研究院(EHESS)，高等研究应用学院(EPHE)，国家人口统计研究所(INED)，法国国家文献学院(ENC)，以及巴黎一大），已加入索邦工艺美术高等研究联合大学(HeSamUniversité)②项目中，而这一校区计划中的巴黎十三大则成为索邦巴黎西岱联合大学(PRES Sorbonne Paris Cité)成员。同时巴黎三大、巴黎四大同样也迁入到索邦区，但却参与了与巴黎一大不同的项目（即projet Paris Intra Muros)③。萨克雷(Le plateau de Saclay)计划也被批评过于偏向有利于"大学校"的发展。此外，不在联合大学(PRES)计划范围内的大学未来生存境遇遭到忽视，再生产了精英（自由选择式兴趣教育为主）与大众（批量式工业化生产需求培养为主）间的社会空间差距。如高师系统

① Campus Condorcet［EB/OL］［2019 - 09 - 25］. http://fr. wikipedia. org/wiki/Campus＿Condorcet.
② MEN. Repères et références statistiques［EB/OL］.［2019 - 09 - 25］. http://www. education. gouv. fr/cid57096/reperes-et-references-statistiques. html.
③ Emploi adverbial ou adjectival. D'après la locution latine *intra muros*, littéralement «à l'intérieur des murs», Définitions lexicographiques［archive］et étymologiques［archive］de «Intra-muros» du *Trésor de la langue française informatisé*, sur le site du Centre national de ressources textuelles et lexicales［EB/OL］.［2019 - 09 - 25］. https://fr. wikipedia. org/wiki/Intra-muros.

学生根据自身兴趣有更多选择权(巴黎高师-M-M),且得到政府经费支持(加香高师-P-Z)。

与此同时,首批"卓越大学计划"中,巴黎科学与人文大学(PSL),其合作院校分别为各个分支学科中法国最优质的顶尖院校,且以"大学校"为主,吸纳了法国最优质生源。巴黎高师三分之一生源来自合作院校之一的亨利四世高中。而社会底层家庭生源学生则相对比例很低,这些学校中的学生,通常需要13年至14年时间完成中等教育进而是高等教育。富裕家庭可供养完成学业所需全部生活支出(法国大学生通常自租房屋,学校不提供宿舍)。其中以法学、医学与神学专业经济要求最高,学生至少需要8到9年完成第一阶段课程,16年可获得法学或医学学历,25年获得神学学历[①]。由此求学所需的经济支出已逐步区隔了社会阶层。

此外,法国学生进入高等教育时,受到较严格的遴选,而选择的标准则为语言能力[②]。而这在一定程度上亦取决于早期家庭传授的语言的复杂性,这一社会阶层与语言间距离的拉大,导致了学生在学校中的阶层占有率分布差异。大学生按社会出身、性别或以往学业特点等标准分成若干属类[③]。表4-4为学科分类中的男女比例。

表4-4 学科分类中的性格比例

	科学类	经济类	文学类
女性	29.7%	53.8%	73.6%
男性	70.3%	46.2%	26.4%

---

① Vincent Troger, Jean-Claude Ruano-Borbalan. Histoire du système éducatif [M]. Paris: Presses Universitaires de France, 2005:93,94.

② 同上。

③ Bourdieu P, et Passerson J. La Reproduction: Éléments pour une théorie du système d'enseignement [M]. Paris: Les Éditions de Minuit, 2011:91-94.

而预科班中尤其区分并延续再生产了既有社会阶层,如预科班管理层及高级知识分子家庭子女占较大比例,占这一阶层中的 50.9%,同比预科班学生总体,这部分家庭学生占总体的 30.3%。相反,普通雇员及工人阶层家庭子女占学生总体的 15.7%,且仅占这一阶层总体家庭的 23.5%①。

> 我同意(计划)再生产了这个阶层差距,比如里昂高师 60% 的师范生,父母也是师范生,或是大学教师以及公司高管等,我们正试图缩减这一差距。(J-S)

通常以大学校的预科班为中心的社会化过程即为进入精英政治与经济准备的过程②。而这一不平等且成熟的过程,则早在法国中等教育阶段便开始运行。将学业成绩作为学生未来专业定向的评定标准③。特殊阶层学生不仅享有社会上层的惯习训练,特有的态度表征,同时继承额外知识、技能及"品味"等,而这些将在其学业及工作中发挥特有的优势作用。

> 一方面是纯粹的社会水平,两年的预科班很贵。并非是指学费很贵,而是通常意义上的食宿。另一方面取决于文化资本,许多人并不了解预科班,比如你若去乡村,很多农民工人并不知道预科班是什么,他们不知道这种体制。那么,我认为精英教育应该培养一种精英素养,而不是演化为一种社会阶层分化的工具与手段。(J-S)

---

① MEN. Repères et références statistiques [EB/OL]. [2019-09-25]. http://www.education. gouv.fr/cid57096/reperes-et-references-statistiques.html.

② Damon M, Classes préparatoires. La fabrique d'une jeunesse dominante [M]. Paris: La Découverte, 2013.

③ Bourdieu P, La Noblesse d'État. Grandes écoles et esprit de corps [M]. Paris: Les Éditions de Minuit, 1989.

这些潜在的文化资本，无须努力，通过隐含且默认的方式得以传承，且只惠及特殊阶层群体①。学校在选拔中，将语言的阶层或阶级差异转换成缄默文化资本，筛选并再生产社会阶层的差异，并将社会不平等再生产成为社会事实。由此，在国际化冲击下，联合大学改革后法国高师资源虽逐步向综合大学倾斜，且扩大了大众阶层学生受精英教育培养模式的机会规模，却并未缓解已有"大学校"与"大学"间的根本性差距，无论是从社会资源到文化资本，联合大学的改革虽提升了法国整体科研的国际辨识度，但却并未解决本国内已有的教育公平问题。

五、旨在提升法国高师国际影响力的启示

在经济全球化与教育国际化背景下，高等教育领域正经历一场前所未有的转型，且无论各国经济发展水平与程度如何，这一转型过渡会影响所有国家及地区②。在这一国际趋势影响下，坚持传统精英教育的法国高师集团，逐步打破精英教育的制度性藩篱，走出已有"追求卓越的小规模精英教育模式"，通过联合大学改革，逐步实现双轨教育资源整合"单轨"路径，试图通过卓越大学计划及扩大高校自主权等手段，逐步整合优质资源，延续卓越精神，并扩散至大学及科研院所等科研与教学管理等工作中，以迎接并应对教育国际化的冲击与挑战。

法国高师在改革的路径选择中所取得的成绩与遇到的问题值得我国高等教育改革借鉴与思考。一方面，联合大学打破了已有高校与学科间的封

---

① Bourdieu P, et Passeron J-C, Les Héritiers. Les étudiants et la culture [M]. Paris: Les Éditions de Minuit, 1964.
② UNESCO. Global Research Seminar: Sharing Research Agendas on Knowledge System [EB/OL]. (2008 - 11 - 27) [2019 - 09 - 25]. http://webs. wichita. edu/depttools/depttoolsmemberfiles/chp_phs/NEWS%20-%20DOCS/UNESCO-Ngoyi. pdf.

闭界限,避免了各实验室及系所间的独立封闭的重复性科研工作,有效整合了已有优质资源,发挥各自优势,强强联合,优势互补,提升了科研竞争力并进一步促进了成果的创新。另一方面,联合大学的产生与发展模式多元,遵从大学学科与实验室发展规律,《大学自由与责任法》有力保障了学科发展的独立性与自主性,以科研为主,进行合作院校筛选,并以追求卓越为基础,大学可根据自身发展需要选择联合发展的深度与广度。此外,法国高师在国际合作伙伴的筛选中,注重与国际同等水平的一流大学的合作,从而促进本国科研、教学及管理模式等方面的转型与革新,促进教育质量的提升。经过新的教育改革后,以高师为代表的追求卓越的大学校改革主体思想得到进一步拓展,延伸成为各大学、科研机构合作联合的发展思路,但合作中却并不失各自机构的科研教学特色,改革成效显著,在国际科研排名中,取得世界领先水平。

此外,也要看到法国在推进联合大学计划,实现强强联合,应对国际化挑战与世界大学排名的同时,虽提升了国际竞争力,但并未有效解决已有国内精英与大众教育双轨并行留下的阶层差距隐患,而是某种程度上引发了新一轮的校际与阶层差距,进而引发教育公平问题。高等教育与科研联合中心政策执行中,遭遇政策制定与执行多处交叉重合的现象,因政策制定逻辑不清晰,导致部分大学校资源裹挟、重复使用,综合性大学缺乏资源等问题,引发社会不满,并加剧了新一轮的社会不平等问题。如何针对政策制定的目标导向,政策举措间的内部连贯与系统性,执行中可能预见到的政策偏差等问题,配套相应的补偿性政策措施,以应对国际挑战,缓解强校与弱校间的发展差距,这些都值得我国高校改革者与政策制定者的思考与借鉴。

第五章

法国高等师范学校的教育治理模式演进与
实践路径研究——以法国里昂高师为例①

---

① 本章的部分内容改编自笔者 2023 年发表在《教育研究》》第 10 期的论文《法国高等师范学校的教育治理模式演进与实践路径——以里昂高等师范学校为例》。

一、引言

（一）高等教育治理改革背景

2021 年 3 月 21 日，教育部、财政部、国家发改委制定了《"双一流"建设成效评价办法（试行）》，指出应加快"双一流"建设，促进高等教育内涵式发展、高质量发展，推进治理体系和治理能力现代化[①]。大学治理现代化是服从和服务于国家治理现代化的总目标。但在迈向现代化过程中，我国大学治理仍存在一定的困境需超越[②]。在校级层面上，大学治理现代化面临的障碍主要是政府对大学的"单向性"主导强化了科层制，以及学术组织对行政级别的"依附式"关系弱化了高校学术自治[③]。在院系层面，高校内部治理面临学校管理重心"有限下移"和院系"接管乏力"的瓶颈，以及权力"差序格局"所带来的官僚化[④]，即如何有效平衡学校内部管理权力下移与院系学术

---

① 教育部，财政部，国家发展改革委关于印发《"双一流"建设成效评价办法（试行）》的通知[EB/OL].（2021 - 03 - 23）[2023 - 09 - 07]. http://www. moe. gov. cn/srcsite/A22/moe_843/202103/t20210323_521951. html.

② 朱家德. 大学治理现代化的困境与超越[J]. 高校教育管理，2017,11(05):30—37.

③ 阎梦娇. 大学学术自治与科层制的冲突与平衡——基于中国大学治理结构的分析[J]. 高教探索，2019(08):10—14.

④ 汤建. 我国大学院系治理现代化:学理认识、现实困境与实践路径[J]. 高校教育管理，2019,13(03):44—50.

自治间的张力。克服大学校级与院系过度行政化倾向和确立大学作为自主办学法人实体的治理主体地位是完善现代大学制度的关键举措[①]。中国治理模式传统虽与欧洲,尤其是秉承学术自治的教授治校传统兼顾政府主导的法国大学治理模式有所不同,遵从集体主义与后儒家思想传统,但在大学治理现代化过程中,中法两国的历史渊源、权力层级设置及改革环境等诸多方面存在共同点,有着相似的中央集权制度的历史传统,同时在现代大学治理体系改革中,都以政府为主导,因而探究法国大学的治理模式与路径对时下中国大学治理现代化具有现实借鉴意义。

在传统欧洲大学中,以国家为中心的高等教育系统的构成逻辑是将大学看作功利机构来满足国家需求的有限事项。16 至 17 世纪,法国高等教育经历了国有化及废除大学自治的阶段,尤其是拿破仑时期,高度中央集权化导致大学本质上受国家委托以实现国家政治与意识形态为主要目标,建立了专门培养国家精英的教学机构。1960 年,法国高等教育逐步呈现出看似矛盾的以国家为中心和结构分化并存的发展态势,并逐步呈现弱化大学主体决策功能,院系个体逐步演化为主要决策单位发展趋势。1984 年,法国大学虽在主体权力结构上声称是自治机构且实质上并未被赋予额外法律权力与自治管理的充分权限。

由此,法国高等教育在治理转型与改革实践探索中,从 1968 年开始获得独立法人地位后,由中央集权制管理模式逐步实现大学自治,行政主导向多元共治转型,建立政府主导、多元主体利益相关者协商的治理机制,在保障原有中世纪大学学术自由的"教授治校"的文化影响下,引入外部利益相关者参与大学治理,实行政府主导与大学自治并行的多层制度重叠,扩大财政、人事与招生自主权,在去中心化与去行政化中激发学术活力,保障以学

---

① 钟秉林. 建设现代大学制度推进高校内涵发展[J]. 探索与争鸣,2017(08):33—36.

科为基础的治理模式,兼顾社会及市场需求与"教授治校"传统。法国高师集团作为精英大学校,尤其是精英师范教育的典型,其牵头改革与公立大学合并为高校共同体的内外部治理模式与路径探索,对现阶段科研创新与完善我国大学治理体系现代化改革具有重要的启示与经验借鉴意义。那么法国大学校在学术自治与中央集权制并行改革中,经历了怎样的治理模式演进,如何实现治理现代化改进,存在哪些外部治理模式与内部治理结构革新,探索了哪些实践路径,如何依照情境而异,值得我国在大学治理现代化改革中借鉴。

(二) 法国大学治理模式与分析框架选择

教育是通过政治、政策和实践来管理的,在把握和洞察教育治理的意义时,我们发现教育治理是最近国际国内社会谈论较多的术语。治理活动不仅由单一主体的政府主导,也由非政府行为者参与其中[①]。盖伊·佩尔蒂埃(Guy Pelletier)指出"治理"这一概念早在古法语中便有记载,意指在国家去中心化中管理与治理的方式及艺术得以更新[②]。随后治理这一理念在盎格鲁·撒克逊世界广为流行,在 1990 年后再次回归法国并蕴含更多维丰富的含义[③]。就府学关系,尤其是从治理的政治学渊源看,管理与治理并非是排他性的对立关系,而统治和治理都是一种管理过程,所谓"管理"侧重"统治",而"治理"倾向大学自主权更大的一种管理模式。有效的治理可避免行政滥权,有利于建立起多元主体利益协商和有效治理的新机制。也有学者认为,管理与治理的边界在于传统的单一决策主体转变为多元

---

① Kooiman, J. Governing as governance [M]. New York: Sage. 2003; Dale, R. Education markets and school choice [J]. British Journal of Sociology of Education, 1997(18): 451 – 468.

② Pelletier G. Décentralisation, Régulation et Gouvernance des Système Éducarifs: un cadre de référence. In G Pelletier. Autonomie et décentralisation en éducation: entre projet et évaluation [M]. Montréal: AFIDES, 2001: 159.

③ Alain Bouvier. La gouvernance des systèmes éducatifs [M]. Paris: Presses Universitaires de France, 2012:160.

决策主体①，就大学内部治理而言，管理一般是基于权力和职位，而治理则一般基于权威。权力和权威都是一种影响力，区别在于前者是迫使个体服从的制度力量，更多是强制服从；而后者是因个体信服产生的服从，更多是自愿服从②。因而，从这个意义上说治理的主要边界在于关注基于权威的领导与基于权力的管理之间的关系③，也就是说治理的标志在于是否为多元决策主体自主自愿地基于权威信服的领导。

大学治理方式反映了高等教育部门的制度逻辑，也反映了社会对大学应当如何治理的概念框架。制度逻辑也包括一些价值观，制度下的组织成员对组织持有并在组织成员间不断传承的一套信仰，如强调学术自由，以及在治理过程中共同参与决策的重要性等。通过对部门、行业、社会及国家的制度逻辑做出回应，治理结构和实践等组织形式取得合法化④。这里的制度意指决定社会、政治实体或政治经济活动结构的正式或非正式的规则与实践⑤。具体来说，大学治理是大学为了实现办学定位、发展规划、教育理念、教育目标等任务施行的各类治理结构、治理规则、治理实践的总和，包括责任主体的分配、相关利益的维护、上级决策的执行等方面，因此，它具有综合性强的特点，而我们主要侧重分析法国高师治理的结构规则、利益相关责任主体的分配与治理实践。大学治理习惯性延续以往管理传统的同时，渐进式嵌入新的治理模式交叉并行，生成制度叠加的特征。我国学者李立国认

① 肖甦，时月芹. 俄罗斯参与全球教育治理：时代轨迹、行动逻辑与现实路径［J］. 比较教育研究，2021(11)：3—11.
② 俞可平. 权力与权威：新的解释［J］. 中国人民大学学报，2016(03)：40—49.
③ 王英杰. 试论大学的领导与管理：孰重孰轻［J］. 江苏高教，2014(05)：1—4.
④ ［加］伊安·奥斯丁，格伦·琼斯. 高等教育治理——全球视野、理论与实践［M］. 孟彦，刘益东，译. 北京：北京学苑出版社，2020：35.
⑤ John W Meyer, Brain Rowan. Institutionalized Organizations: Formal Structure as Myth and Ceremony. In Walter W Powel, Paul J DiMaggio (Eds). The New Institutionalism in Organizational Analysis ［M］. Chicago: University of Chicago Press, 1991:41.

为大学的知识生产与应用不再遵循单纯的学术逻辑,学术性不再是大学组织唯一、全部的组织属性,大学作为一个机构与一种组织而言,内在自主性更符合大学组织属性的本质①。同时,大学组织作为一个治理整体,兼顾多重属性,也兼顾了学术组织、政治组织以及企业组织属性,蕴含多层制度重叠并行的特质②,由此,大学治理的外部影响因素与内部治理要素同等重要,共同组成大学治理结构与实践的整体。

通过文献发现,在治理关系上,国内外相关研究都认同外部治理与内部治理,但具体治理传统与概念起源所引发的治理模式与分析框架上略有不同。由于欧洲国家与地区间存在明显的语言与文化差异,为吸纳更多成员共同参与教育治理,经历了从传统中央集权制到市场机制下的放权模式的改革。市场模式的嵌入认可了主体责任空间与治理权利。在国内外众多学者对大学治理、权力及制度等问题的探讨中,最有影响力的治理模式与分析框架是1983年伯顿·克拉克(Clark, B. R)率先提出的大学治理模式三轴心:"政府、市场、学者"③,与创业型大学相关的创业型治理模式,这一治理模式分类主要依据是系统连接从最大限度的大学自治至最大限度的外部国家管理。对此,我国学者刘益东、周作宇则兼顾内部与外部治理,指出三维分析大学治理框架,即宏观(全球背景、政府、社会和市场)、中观(高等教育的组织场域、作为组织的大学)、微观(大学中的学部/院/系等基层学术组织、具体的治理技术、组织中的人)④。1991年哈佛大学亨利·罗索夫斯基(Henry Rosovsky)在《美国校园文化——学生、教授、管理》(*The*

---

① 李立国.大学治理变迁的理论框架:从学术—政府—市场到大学—国家—社会[J].清华大学教育研究,2020(04):1—9.

② 邬大光,陈祥祺.高等教育"深水区"与大学转型发展[J].中国高教研究,2021(12):6—11.

③ Clark, B R. The Higher Education System: Academic Organization in Cross-National Perspective [M]. Berkeley, CA: University of Berkeley Press, 1983.

④ 刘益东,周作宇.大学治理:一个整体性框架[J].大学教育科学,2020(03):64—72.

University-An Owner's Manual）一书中对大学"拥有者"的概念进行了细化梳理,通过利益相关者的分析框架将大学的利益相关者分为四个层次,即教师、行政主管和学生;董事、校友和捐赠者;政府和议会;市民、社区、媒体①。此外,丹麦学者雷瑞夫·姆斯(Lejf Moos)对比了传统和现代两种治理模式,认为传统治理模式是一个从政府、地方权力机构到学校管理的指导链,而在现代治理模式中,政策形成于政策网络与关系中,包含跨国代理商、咨询公司、国家政客、公共管理部门、民主社会及专家等多元主体政策网络,这些生产影响力、文本与实践,相互交流并产生影响。进而,雷瑞夫·姆斯基于合同契约关系建立了一个从政府、代理商、市政议会、管理部门、学校董事会、领导者、专家、公民和学生的多层治理体系。另一方面则深根于治理话语的全球意识形态情境,认为与新自由主义、新管理主义等存在内在联系②。北欧这一治理模式与法国早期契约管理模式影响下的专业化科层管理模式有极大类似之处。大学组织处于内外部力量影响的中间状态,既要接受外部力量的作用,又要保持自身的自主性③。从治理结构及模式看,英美大学通行的治理结构主要由外部利益相关者构成的董事会或治理委员会;以校长为核心的行政系统;以教授为核心的教授委员会或学术委员会三个部分构成,多数研究在治理结构的权力配置层面展开微观研究。在治理理念和实践层面,学术自治和学术自由源于欧洲中世纪大学传统,在情境变化中不断被审视和讨论,也一直受到学者关注④。由此,大学治理实践并不存在单一轴心点,而是存在多维度并存业态。

---

① Henry Rosovsky. The University: An Owner's Manual [J]. ADE Bulletin, 1991(100):49 - 53.
② 刘益东,周作宇.大学治理:一个整体性框架[J].大学教育科学,2020(03):64—72.
③ 李立国.大学治理变迁的理论框架:从学术—政府—市场到大学—国家—社会[J].清华大学教育研究,2020(04):1—9.
④ 刘益东,周作宇.大学治理:一个整体性框架[J].大学教育科学,2020(03):64—72.

在原有多重经典治理模型的理论分析框架下,学者不断丰实细化治理模型,其中较有代表性的有英国剑桥学者苏珊·罗伯森(Susan L. Robertson)等的治理立方体,认为教育治理是结构化的,且是战略选择性的(Strategically selective),通过对行动者、行动及其范围层级三个维度将利益相关者分为不同利益主体或治理行动者,即国家/政府(state)、营利/非营利市场(for-profit/not-for-profit market)、社群(community)、个体(individual);治理实践活动包含教育活动的具体形式分为基金资助(funding)、供给(provision)、所有权(ownership)、规则(regulation);多维层级包含全球层面(global)、国家层面(nation)、地方层面(subnation)。[①] 在伯顿·克拉克提出的"三轴心"与苏珊·罗伯森等提出的教育治理"立方体"的基础之上,我们试图梳理出里昂高师与"政府、市场、地区、个体"的四条治理的逻辑脉络,其中,在治理活动上新增了法国高校合并重组以及里昂高师系科调整,即组织结构(structure)的变迁,以此勾勒出一幅多维立体的里昂高师治理图景与多元主体政策网络。一是国家一级代表的政府主要有高等教育研究与创新部、国家科学与技术部(Délégation générale à la recherche scientifique et technique,简称 DGRST),以及高等教育评估机构高等教育与研究评估高级委员会(HCERES)。二是代表市场的主要有企业及咨询公司等。三是代表地区的除地方政府外,也包含大区层面的力量介入,大区银行及研究所等服务于地区经济与社会发展。四是个体代表主要聚焦大学内部利益相关者,如校长、教授、学生及行政及技术人员等,同时包括校长任命的校外人士或代表,具体关系及结构如图 5-1 所示。

(三) 法国高等师范学校教育治理

法国教育系统是围绕三级机构,即大学校、大学技术学院、公立大学

---

① Susan L Robertson, Roger Dale. The social justice implications of privatisation in education governance frameworks: a relational account [J]. Oxford Review of Education, 2013(39):4, 426-445.

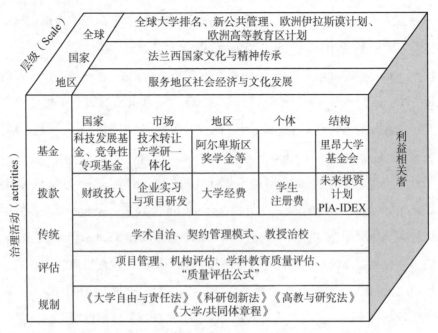

图 5-1 里昂高师治理模式立方体

分层建立,并逐步划分为精英大学校与大众公立大学两类高校。大学被视为服务于法国中产阶级和群众,并有法律义务接纳所有高中毕业生的持有者①。而精英大学校被认为是高度严格精选学生生源并培养法国精英的高校组织机构,其中法国高师集团即为精英大学校的典型。与大学校相似的是大学技术研究院,这两类组织被形容为法国高等教育的"封闭"子部门,而大学则构成该体系的"开放"子部门②。法国大学自 1968 年颁布《富尔法》(loi Faure)、1984 年颁布《萨瓦里法》(loi Savary)、2007 年颁布《大学自由与责任法》(Loi Relatif aux Libertés et Responsabilités des Universités),

① [加]伊安·奥斯丁,格伦·琼斯. 高等教育治理——全球视野、理论与实践[M]. 孟彦,刘益东译. 北京:北京学苑出版社. 2020:35.

② Neave, G. The evaluative state, institutional autonomy and re-engineering higher education in Western Europe: The prince and his pleasure. Hampshire [M]. England: Palgrave Macmilan, 2012.

到 2013 年颁布《高教与研究法》(Loi Relatif à l'Enseignement Superieur et à la Recherche)以来,大学治理结构与组织形态不断发生演变。教育法典虽对大学的治理结构作出了基础性框架规定,但在具体治理实践中,各公立大学、精英大学校因大学自治而演化变迁,在财政、人事及招生等治理实践动态关系中,所产生的学术权力位移和外部利益主体介入,促使大学内部治理结构与路径处于动态发展中。

里昂高师在 2013 年《高等教育与研究法》提出的高校共同体改革中,作为牵头学校,联合 21 所成员学校成立了里昂大学。相较于巴黎高师,组织容量大,深度开展国际化与治理改革探索,虽是里昂大学共同体的创始成员高校,但相对独立,保留了招生、教学及管理的自治性,在治理探索与改革中,逐步构建起成型的治理结构。因此本章选取里昂高等师范学校(Ecole Normale Supérieure de Lyon)的治理脉络为例,深挖改革前作为独立精英"大学校"身份的高师,改革后作为综合性大学身份的高校共同体内核心成员校的里昂高师,以及新高校共同体的里昂大学,在高校共同体改革过程中对其制度变迁与治理模式进行内外部治理逻辑演变与实践路径探究。

二、法国高等教育管理制度缘起与里昂高师的治理变迁

欧洲传统的大学自治方式以学术治理为主,而法国则是融合了政府主导与学术治理双重属性。法国在重塑高等教育机构与政府关系,加强自治权,减少政府对学校干预的去中心化过程中经历了百年改革探索。法国里昂高师自合并成立之初,便有传统科层制结构与学术专业官僚双重管理并存的模式,在法国高师治理系统演化中,逐步发展为松散耦合与专业化官僚结构并存的治理模式。这种科层官僚权力与专业权威并存的双重权力架构,既保证了高等教育管理的规范化、制度化与标准化,以及决策的合法性

与效率,同时保障教授及科研人员在学术决策与学科发展中的自主决定性影响,确保遵循高等教育组织规律和高等教育管理特征,在重视科层制度的同时,重视高等教育的学术组织、政治组织与企业组织的管理特性与制度设计。而大学制度并非是短期主观建构的,在长期的历史演化中与国家的历史文化、发展背景相适应,成为各种因素合力作用的结果①。因而,欲想探究法国高师治理模式与实践路径,首先需探究其制度生成与演化的历史脉络。

(一) 国家中心导向的精英高等教育管理阶段:校长兼国家督导双重身份的直线集权式管理

传统法国大学治理采用政府驱动的科层制,是兼顾地方利益发展的、自上而下的、中央直线集权式的大学管理模式,从权力主体的单一性与集中性看,尚未产生"治理"。根据马克斯·韦伯有关现代单一民族国家官僚机构的集权性的理解,他认为官僚政治在国家改革进程中为政府统治提供了两个维度的强有力的基础,一个是权威(authority),即维持社会秩序的合法性,另一个则是权力(power),有效实践与解决问题的能力②。官僚机构得以发展,有赖于政治权威与行政代理间联盟,以此扩展权力范围且强化二者关系,这种官僚制在高校发展中得以再生③。这一时期集权式的管理特征,以高师最为典型。始于法国大革命时期的第一所法国高等师范学校(École Normale Supérieure,简称 ENS),于 1794 年 10 月 30 日由法兰西第一共和国国民议会下令创建。早期里昂高等师范学校(Ecole Normale Supérieure de Lyon, ENS Lyon)是 1880 年 7 月 13 日创建的丰特奈-奥克

---

① 李立国.大学治理的制度逻辑:融通"大学之制"与"大学之治"[J].华东师范大学学报(教育科学版),2021(03).

② Duran, Patrice. *"La Bureaucratie a-t-Elle un Avenir? [Does Bureaucracy Have a Future?]."* [M].//Charles-Henry Cuin, Patrice Duran. Le Travail Sociologique. Du Concept à l'analyse. Paris: Presses de l'Université Paris Sorbonne.

③ Agnès van Zanten, Claire Maxwell. Elite education and the State in France: durable ties and new challenges [J]. British Journal of Sociology of Education, 2015, 36:71 - 94.

斯-罗斯(Fontenay-aux-Roses,简称"丰特奈")女子学校与1882年12月22日创建的圣克卢(Saint-Cloud)男子学校合并演化而来。为发展免费义务的世俗初等教育,法国需培养大量小学教师、督学与校长(Former des Professeurs, des Inspecteurs et des Directeurs pour l'enseignement primaire),1880年创建了丰特奈女子学校(École de Fontenay),成立之初其性质是一所培养小学教师的"教育学院"(Haute École de Pédagogie)①,仅设有科学与文学两个学科,其间由费利克斯·佩考特(Félix Pécaut)担任校长,同时担任公共教育督导②(Inspecteur Général de l'instruction Publique)。但因当时法国规定男性不得进入女子寄宿学校及承担任何管理事务,因而,实际执行学校行政、财务及人力资源等决策及管理事务的是代理女校长(directrice déléguée),具体由执行副校长(directrice générale)弗里德伯格夫人(Mme de Friedberg),与负责科研教学的分管副校长(directrice des études)查斯托夫人(Mme Chasteau)具体协调管理③。而这一时期,基于权力和职位的管理模式,促使大学内部组织个体服从制度力量,且倾向于强制服从,而非基于权威及组织个体信服产生的服从④,还未有多元主体参与治理产生。大学被视为统一的行为体,直接受法国教育部直属管理,校长兼任公共教育督导作为政策执行媒介与行政代理,将教育部相关政策指示直接传达给代理校长,并协调大学内部组织管理完成教育部相关政策指示并直接予以贯彻落实,如图5-2所示。

---

① Marc Le Cœur, 《Un〈Port-Royal laïque〉: l'École normale supérieure d'institutrices, à Fontenay-auxRoses》, Livraisons de l'histoire de l'architecture[EB/OL].(2009-06-10)[2023-09-25]. http://journals.openedition.org/lha/405. DOI:10.4000/lha.405.

② Arrêté du 23 septembre 1880 (*BAIP*, 1880/II, p.1196).

③ Marc Le Cœur, «Un〈Port-Royal laïque〉: l'École normale supérieure d'institutrices, à Fontenay-auxRoses», Livraisons de l'histoire de l'architecture[EB/OL].(2009-06-10)[2023-09-25]. URL: http://journals.openedition.org/lha/405.

④ 邬大光,陈祥祺. 高等教育"深水区"与大学转型发展[J].中国高教研究,2021(12):6—11;刘益东,周作宇. 大学治理:一个整体性框架[J].大学教育科学,2020(03):64—72.

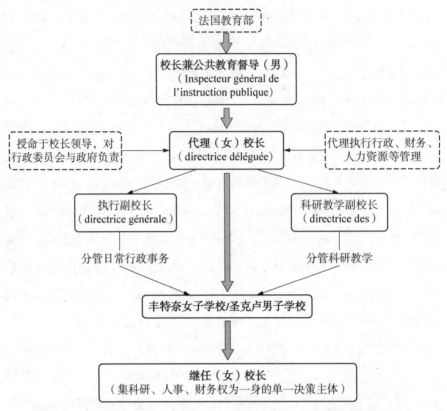

图5-2 里昂高师前身自上而下的中央集权式管理模式与传统科层官僚结构

在费利克斯·佩考特(Félix Pécaut)后,丰特奈女子学校历任校长兼任公共教育督导并管理学校财政与人事任免,高度集权。如1890年露西·萨弗罗伊(Lucie Saffroy)被任命为丰特奈女子学校校长时,同时为巴黎初等教育督导①。为便于管理实践,第二任校长由女性继任,为便于集中管理,提升管理实践效率,不再他设分管副校长,二者职能合并集中于校长一身,成为单一决策主体。因此,自丰特奈女子学校第二任校长朱尔斯·斯蒂格(Jules

---

① Enseignement supérieur et universités; Ecoles normales supérieures (ENS); Ecole normale dupérieure de Fontenay-aux-Roses [EB/OL]. [2023−09−25]. https://francearchives.fr/fr/findingaid/6955f0f5326ad aad8cf1db2bc622ae145ee3631d.

Steeg)去世后,线性中央集权管理体系成熟并被制度化①,政府主导达到顶峰。

(二) 社会力量参与精英师范教育管理阶段:"去中心化"与外部合作介入的多线性治理

如果说管理与治理的边界在于基于权力的管理转为基于权威的领导,以及传统的单一决策主体转变为多元决策主体②,那么外部合作主体介入的治理模式可有效促进具有竞争关系的多元利益主体间的联合,及提升管理活动效率③。就大学内部治理而言,随着师范教育的发展,1881 年 2 月丰特奈女子学校首次扩建,学校逐步拓展合作交流范围,与公立大学著名教授及法兰西学院、博物馆与高中等建立合作关系④,社会力量逐步介入学校事务管理中,打破了原有单一国家主体主导的中央集权式的直线管理模式,进而影响到学校内部组织生态环境,发展为多元主体影响下的多线性学校治理模式,教育治理的早期雏形产生。丰特奈女子学校与科研院所及社会的广泛合作,也为后续丰特奈/圣克卢高等师范学校(ENS de Fontenay/Saint-Cloud)合并,多元社会主体参与大学治理体系与路径选择奠定了基础。这一时期虽仍隶属于中央集权式管理模式,如丰特奈女子学校的第二任校长朱尔斯·斯蒂格同时兼任巴黎初等教育督导及巴黎教育博物馆的管理人员⑤,仍无成熟的多元治理主体,但已逐步为外部利益相关者参与治理获得

---

① Enseignement supérieur et universités; Ecoles normales supérieures (ENS); Ecole normale dupérieure de Fontenay-aux-Roses [EB/OL]. [2023 - 09 - 25]. https://francearchives. fr/fr/findingaid/6955f0f5326adaad8cf1db2bc622ae145ee3631d.

② 肖甦,时月芹. 俄罗斯参与全球教育治理:时代轨迹、行动逻辑与现实路径[J]. 比较教育研究, 2021(11).

③ 同上。

④ Arrêté du 3 novembre 1880, *BAIP*, 1880/II, p.1448 - 1450.

⑤ Liste des directrices et directeurs de l'ENS [EB/OL]. [2023 - 09 - 25]. https://alumni. ens-lyon. fr/medias/editor/oneshot-images/20273959315f9da0236ef8d. pdf (A partir de 1889, il est nommé Inspecteur général de l'enseignement primaire et chargé de la direction du Musée pédagogique à Paris).

独立法人后的里昂高师奠定了社会多元力量基础。

在师范教育管理上,里昂高师前身试图建立三级"教学衔接"。1880年7月13日法令指出高师成立之初,法国行政当局将应用师范学校(école normale d'application)与附属小学合并,为师范生毕业实习作准备,同时与公立大学合作,拓展学生升学深造及教授参与学校准教师培养的决策,自此形成三级"教学衔接"[①]。

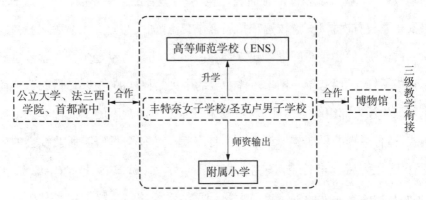

图 5-3　丰特奈女子学校/圣克卢男子学校的三级管理模式

1887年1月18日法国颁布法令将两所学校转为小学教育高等师范学校(Écoles Normales Supérieures de l'enseignement Primaire),该校学生通过竞争性选拔考试筛选出奖学金获得者,免费获得现代教育,无拉丁语教学义务,同时与学生签订十年义务合同[②],形成师范生按公务员身份培养的体系雏形。1897年后里昂师范教育学制从最初两年延长至三年,不再局限于

---

① Léo Claretie. L'Université Moderne[M]. Paris: Delagrave, 1893:23.

② Histoire│École normale supérieure de Lyon [EB/OL]. [2023 - 09 - 25]. http://www.ens-lyon. fr/lecole/nous-connaitre/histoire Le décret du 18 janvier 1887 les transforme en Écoles Normales Supérieures de l'enseignement primaire, écoles gratuites et "modernes", sans latin obligatoire. Les élèves, boursiers, sont recrutés par un concours ouvert aux candidats titulaires du brevet supérieur ou du baccalauréat ayant contracté un engagement décennal.

小学教师培养,并逐步开始招收其他研究方向的学生。随后在法国小学和中学合并后,1945 年 2 月 19 日法国政府颁布法令将这两所学校命名为"中学教育预科师范学校"(écoles normales préparatoires à l'enseignement secondaire)[①]。1948 年至 1954 年间,两所学校学生正式成为国家公务员实习生(fonctionnaire stagiaire),并在 1956 年起学制更改为四年,逐步转型为高等教育体系[②],为真正意义上的大学治理拉开序幕。1970 年初丰特奈女子学校和圣克卢男子学校因校址扩建逐步略显拥挤,地区性地不断涌现对抗巴黎高度集权化管理的政治意愿,由此,产生了在巴黎以外再建高等师范学校(ENS)的萌芽。1975 年这两所学校逐步酝酿共建高等师范学校(ENS),并于 1981 年开始真正走向合并,1987 年两所学校的人文学科则以丰特奈-圣克卢高等师范学校(ENS de Fontenay-Saint-Cloud)名义内部整合,建立人文与社会科学高师,同年科学学科(disciplines scientifiques)设立里昂高等师范学校(ENS de Lyon)[③]。2000 年迁至里昂成立了里昂文学与人类科学学院(ENS Lettres et Sciences Humaines),里昂高师演化的历史脉络如图 5-4 所示。

2003 年上海交通大学发布的大学排名加速了法国高等教育改革进退维谷的步伐,法国大学进行一系列合并重组[④]。在此国际压力影响下,里昂

① Enseignement supérieur et universités; Ecoles normales supérieures (ENS); Ecole normale dupérieure de Fontenay-aux-Roses [EB/OL]. [2023 - 09 - 25]. https://francearchives.fr/fr/findingaid/6955f0f5326adaad8cf1db2bc622ae145ee3631d.

② Histoire | École normale supérieure de Lyon [EB/OL]. [2023 - 09 - 25]. http://www.ens-lyon. fr/lecole/nous-connaitre/histoire Après la fusion de l'enseignement primaire supérieur avec l'enseignement secondaire, un décret du 19 février 1945 accorde aux deux établissements l'appellation d'écoles normales préparatoires à l'enseignement secondaire".

③ Histoire | École normale supérieure de Lyon [EB/OL]. [2023 - 09 - 25]. http://www.ens-lyon. fr/lecole/nous-connaitre/histoire.

④ Aust, J, Musselin, C. The reconfiguration of the French university landscape as an indirect consequence of the Shanghai rankings, or how rankings indirectly affect the design of higher education systems. 30th EGOS, 2014.

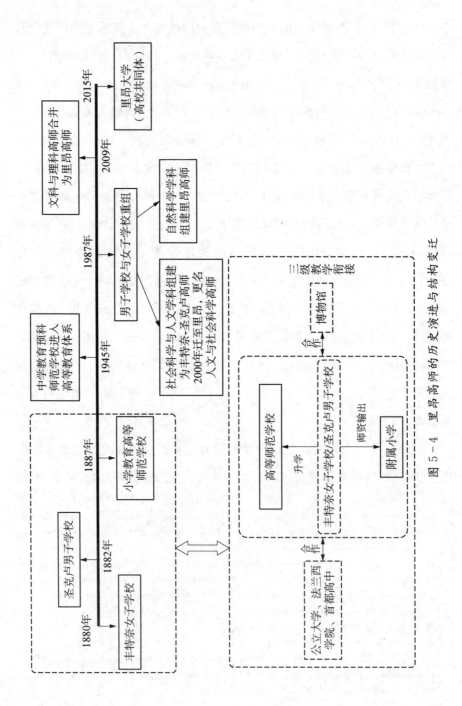

图 5 - 4 里昂高师的历史演进与结构变迁

人文与社会科学高师与里昂高师(科学高师)于2009年合并重组更名为里昂高师,并逐步将法国国家教学研究所(INRP)合并至里昂高师,更名为法国教育研究所(IFE),里昂高师治理格局产生新的演变。尽管2009年两校合并,但过渡期并未直接统一合并两校校长与行政管理,而是经过过渡磨合期,两校原校长不变,通过内部对大学权力关系的规范和调整,逐步整合行政委员会,形成独具特色的精英教育管理模式。直至2010年原里昂高师(科学高师)校长雅克·萨马鲁特(Jacques Samarut)于2010—2014年担任了合并后总校长①。而原里昂文科与社会科学高师校长奥利维尔·法宏(Olivier Faron)2010—2013年担任里昂高师文科学院院长(Directeur de l'ENS de Lyon lettres et sciences),里昂高等师范学校于2010年1月1日正式运行。合并后的里昂高师偏科层式治理,注重效率与量化治理模式。这一时期法国高师治理从传统的单一决策主体的"硬治理"逐步转向重视多元利益主体与"人"的发展的"软治理",并逐步关注非结构化的互动、价值观的动态平衡。里昂高师治理模式"软硬"兼施并行,既有权力主体通过拨款和问责机制从外部加强对学术机构的管理,又同时并行多元监控机制,允许高师系统自身规范传统支配及学术自治,组织机构较松散,目标更多元化,形成教授、学院与校长、核心管理团队共治格局。

(三)行政管理委员会与高校共同体治理阶段:项目驱动卓越,推动地方力量参与高师治理

在世界大学排名及教育国际化的双向驱动下,2013年7月法国议会通过《高等教育与研究法》,修改教育法典并增设条款,创建"高校共同体",以此替代"高等教育与科研联合中心"。里昂高师牵头12所高校及科研院所建立以里昂地区为代表的高校共同体,即里昂大学集群,试图建立"具有区

---

① 里昂高师历任校长[EB/OL]. (2019 - 01 - 14)[2023 - 09 - 25]. https://alumni.ens-lyon.fr/medias/editor/oneshot-images/1311747275f9da0e0dfc7c.pdf.

域规模的大型大学"。然而精英"大学校"与普通公立大学间的治理隔阂无法轻易逾越,导致法国出现大规模公立大学与小规模"大学校"等多层次分极化高等教育的局面,较难实现协同治理①。其中,基于学科发展的"高等教育与科研联合中心"建立之初以学科与学术发展为导向自主组合,并未有法律规定与条款切实明确地界定治理模式与治理结构,仅有部分"高等教育与科研联合中心"自发设立行政委员会和参议院②两大组织机构(le Sénat, et le Conseil d'Administration)③,导致"高等教育与科研联合中心"因缺乏足以代替相关机构成员代表的利益而饱受争议④。2009 年 12 月法国发布第 2009 - 1533 条法令,根据法令,高师合并过渡期间,里昂高师内部设立临时行政管理委员会,多元力量融入彻底改变原有单一权力主体管理模式,其中在 13 名成员代表中,有 4 名罗纳-阿尔卑斯大区区域委员会主席及里昂城市社区代表,而相比本校教授代表仅为 3 人,可见地方力量在里昂高师行政管理委员会中的重要角色与位置。⑤ 里昂高师在去中心化的治理模式改革中,逐步形成以"问题逻辑"与项目导向的结构比较松散的新型组织架构,高师内系所与实验室交叉并行,以研究问题与项目为导向组成松散耦合组织,且日趋学术专业化。高校共同体改革后,共同体内部仍沿袭以课题方向与专业项目团队为载体,自治组合结成联盟实验室,并一路将此模式扩展至联盟学校,直至 2015 年里昂大学这一高校共同体的正式

---

① Code de l'éducation. Myriam Baron. Les transformations de la carte universitaire depuis les années 1960: constats et enjeux [J]. Le Mouvement social, 2010,233:93 - 105.

② 参议院由各大学所有学院的代表组成,并经过各成员大学的校董会选举产生。

③ Histoire de la fusion [EB/OL]. [2023 - 09 - 25]. https://doctoratp4. hypotheses. org/565 # _ ftn5.

④ Berger, Vincent. Assises de l'enseignement supérieur et de la recherche, rapport au Président de la République[R/OL]. (2012 - 12 - 17)[2021 - 10 - 09]. https://www. vie-publique. fr/ files/rapport/pdf/124000671. pdf.

⑤ Décret n° 2009 - 1533 du 10 décembre 2009 portant création de l'Ecole normale supérieure de Lyon [EB/OL]. [2023 - 09 - 25]. https://www. legifrance. gouv. fr/jorf/id/ JORFTEXT000021447377.

成立。

这一时期法国高师在政府主导管理的同时，逐步转向基于权威的领导，各成员学校及管理委员会代表基于协商与信服产生的自愿服从的多元治理模式，其中尤其是地方力量逐步占据重要地位。2015年新合并成立的共同体里昂大学，在未来投资计划（Programme d'investissements d'avenir，简称 PIA①）中设立"卓越里昂"（IDEXLYON）专项负责统筹卓越大学项目运行，包括卓越实验室（Les LabEx）、大学研究院（Les Écoles Universitaires de Recherche）、研究所合并（Les Instituts Convergence）、尖端科学项目（Scientific Breakthrough Programs）等②，里昂高师校长让-弗朗索瓦·皮顿（Jean-François Pinton）担任"卓越里昂"负责人（Directeur IDEXLYON），同时里昂大都会设立里昂大学基金会，为卓越大学建立提供辅助资金支持，地方力量纳入高校联合体战略发展中，并反哺地区发展，实现社会服务功能。同时，里昂高师沿袭学院式治理，兼顾在自我治理的环境中学者为共同利益而相互协作、基于一致意见的决策与学术自治、建立在大学共同遗产与理想及有效高层权威与专长基础上的民主与凝聚力③，同时保障学者间以学科为基础形成学术共同体，并自行负责相关事务，内部自治、外部独立④，学术治理与专业化科层治理并行发挥作用。

---

① 投资总秘书处（Secrétariat général pour l'investissement，简称 SGPI）在总理的授权下负责实施"未来投资计划"（PIA），通过投资于卓越的研究和创新助力，并为未来做准备，创造可持续的就业机会和增长。第四轮未来投资计划（PIA）于2020年9月提出，将获得200亿欧元的资金，其中110亿欧元将在《法国恢复计划》（France Relance）的框架内资助创新项目。

② LES ACTIONS DE L'IDEXLYON [EB/OL]. [2023-09-25]. https://idexlyon. universite-lyon. fr/les-actions/.

③ Middlehurst, R. Leading Academic [M]. Buckingham: the Society for Research into Higher Education and Open University Press, 1993.

④ Salter, B, Tapper, T. The external pressures on the internal governance of universities [J]. Higher Education Quarterly, 2002, 56(3), 245-256.

三、法国高等师范学校的治理逻辑演变与多层制度治理路径选择

随着全球化与市场化的双重影响,高等教育在知识生产、创新、传播、应用中的主体地位没有改变,但知识生产与创新的逻辑关系在发生变迁,知识生产与应用不再单纯遵循学术逻辑,同时遵循市场与社会逻辑。法国大学也随之产生,在国家中心与学术自治并存模式中,建构由国家及个体学术旨趣为导向协调地区与经济合作的交叉并存形式。德里克·博克(Bok,D)曾分析指出:"当欧洲国家的政府决定从精英高等教育向大众化高等教育过渡,并把科研与经济增长更紧密相连时,欧洲传统的由政府对预算和管理进行严格控制与教授对教学和科研享有广泛自治权相耦合的治理体系开始产生博弈与冲突。政府也相应放松了监督性的控制以便授予大学领导者更多行政权,设立顾问委员会以便企业界和其他外部集团享有更多有影响力的话语权,开发更精细的审计和评估方法以加强对大学问责,削减学术参议会权力以赋予校长及行政管理者更多权威。"①而高校在共同体改革后,以共同体价值观为内核,协调内外部利益相关者需求,在多元利益主导驱动下,如何寻求高校共同体最佳治理模式与治理路径成为时下关注的焦点。有学者认为外部影响力与内部自主办学相互平衡、相互结合的治理模式最有效②。里昂高师与里昂大学(包含共同体成员学校)内外部治理结构及利益相关者情况具体如图5-5所示。

(一)政府主导的外部治理逻辑:由他治走向自治的博弈张力

在延续传统中央集权式教育管理及去中心化的大学自治双向改革张力

① 博克.大学的治理[J].曲铭峰,译.高等教育研究,2012(04):16—25.
② 李立国.什么是好的大学治理:治理的"实然"与"应然"分析[J].华东师范大学学报(教育科学版),2019,37(5):1—16.

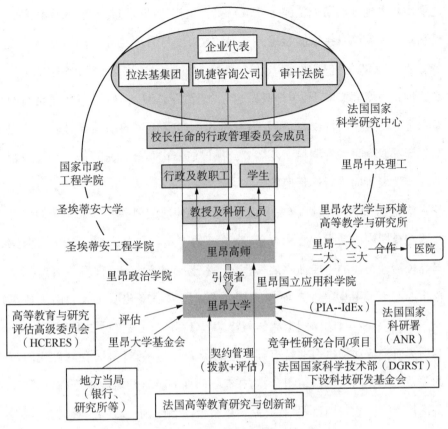

图 5-5　里昂高师及里昂大学(共同体)治理结构

并存的发展模式中,法国高师作为高等教育管理体系改革的先锋及示范性
代表,组织边界不断拓展,社会影响力逐步加深。法国教育集权由强大的官
僚—职业联盟维持运行,专业利益集团与政府间存在相互依存的关系。但
教育部的公务员与教师工会仍传承了职业守门员的角色,在全国范围内为
教育的专业把关,并对法国教育决策产生重要影响,在逐步去中心化的改革
中,法国高师在资助方式,分配模式和战略投资三个关键问题上试图逐步摆
脱以国家为中心的经费控制。但从当下经费资助总量上看,主要来源仍为
国家。国家向高师提供资助,以换取公民教育、知识进步和社会保障。法国

高师在学术规划与研究资源上获取重要自主权,政府通过资金、预算和立法机制对高师实施直接或间接管控①。大学制度与治理在外部环境影响下发展变迁,但无论怎样变化,都试图保持大学的组织边界与组织的自主性②。在这种张力博弈影响下,里昂高师也在"他治"与"自治"中博弈并厘定新的组织边界。在多线性学校治理结构中,作为国家代表的法国高等教育研究与创新部以竞争性专项科研基金、"质量评估公式"等作为抓手,对高等教育质量与发展方向进行远程监管。

首先,全球化引发财政去中心化改革,促使法国公共部门采用新的评价模式与合同制推动去中心化改革,竞争型的专项科研基金成为法国政府主导高校治理路径的重要抓手之一。因高校逐步自治,法国高等教育研究与创新部逐步采用竞争性专项科研基金实现国家战略转型对大学的间接影响。早在 1959 年,法国国家科学与技术部(DGRST)成立科技研发基金会③专项为研究活动提供短期且有筛选性的资金支持,通过科研合同催化的契约关系鼓励大学与科研组织合作,在有导向性的科研领域限定下,对科研项目进行审核拨款与项目评估,并制定项目管理制度,通过基金会拨款实现对大学研究方向的宏观调控④。

其次,国家"无形的手"依托"质量评估公式"的"经费拨款"远程监管,与大学自治走向产生博弈张力。通过采用新的契约制与评价方式来实现对公共部门的现代化改革。2007 年发布的《公共政策总修订》(La révision

---

① [加]伊安·奥斯丁,格伦·琼斯. 高等教育治理——全球视野、理论与实践[M]. 孟彦,刘益东译. 北京:北京学苑出版社,2020:35.
② 李立国. 大学治理变迁的理论框架:从学术—政府—市场到大学—国家—社会[J]. 清华大学教育研究,2020(04):1—9.
③ Gouverner par la proximité Aust, J, Picard, E. Allouer des fonds à des projets de recherche dans les années 1960[J]. Genèses, 2014,1(94):7-31.
④ Aust, J, Picard, E. Allouer des fonds à des projets de recherche dans les années 1960[J]. Genèses, 2014,1(94):7-31.

générale des politiques publiques, RGPP)指出,大学的预算资金分配须以绩效为基础,而绩效又与评估相挂钩。[①] 该法案的颁布引发学界热议,认为法国受新公共管理影响,通过绩效来实现资源分配,并以质量保障评估高等教育机构的方式,不利于大学治理健康良性发展,进一步加剧了大学间的非良性竞争而导致传统学科发展边缘化。全球化进一步引发了财政经费的去中心化,尤其是法国通过《公共政策总修订》引入全球一次性供给资助(lump-sum funding)的经费扶持,简化行政手续干预以减轻科研者负担,如并不强制分阶段拨款支持,无需财务报告与时间表等财务审计要求,为科研工作行政松绑且搭建平台,将大学发展与市场导向链接。在评估改革中,2009 年法国高等教育研究与创新部开发了大学拨款公式(称为 SYMPA)以评估大学组织规划和科研教学成果,其中研究成果包括各类学科领域的科研产出,随即将绩效结果转为分数,其中 80%用于研究,20%用于教学。最后统整拨款的分配中基于评估结果占比 20%,基于学生人数占比 80%[②]。但在改革实践中,因评估过于注重绩效,侧重学术出版物的文献计量,并以结果为导向的监控方式引发了高校强烈抗议,认为大学并未真正实现自治,反而由此加剧了国家对大学的管控。而这种质量保障式的评估手段重塑了大学与政府间远程关系走向,使之再一次处于张力重塑点上。而通过导向性筛选的合同式资助方式(financement sur contrat),也促使法国政府以国家意志行使对研究团队和项目的遴选与监管,辅助合同监管引导新领域的产业研发,导致弱化传统学科发展,加速了无法快速产生经

① République Franaise. La révision générale des politiques publiques〔R〕. Paris: République Franaise, 2007:5.

② Paradeise C. How Effective Have Reform Policies Been in Redesigning the French Higher Education and Research System?. In Bloch R, Mitterle A, Paradeise C, et al. Universities and the Production of Elites:Discourses, Policies, and Strategies of Excellence and Stratification in Higher Education〔M〕. London:Palgrave Macmillan, 2018:103-125.

济价值的人文与社科领域边缘化,引发学科发展不平衡。尽管争议不断,但在大学自治发展由国家直线集权管理向间接式多线性治理转型中,法国合同式资助管理方式则间接帮助保留了政府主导大学治理的角色功能,而学术自治在与国家中心化管理中博弈,日益引发新的矛盾冲突。这种"竞争性"的科研基金与政府导向的"中心控制"模式联合发展,正式和非正式沟通渠道并存,权责分配存在重叠,也激发了不同利益相关者的意见和建议,间接促进了高师多学科科研合作与发展。最后,国家通过对高校质量评估实现质量监管。法国高等教育与研究评估高级委员会(HCERES)在对里昂大学共同体治理水平进行评估时指出,精英大学校如里昂高师可自行制定大学战略规划,引导高师根据自身发展节奏制定战略规划,国家在远程监管的同时,允许高师内部治理自治,无义务与国家战略节奏保持一致,并期望里昂高师在高校共同体中发挥领头羊的治理角色[①],从而兼顾政府主导的他治与高师内部高度自治相结合,在制定战略方向中兼顾所属国家网络中的发展战略方向,比如科技、文化、教育等部门发展方向,探索高校共同体协同发展与科学治理路径。由此,法国在高校治理中给予高等师范学校极大自主自治权以突破体制创新,实现了科研原创性发展与探索的重要转型。

(二)市场导向的外部治理逻辑:由外部合作向产学研一体化实践转型

新自由主义全球化的力量虽主张市场成为高等教育治理的重要基础,认为市场对高等教育的影响体现为大学作为资源依赖型组织和准公共产品性质的组织;但法国高师却有意识地试图避免新自由主义的深度影响,认为市场对高等教育的影响在于大学作为资源依赖型组织和准公共产品性质的

---

①　Rapport d'évaluation d'une coordination territoriale. Université de Lyon [EB/OL]. [2023-09-25]. https://hal-hceres.archives-ouvertes.fr/hceres-02026317.

组织,其资源输入不仅依靠政府投入,同时依赖市场①。第二次世界大战后,为推动国家经济发展,法国传统的由政府主要承担大学经费的运行模式,逐步转向为鼓励大学与企业间的合作拓展经费渠道。发展至今,大学与企业间的合作突破了国家专项基金支持与技术转让的过渡切换,企业作为多元主体角色正式纳入大学治理实践中,逐步探索走向产学研一体化的实践路径。里昂高师的产品输出如人才培养、科研成果转化、社会服务等也离不开市场需求,市场机制中的绩效、竞争机制及契约治理等也逐步嵌入法国高师治理体系中。法国高师的治理模式由支持精英、自由和平等的共同政体支撑②,市场作为人才与技术需求一方,通过项目合作与技术转让,将企业需求纳入里昂高师治理体系中。在治理方式与实践路径上,高等师范学校探索以研究合同为桥梁的市场转向。

首先,以法律方式从结构上逐步深化保障企业。外部合作的权责明晰大学治理轴心点开始由国家转向市场,但仍为政府主导,同时保留学术自治传统。高师"以研究合同为桥梁进行市场转向",法律保障企业外部合作纳入里昂高师治理主体中。早在1984年1月颁布的《高等教育法》(《萨瓦里法》)首次提出大学经费来源可从企业等多渠道征集以来,法国大学治理轴心点开始由"国家"转向"市场",但仍由政府主导,同时保留学术自治传统。该法提出具有科学、文化和专业性质的公共机构拥有国家设备、人员和资金分配权,可从捐赠和基金会、服务报酬、竞争性基金、雇主参与资助第一批技术和职业培训课程及各项补贴中获得资源,收取学生和旁听生支付的注册费,并从地区、部门、市及其社会团体获得设备或

---

① 李立国. 现代大学治理形态及其变革趋势[J]. 高等教育研究. 2018. 39(7):9—16.

② Neave, G. The evaluative state, institutional autonomy and re-engineering higher education in Western Europe: The prince and his pleasure. Hampshire [M]. England: Palgrave Macmilan, 2012.

经营补助金①。1999 年《科研创新法》进一步加速了大学技术转让,但该法也引发了高师学术自治导向与企业市场取向间的发展张力与利益博弈,如专利申请需技术保密,由此带来了高校科研人员面临科研成果出版时间与专利转让时间差的问题,从而陷于发展冲突与两难境地②。

其次,企业逐步从外部需求导向与资金支持,过渡到深度实践合作,参与高等师范学校内部的人才培养,逐步实现产学研一体化。高师在与企业深度合作实践中,企业逐步参与里昂高师人才培养。法国高师与企业互利合作,促进公共研究与工业部门建立紧密联系,促进产学研一体化,试图弥合发展鸿沟,提升大学与社会经济环境间的关系发展,提升科研吸引力和辐射影响力,并改革高等教育评估标准与指标体系,在设立的高校行政管理委员会(Conseil d'administration)中纳入企业代表,以有效协调大学发展与社会接轨。企业代表介入高师治理体系,旨在提供市场需求,实时更新学校专业课程体系与人才培养路径,为社会、企业公司、咨询公司、医院、政府等提供适合的人才储备。

同时,里昂高师与企业在逐步从外部合作实现深度紧密的产学研一体化中,主要依托两种治理实践路径。一方面,企业提供实习机会,与学校签订合作合同,企业对高等师范学校的课程开发建设与学生的企业实习论文提供意见反馈。另一方面,企业与里昂高师签订研究合同,并内设技术转让办公室。里昂高师提供科学前沿的专业知识,科研人员及团队与企业签订研究计划与合同,为企业提供技术专利支持,将科研成果通过

① Loi n°84 – 52 du 26 janvier 1984 sur l'enseignement supérieur [EB/OL]. (2000 – 06 – 22)[2023 – 09 – 25]. https://www.legifrance.gouv.fr/loda/id/JORFTEXT000000692733/2000-06-21/?isSuggest=true.

② Julien Penin, On the Consequences of Patenting University Research: Lessons from a Survey of French Academic Inventors [J]. Industry and Innovation, 2010(17):5,445 – 468.

企业实现技术转换,投向市场,企业为高校提供薪资保障,实现双向互利合作。

(三) 地区介入的外部治理逻辑:以社会"服务"为纽带辐射所在地区发展

法国高等师范学校治理结构中的分权转型与制度演变促使高等师范学校自身发展逐步具有自身组织特性与动力机制,兼顾与所在地区发展的关系,地区通过经费资助引导大学服务地区的经济与文化发展,高等师范学校通过科研成果、校企合作、人文素养的地方辐射为城市提供社会服务。自《萨瓦里法》与《大学自由与责任法》颁布后,大学经费来源,尤其是财政拨款方式逐步多元化。政府按照与大学签订的四年合同一次性拨出经费,并鼓励大学谋求多方筹资渠道,高师也逐步引入地区经费拨款辅助大学发展。国家权力逐步下移到地方当局,以及一系列法律法典的出台,也保障并建构了新型国家、地方与大学校间的合作关系,改变了已有单一的权力主体,多元力量以协商的方式共同参与到大学治理体系中。作为里昂大都会顶尖精英学校的里昂高师,科研成果及校企合作乃至人文素养的地方辐射为城市提供了社会服务造血功能。

地区参与高师治理体系主要体现为两种实践路径,即以区域经费拨款与学生奖学金方式介入高师治理体系,经费多元化路径逐步建构多元利益共同体治理模式。2017 年里昂高师的财政收入来源中,来自地区经费约103 万欧元,约占 0.8%,地区虽有经费支持,但国家公共经费投入约占80%,仍占主导。大学经费拨款比重体现法国大学虽逐步拓展经费投入渠道,多元利益主体参与到大学治理体系中,但仍受限于法国中央集权制的政府主导。高师在发展中逐步强化辐射地区经济与文化建设,发挥社会服务功能。其所在阿尔卑斯大区(AuvergneRhône-Alpes)为已获得学士学位的大学生每年提供优秀奖学金(Bourse au mérite)。另有学生国际流动专设奖学金(Bourse Région Mobilité Internationale Etudiants),为学生出国实习或跨国交流提供国际化资助①等。与此同时,地方即区域代表自丰特奈高等师范学校建立之初便有成为高师治理体系中的重要代表的传统。里昂大都会与所在大区代表成为高师行政委员会中的重要成员,共同参与高师的发展战略规划。地方需求深入到高师治理体系内部,里昂高师自 2002 年起作为里昂汇流博物馆(Musée des Confluences)的创始成员,持续进行馆校科研合作,同时作为博物馆科学和文化政策发展中的特别合作伙伴,实施研究项目及知识传播和交流、学校学习、教师培训、公共调解、数字技术和出版领域的合作②。地区发展引导大学科研合作与发展兼顾地方社会需求,并鼓励科研国际化创新合作与学术流动,通过科研成果服务当地公共基础设施建设,如里昂高师的东亚研究所长期与汇流博物馆合作展出史料及科研成果。地方也为里昂高师的发展吸纳多方资源,以专业化路径打造新科层治理模式。

高校共同体的里昂大学,在战略发展委员会结构上,吸纳来自地区、企业代表共同参与审议决策。里昂大学涵盖十二所成员学校,庞大的组织系统内分权结构保障了专业化决策权的分配及决策过程的有效性,促进了地方性专业知识影响决策,有效链接了政府、地区、社会企业及研究机构间的发展需求与目标导向。而里昂高师作为牵头学校,依托学术委员会与行政委员会的治理路径,其发展本身同时也被共同体制度化的规则和高等教育组织场域的普遍规范所形塑。这些准则和规范经由社会环境而实现其合法化,建立起以信任为基础的多元利益主体协商的新机制,促进高等师范学校治理模式的演化与革新。

---

① Les bourses de la région AURA [EB/OL]. [2023 - 09 - 25]. https://www.lyoncampus.com/etudier/bourses-aides-et-prets-etudiants.
② Muséedes Confluences|ENS de Lyon [EB/OL]. [2023 - 09 - 25]. http://www.ens-lyon.fr/savoirs/musee-des-confluences.

四、法国高等师范学校的内部治理结构逻辑:松散耦合式治理模式与专业化科层治理模式并存路径

从中央集权走向逐步地方分权以增强高校的自主性。在去中心化过程中,除财政去中心化及契约制改革外,法国高等教育仍受到政府调控的影响,同时也有大学自治与学科松散耦合的共享治理互动,呈现出松散耦合式治理模式与专业科层治理并存的局面。大学的治理环境既有外部结构要素,也有内部结构要素。国际学者马金森和康斯丁认为治理关乎大学作为学术组织与政府、市场和社区的组织间的关系,更关乎大学内部的价值决定、大学的决策和资源分配系统、大学的使命和目标、大学的权威和科层模式[①]。卡普兰将内部学术治理描述为内部等级安排和协作实践的联合体[②]。高等教育内部治理结构常围绕中央集权、权力下放、权威、等级制、组织规模及董事会构成、效率和有效性等展开[③]。制度是治理的根本和依据,治理是制度的实施和展开。制度逻辑包含强调学术自由的价值观,以及在治理过程中共同参与决策的重要性等。而大学与个体间的治理逻辑主要是大学内部利益相关者,如校长、教授、学生等如何参与大学治理。大学治理的制度逻辑在于在实践中建设和完善处理各类治理主体间责权关系的制度安排,建立行之有效的制度体系[④]。

---

① Marginson, S, Considine, M. The Enterprise University: Power, Governance and Reinvention in Australia [M]. Australia: Cambridge University Press, 2000:7.

② Kaplan, G. Institutions of academic governance and institutional theory: A framework for further research [M]. //J C Smart(Ed.). Higher education: Handbook of theory and research (XXI).Dordrecht. The Netherlands: Springer, 2006:213 - 281.

③ [加]伊安·奥斯丁,格伦·琼斯.高等教育治理——全球视野、理论与实践[M].孟彦,刘益东译.北京:北京学苑出版社,2020:35.

④ 李立国.大学治理变迁的理论框架:从学术—政府—市场到大学—国家—社会[J].清华大学教育研究,2020(04):1—9.

法国的高等教育体系虽以政府主导,但与典型的官僚机构不同,仍兼顾学术自治,在内部学院式治理传统上强调学者共同体与学术自治。尤其在《大学自由与责任法》颁布后,决策高度分散,大学拥有更多自主权,各学科教师及研究者因所在学科领域专业知识不同而对各自领域有较大的自主掌控,专业权威成为学术指导的治理原则。格拉斯曼提出松散耦合的治理模式,认为在没有规定的协调机制的情况下,松散耦合的单元彼此间相对独立,但又并非完全分离,系统内各单元作为整体要素的一部分仍结合在一起。韦克也视教育组织为一种松散耦合的系统,并认为教育组织系统中的要素是相互响应的,但又保持了其自身的分离①,这一模式有力回应了法国时下的治理模式改革特征,成为实现既定目标而合理安排的工具。各学科在发展中的利益表达与协调被视为固定问题,各子单位不依赖于正式权威或规定角色行为,同时对彼此负责,这种松散耦合的治理模式成为典型的高师内部治理模式路径之一,也孕育了高师多学科交叉研究的合作与生成。在新的大学发展环境中,高师管理者在兼顾绩效的同时也相应优化了内部决策结构②。

(一) 高校共同体治理路径与组织结构:"去中心化"的权力下放与"三院制"治理路径

法国高等教育拥有独特的政府调控、大学自治与学科松散耦合的共享治理互动。里昂高师在治理结构与去中心化过程中,原有的中世纪教授治校传统与传统科层制间的抗衡,高师内系所与实验室交叉并行,逐步形成以"问题逻辑"与项目导向驱动的结构较松散的新型组织架构,且日趋专业化。

---

① Orton, J D, Weick, K. Loosely coupled systems: A reconceptualization [J]. Academy of Management Review, 1990(15):203 - 233.

② Kwiek, M. Academic entrepreneurialism and changing governance in universities: Evidence form empirical studies [M]. //J, Frost F, Hattke F, Reihlen, M. Multi-Level Governance in Universities: Strategy, Structure, Control. Switzerland: Springer, 2016: 49 - 74.

基于学科与学术为基础的大学校治理情境,高师内教师及讲席教授拥有权威话语权,在学术权威体系为主的大学文化中作为独立行动者,游走于大学校发展与国家战略导向中。高校共同体改革后仍以课题方向与专业项目团队为载体,自由组合结成联盟实验室,扩展至联盟学校。以学术为导向的松散耦合的组织作为一种结构配置,为里昂高师的学术专业化提供了制度空间与学术空间,系所和学院以松散的联合方式进行协调监管,与传统的官僚制不同,而与专业化官僚结构更趋于一致,且更符合教师的专业化知识和地位,也更适合于学术院系的专业工作。里昂高师在合并后,探索出学术工作领域的松散耦合治理模式,而在财务、行政制度层面倾向专业化官僚结构的紧密治理模式,两种治理模式同时并存。那么,如何寻求学术结构与行政结构之间的协调与平衡?

在去中心化的权力下放中,内部治理结构的转变一方面表现在学校层面依照自主自愿合作模式选择组织结构重组。尽管高校共同体治理面临重重困境,但法国高等教育研究与创新部极力推崇精英大学与公立大学合并重组,进行高等教育组织结构变革。《高等教育与研究法》中提出三种重组模式,各机构可自选倾向的合并模式。第一种模式为协会(l'Association),规定一个组织机构负责牵头重组,其他机构附属该机构,但在重组组织治理中无同等话语权。第二种模式为大学共同体(la Communauté d'universités),成员学校及科研机构相对保持独立,但高校共同体设立公共理事会,负责管理高校共同体内的公共事务。第三种模式是合并、解散高校各成员机构,最终整合为一家组织机构。法国在卓越大学(IDEX)项目遴选中,虽各大学有选择自由,但项目遴选设定标准要求已合并或正在合并的高校共同体内部成员学校合作顺畅、无利益冲突解体的前提下方可满足条件,续签卓越大学项目的基金支持,以此通过项目经费方式保障高校共同体的持续凝聚。

大学规模扩张与功能扩展导致"原有学部已成为组织范畴而非学术范畴,系所也被视为行政单位而非知识中心"①。高校共同体改革后的学术组织转型为课程或研究团队。改革后,校长在决策与战略方向上的权力进一步增强,2015 年 2 月 5 日,法国政府发布了第 2015 - 127 号法令,宣布建立里昂大学共同体②,相应的治理结构产生改变。通过国家政府机关、地方当局、高校联盟成员学校、基金会、企业及技术研究所等对共同体成员产生影响,这种影响塑造了场域成员的结构和行为,并将场域文化与期望制度化。合并重组后的里昂大学共同体,利益相关者更加多元,共同参与到里昂高师与里昂大学的治理结构中,接受制度规则约束,"参与成员如牵头学校拥有共同意义系统结成组织共同体",相较于场域外的参与学校的互动,其牵头学校彼此间的互动频率更为频繁,且具重要决定性意义③。自 1968 年的《富尔法》颁布,法国大学校长行政权不断加强,大学设立行政管理委员会(conseil d'administration)、科学委员会(conseil scientifique)和大学生活与学习委员会(conseil des études et de la vie universitaire),基本形成"三院制"治理模式雏形。2007 年 8 月的《大学自由与责任法》则进一步规定"学术委员会"(Conseil Académique)成为大学负责教学与研究的实际决策与咨询机构,由选举产生的"大学生活与培训委员会"(Commission de la Formation et de la vie Universitaire)与"学术研究委员会"(Commission de la Recherche)构成,并由学术研究委员会中教师与研究员身份的成员负责

---

① 李立国. 为"科层制"正名:如何看待科层制在高等教育管理中的作用[J]. 探索与争鸣,2018(07):87—93.

② Décret n° 2015 - 127 du 5 février 2015 portant approbation des statuts de la communauté d'universités et établissements «Université de Lyon»[EB/OL].[2023 - 09 - 25]. https://www.legifrance.gouv.fr/loda/id/JORFTEXT000030199354? init = true&page = 1&query = STATUTS＋DE＋L％C3％89TABLISSEMENT＋PUBLIC＋%C3％80＋CARACT％C3％88RE＋SCIENTIFIQUE％2C＋CULTUREL＋ET＋PROFESSIONNEL＋％22＋UNIVERSIT%C3％89＋DE＋LYON＋%22&searchField＝ALL&tab_selection＝all.

③ Scott W R. Institutions and organizations[M]. Thousand Oaks, CA: Sage,1995:56.

审议教师职称晋级。学术委员会还可根据需要创建其他委员会，如校园生活委员会。学术研究委员会的建立将有利于大学行政委员会专注于指导学校发展战略。里昂高师的治理路径也被制度化的规则和高等教育组织场域的普遍规范所形塑，这些准则和规范经由社会环境而实现其合法化[①]，建立起以信任为基础的多元利益主体协商的新机制。在新的内部治理结构中，围绕行政管理委员会与战略发展委员会展开决策。

在以里昂高师为主体创始成员的里昂大学共同体治理结构中，董事会或行政管理委员会起决定性作用，通过评议对大学发展进行决策。其中联盟成员委员会(Conseil des membres)有 12 个成员机构代表参与行政管理委员会筹备与决策执行等工作。学术委员会由 99 名成员代表构成，对日常教学、研究及科学文化传播以及文献等政策发展方向提出专业建议，并共享项目成果。其中，里昂大学战略发展委员会成员代表涵盖领域广泛，有效链接了政府、地区、社会、企业及研究机构间的发展需求与目标指向。战略发展委员会成员具体情况如图 5-6 所示。

高校共同体的里昂大学在战略发展委员会结构上吸纳来自地区、企业、科研院所、不同部门、学院的教授以及学生等代表共同参与决策审议。主要中枢核心治理机制是行政管理委员会或董事会，大学越大越复杂，往往越趋向于分权，分权结构可保障促进专业化决策权的分配以及决策过程的有效性，便于"地方性"专业知识影响决策[②]，具体如图 5-6 所示[③]。为缓解组织

① Lynall, M D, Golden, B R, Hilman, A J. Board composition from adolescence to maturity: A multitheoretic view [J]. Academy of Management Review, 2003,28(3):416-431.

② ［加］伊安·奥斯丁，格伦·琼斯. 高等教育治理——全球视野、理论与实践[M]. 孟彦，刘益东译. 北京:北京学苑出版社,2020:35.

③ Décision n°2021-025 relative à la composition du conseil d'administration de l'Ecole normale supérieure de Lyon [EB/OL]. (2021-03-11)[2023-09-25]. http://www.ens-lyon.fr/sites/default/files/2021-03/D%C3%A9cision%20n%C2%B02021-025%20relative%20%C3%A0%20la%20composition%20du%20CA_0.pdf.

结构中职位权威与专业权威间的潜在冲突,专业化科层治理模式发挥了重要影响作用。共同体行政管理委员会保障了与教授、行政及学生的直接对话,解决了管理型治理模式带来的高层执行权力与基层学术权力脱离的问题,作为学术人员的教师,甚至是学生代表有充分的话语权和决策权。在高师的治理架构中,最为突出的转变是关注治理的性别平等和社会参与度,尤其是行政管理委员会或董事会新增代表须兼顾平衡男女比例且涵盖社会各界(包含企业代表),规定社会人士有权参与大学重大决策,包括校长选举。从中央集权走向逐步地方分权以增强高校的自主性。

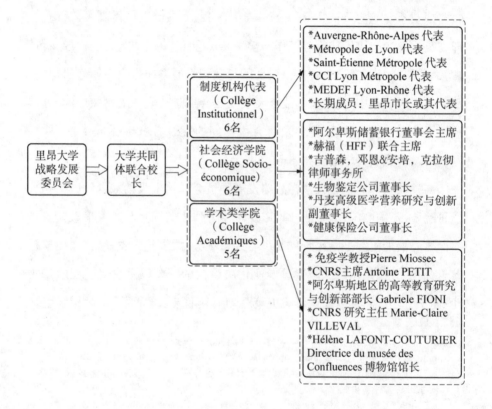

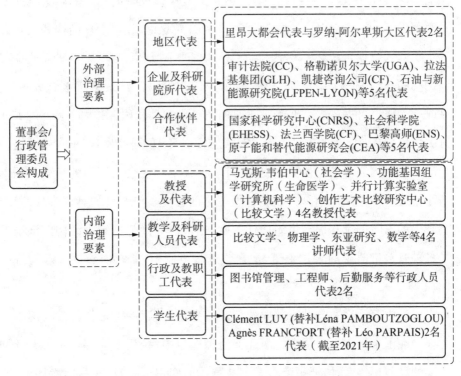

图 5-6 里昂大学(共同体)战略发展委员会结构及董事会构成

(二)政府主导与学术自治双重角色博弈:校长个体行政权加强的专业化科层治理路径

  法国在延续韦伯提出的科层制模式以维持日常固定管理生活的同时,通过逐步改进专业化的规章制度对行为进行约束和规范,指导组织日常设计,权责明晰,建立标准化的专业操作流程,以目标为驱动,使组织结构更加明晰,从而产生专业化科层治理。明茨伯格早在1979年就提出专业官僚制的概念,用以描述学者间的结构关系,或可认为是专业化科层治理。而松散耦合则保障大学系统中整体要素和内部要素同时存在,系统不因其功能分散于各个要素而失去核心,要素也不因融于系统而失去特征的情境。而法国高等教育是由支持精英、自由和平等的共同政体支撑的①。由此,大学通过对部门、行业、社会及国家的制度逻辑做出专业化回应,治理结构和实践等组织形式取得合法化②,但各组织部门相对独立且相互合作。这种模式在法国高师的治理改革中发挥了重要作用。以伯恩鲍姆为代表的学者认为,单纯改革治理结构并不能带来治理效率的提升,组织信任程度和大学良好的人际关系才是有效治理的关键。李·布莱恩(Lee B.)的研究发现,正式结构之外的非正式沟通对于有效治理更为关键,校长与评议会主席间的私人关系对于治理起着重要作用。在治理过程中应创造更多更合理的制度,以改善治理中的人际关系和提高组织信任程度,一个包容性强的治理结构应该增加各种有益价值观的表达渠道,从而改进政策制定的效能,进而实现有效治理③。

大学内部治理在与政府主导的行政博弈中寻求平衡,校长行政权逐步加强。在国家—市场—学术的内外部治理框架中,校长作为决策者与大学内部的利益相关者,协调平衡多方利益群体博弈,是连接国家战略发展、市场需求与学术发展的重要核心角色。在高校自治权加大的影响下,校长权力随之增强,如图5-7所示。

首先,校长由行政管理委员会直接选举产生,并对委员会负责,委员会中虽囊括了企业及地方等代表,但教授权重最大,保障了高校的学术自治权。进而,校长在兼具行政决策权的同时,仍为教授身份,且高师作为精英大学校,校长直接由法国政府任命并执行国家意志,在保障专业化科层制治

① Neave, G. The evaluative state, institutional autonomy and re-engineering higher education in Western Europe: The prince and his pleasure [M]. Hampshire, England: Palgrave Macmilan, 2012.

② [加]伊安·奥斯丁,格伦·琼斯.高等教育治理——全球视野、理论与实践[M].孟彦,刘益东译.北京:北京学苑出版社,2020:35.

③ 王占军.大学有效治理的路径:知识论基础与实践准则[J].中国高教研究,2018(09):37—40.

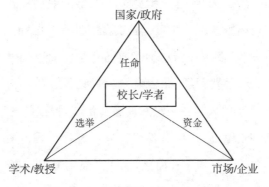

图5-7 校长管理角色三脚架

理效率的同时,以国家意志为主导,并以学术导向促进高校发展。行政管理委员会成员有地区与企业行会代表,行政管理委员会企业代表由校长任命,校长同时需对大学与市场间的合作负责。多种利益相关者角色同时集于高师校长一身,兼顾平衡国家、市场与大学学术自身逻辑三方利益,在利益博弈的张力拉扯中,高师日益希冀拓展自治权。当高师内部治理系统产生国家战略导向的政策与学科自身发展及研究创新的冲突时,校长及时调和内部利益,并作为代表向法国高等教育与创新部提出意见。由此,校长随着行政权的扩大,也相应肩负平衡多方利益相关者博弈的职责。

大学自治权力不断扩大。自1968年大学获得了独立法人地位后,大学可以"公共合同"的名义聘任教师,但这部分教师聘任不享有高等教育研究与创新部直属任命教师的公务员身份[①]。以此保障《萨瓦里法》对高等教育转型中所界定的学者作为公职人员的角色与义务,并强调大学的公共服务职能。这一法案也拓展了教学、科研、行政及财务方面的自主权,通过选举产生校长、校务委员会、科学委员会和大学生活与学习委员会,实行民主管

---

① Musselin, C. Redefinition of the relationships between academics and their university [J]. Higher Education, 2013(65): 25-37.

理。《大学自由与责任法》则进一步反思了大学的治理模式、自治区域等改革方式问题，推进高等教育改革，提高教育质量，提升国际地位，改变治理困境，加强校长权力[①]，"要求在新建学校或已有学校中进行重组"[②]，同时进一步加强大学在人事、经费管理、课程设置、科研活动、教师待遇、国际合作等方面的自治权。[③] 至此大学各实验室拥有自治权，根据各自学科特色自主选择合作伙伴，结构重组，进一步沿袭并扩大了教授治理范畴。《大学自由与责任法》对大学校长选举程序的简化，也同时强化了校长和行政委员会的权力，权力的集中化逐步削减了传统的学院式治理。该法颁布后争议与反对声音不断，最典型的是 2012 年 5 月巴黎第八大学（Université de Paris Ⅷ）教授联名抗议大学校长"权力滥用"，呼吁削减校长实权，且高等教育与研究部部长菲奥拉佐（Geneviève Fioraso）表示，"校长作为大学的经营者不可取，应重回学院式治理，这才是大学的精神内核"。大学在教师任用、日常管理等方面的自治权力仍较有限，其中学术权力的赋予依然遵从国家权威赋予的"公务员身份"，确保国家意志在大学校内得以体现，这限制了教授参与学校治理的话语合法性与权力范围，强化了大学教授及科研人员的治理地位局限。但学术权力还是与校长的行政权形成抗衡，教授在院系或实验室一级的话语权在某种程度上超越校长。

（三）学术自由传承的教授治校与学生治校传统沿袭的"混合评议会"：个体民主参与治理路径

法国大学沿袭了博洛尼亚大学时期学生治校文化传统，学生行会权

---

① 张丹. 双一流建设机制研究——以法国高师集团高校共同体改革为例[J]. 教育发展研究,2016 (17):65—73.

② Chapitre Ier: Principes relatifs à la création et à l'autonomie des établissements publics à caractère scientifique, culturel et professionnel. （Articles L711 - 1 à L711 - 9）[EB/OL]. [2023 - 09 - 25]. https://www.legifrance.gouv.fr/codes/id/LEGIARTI000006525322/2007-08-11/.

③ 张丹. 双一流建设机制研究——以法国高师集团高校共同体改革为例[J]. 教育发展研究,2016 (17):65—73.

力较大,除学位外,在其他学校事务中都占据主导地位。11 世纪末博洛尼亚大学时期,大学主要由学生管理,教授服从学生的权威,校长受制于学生行会的权威[①],法国高师也不例外。到 14 世纪,博洛尼亚大学学生治校问题逐步突显,大学事务部分权力逐步移交给教授以深入参与高等教育治理。1968 年前法国大学"学部或学院(faculty)"各为独立个体,学院院长作为教授团体的代表掌握实权[②]。随后,教授权力位移到校级层面。内部学院式治理在传统上强调学者共同体与学术自治。法国高师的治理模式也部分沿袭了英国牛津和剑桥精英教育的学院制,即内部成员共同协商、集体决策大学管理中问题的方式与制度,委员会成员同时包含代表学术自治的教授与个体民主参与的学生代表,共同协商里昂高师重要战略决策与未来发展,学生高度自治影响学院发展的相关决策,兼顾凸显人才培养和发展学科等目标的内部治理模式、政府主导融合学者自治型治理模式、社会广泛参与的多元治理路径。

首先,教授治校传统的关键在于对学术自由与自治的传承,高师治理的制度逻辑同时包含了学术自由的价值观。里昂高师建校之初,虽在学校管理结构上受中央集权式管理,但延续了学术自由的传统。在治理路径上,这种学术自治与自由包含凡·亚斯提尼对学术自由的定义,也就是职业自由的集合,高师内学科教学、调查研究和成果发表作为专业旨趣,无职业风险与外在因素制约与威胁,享有学术自治及自由,只在学术工作范围内有充分理由违反职业道德,且其行为不可原谅时除外[③]。里昂高师

---

① Scholz, B. Forward: The evolution of university governance [M].//E Rausch (Ed.). Management in institutions of higher learning. Lexington, KY: Lexington Books, 1980:141 – 161.

② 王晓辉. 法国大学自治:现状与前景[J]. 现代大学教育,2017(04):48—53+112.

③ Van Alstyne, W W. The specific theory of academic freedom and the general issue of civil liberties [J]. The Annals of the American Academy of Political and Social Science, 1972:404, 140 – 155.

在学校治理二级框架下的系所与中心范畴，教授治理逐步由个体学术自由行为走向学校行政管理委员会行使公共决策权，教授治理逐步成为专业化科层治理路径。这种治理路径并非基于管理意义上的严格科层制，而是以专业权威影响力为基础。针对这种专业权威，凡·亚斯提尼进一步补充提出在学术机构追求个人职业自由是个人行为，但它不是绝对的自由，而是被专业诚信标准所限制并遵守学术探究协议的行为，对教授治校有权威约束力。亨克尔（Henkel）拓展了学术自治的概念范围，意指知识的定义、信念是如何产生的及相关的治理模式。因而，学术自由不仅有免于国家干预的自由，也有个人参与学术研究和知识创造的自由①。这也产生了政府主导与教授治校间的治理张力，需要制度上的政策或法律及宪法框架来保障治理结构中的学术个体自由。而大学校应作为"区分于社会其他部门的享有独立主权而自治的，且有边界的一块自由领地"来发挥作用，以确保学术自由得到保护②。里昂高师在松散耦合的学校治理结构中，同时尊重教授治校的教学科研自由，以学术为旨趣发展专业科层治理路径，两种治理模式在互动博弈中推动高师发展。高师内部治理中选择灵活的"协作共商"模式，权责与路径模糊，但有核心决策者与团队与其保持高度一致，以松散的治理结构保障学者自治与和谐自由文化氛围的学术研究与知识创造。

其次，契约管理模式的引入成为高师系统的特色治理方式，不仅包含项目管理，同时涵盖博士生培养等方面工作。1988 年大学的科研经费与预算政策从定期标准转变为各大学与高等教育部订立四年合同进行契约式管理。通过此种改革，改变了以往国家对大学进行具体规则式的管理方式，转

---

① Henkel, M. Can academic autonomy survive in the knowledge society? A perspective from Britain [J]. Higher Education Research & Development, 2007,26(1):87 - 99.

② 同上。

为通过契约为大学制定指南的宽泛原则间接引导大学发展走向①。这一契约管理模式的转变，将教授及教职工有效集合，并选取代表共同协商与决策高师未来战略发展方向。里昂高师治理结构中具有最高决策权力的行政管理委员会中权重最大的是学术人员，其中教授及其他科研人员共8人，占比34%，改革中，高师逐步转变为去中心化的松散耦合治理模式，保障了教授治理的专业化科层治理结构。教授及科研人员的治理理念与意愿在学校治理程序中得到充分体现，并在院系与研究中心或实验室一级治理实践中得到体现②。在治理结构设置中，系所与实验室前沿研究紧密沟通合作，以卓越为目标指向，为未来前瞻性科研教学工作奠定扎实的理论基础与方法工具，提供文科与社会科学、科学与实验等大单元项目教学。如计算机科学系下设的罗纳尔平复杂系统研究所③（Institut Rhônalpin des Systèmes Complexes-IXXI）在具体实验室事务管理中，设立由各成员机构代表（教授）组成的管理委员会（COMITE de direction）和由各学科成员代表（教授）组成的指导委员会（COMITE de pilotage），两个委员会共同治理，并无行政差异。

最后，高师沿袭学生治校传统，个体民主参与学校内部治理，学生在高师及共同体治理改革中发挥了重要影响力。1968年"五月风暴"后，法国学生参与治理再次掀起热潮，行政管理委员会、科学委员会及大学生活

---

① Musselin, C. France: From an incremental transitions to institutional change [M].//C. Paradeise et al(Eds.). University governance: Western European Comparative perspectives. Dordrecht, The Nertherland: Springer, 2009:21 - 49.

② Décret n° 2012 - 715 du 7 mai 2012 fixant les règles d'organisation et de fonctionnement de l'Ecole normale supérieure de Lyon [EB/OL]. [2023 - 09 - 25]. https://www. legifrance. gouv. fr/loda/id/JORFTEXT000025825344? isAdvancedResult = &page = 7&pageSize = 10&query = 1% 27Ecole + normale + sup% C3% A9rieure + de + Lyon&searchField = ALL&searchProximity=&searchType=ALL&tab_selection=all&typePagination=DEFAULT.

③ 一个由里昂高师、里昂二大以及CNRS组成的多学科实验室，涉及计算机科学、语言学、认知科学等学科。

与学习委员会均有学生代表。在高师的发展过程中,将学生纳入高师共同治理的传统沿袭至今,学生通过所代表的主体参与大学校治理与决策,有时也独立于学生组织,作为实验室或研究中心的课程及项目代表参与大学校治理。伯恩鲍勃将这种模式进一步界定为由教师构成的"纯粹的评议会"和由教师(占大比例席位)和其他行政与学生等构成的"混合评议会"两种[1]。学生参与里昂高师治理集中体现为在行政管理委员会中学生代表有表达与投票权。法国高师学生参与治理的目的是,让学生在机构治理中,对教学、科研及行政管理委员会决策赋予意见表达权,以切实影响高校共同体改革与质量的提升。如里昂高师的马克斯·韦伯中心,在日常教学及科研实验室例会中,博士生等共同参与实验室日常事务与发展等决策商议。学生被视为实验室发展的共同生产者,治理模式更加注重合作和平等,并将学生作为具有强烈的机构所有权意识的利益相关者[2]。2015年里昂高师高校共同体改革后加大了学生代表的比例范围。随着欧洲高等教育区计划,以及知识经济时代国际化浪潮席卷,学生参与治理趋势不断深化,多元主体参与学校治理。

表5-1　学生参与学校治理的代表构成与分布情况[3]

	行政管理委员会	财务委员会	科学委员会
学生代表	克莱门特·鲁伊(Clément LUY)、艾格尼丝·法兰克福(Agnès FRANCFORT)	里奥·帕帕斯(Léo PARPAIS)	奥罗尔·弗拉米翁(Aurore FLAMION)和埃米尔·哈扎德(Émile HAZARD)

---

① Birnbaum, R. The end of shared governance: looking ahead or looking back [J]. New Directions for Higher Education, 2004(08):5-22.

② Carey, P. Student engagent: Stakeholder perspectives on course representation in university governance [J]. Studies in Higher Education, 2013,38(9):1290-1304.

③ Élections et instances [EB/OL]. [2023-09-25]. https://www.elus-etudiants-ensl.fr/elections-et-instances/.

	行政管理委员会	财务委员会	科学委员会
后补代表	里奥·帕帕斯(*Léo* PARPAIS)、莉娜(*Léna* PAMBOUTZOGLOU)		米里亚姆·乌尔德·阿鲁西(*Miriam* OULD AROUSSI)、皮埃尔·内维詹斯(*Pierre* NEVEJANS)

为鼓励学生参与高师治理实践,法国进一步创设了开放与积极回应学生需求的学术氛围与包容信任的学校文化,再现了大学人文主义关怀与自由精神。在法国权威的高等教育评估机构——高等教育与研究评估高级委员会(HCERES)的高等教育机构外部评估标准中,高度重视学生参与治理。在其指定的学科发展评估指标中,专设"学生参与治理"(La participation des étudiants à la gouvernance)一栏作为子级评估指标[①]——学生参与学校民主生活与投入学校治理,尤其是不同能力情境设定与相关主管部门的意见采纳。学生参与学校教学决策是总体评价教学质量方式的一部分。国家从评估体系中进一步强化了学生参与治理的重要意义。

五、内外部驱动下多元利益主体主导的共同治理格局

法国精英高师在中央集权式的直线管理向多线性治理体系演化中,逐步形成了政府主导,兼顾市场需求嵌入的日常治理结构,实现了产学研一体化,以及建构了"国际—国家—市场—社会—管理委员会"共同治理的系统

---

① RÉFÉRENTIEL DE L'ÉVALUATION EXTERNE D'ÉTABLISSEMENTS D'ENSEIGNEMENT SUPERIEUR ET DE RECHERCHE CAMPAGNE D'ÉVALUATION 2020 - 2021 VAGUE B [EB/OL]. [2023 - 09 - 25]. https://www.hceres.fr/sites/default/files/media/downloads/Re%CC%81fe%CC%81rentiel_DEE_Vague%20B.pdf.

格局。在内部治理结构中,以校长领导融合学术自治、专业化科层治理、个体民主参与治理,形成校长、核心管理团队、教授及学院共同治理的实践路径。

首先,法国精英高师的治理路径既渐进式革新了传统中央政府对大学的单向性管控,又避免了学术组织对行政级别的"依附式"关系,充分考量了院系一级甚至是学生个体的利益诉求。法国在重塑高等教育机构与政府关系,加强自治权,减少政府对学校干预,在去中心化过程中沿袭欧洲创业型大学的强有力高层管理核心和战略委员会的双元结构[1]的同时,有力促进了大学高层(代表国家、地区、市场的利益诉求)与基层(科研与行政人员以及学生)的直接对话,有效促进协调沟通,消除高层行政人员与学术人员间的沟通隔阂,兼顾了国家、市场、地方、学校自身等多元利益共同体发展诉求。尤其是法国精英高师治理从传统的单一决策主体的"硬治理"逐步转向重视多元利益主体与"人"的发展的"软治理",并逐步关注非结构化的互动、价值观的动态平衡。法国高师治理模式"软硬"兼施并行,既有权力主体——国家以拨款和问责制的方式从外部加强对学术机构的管理,又允许高师系统以自身规范和传统为基础的学术自治,目标更多元化。

其次,里昂高师在秉承学术自治传统的同时,传承欧洲传统企业家精神,逐步深化学术创业及与企业合作开展。而经济影响与大学创造知识和发展知识型经济和全球竞争力所需的人才技能的期望相关,也与期望开展与国民经济发展相关的研究有关[2]。企业作为职场需求的代表纳入高师行政管理委员会,在治理架构上占有一席之地,并影响战略决策,高师会回应

---

① Kwiek, M. Academic entrepreneurialism and changing governance in universities: Evidence form empirical studies [M].//J Frost, F Hattke, Reihlen, M. Multi-Level Governance in Universities: Strategy, Structure, Control. Switzerland: Springer, 2016:49-74.

② [加]伊安·奥斯丁,格伦·琼斯. 高等教育治理——全球视野、理论与实践[M]. 孟彦,刘益东译. 北京:北京学苑出版社,2020:35.

社会与企业的制度逻辑和期望需求。里昂高师通过行政委员会的争辩与论证合法化，扎根社会现实与市场期待，从而影响战略决策的社会力量，进一步影响了研究重点和新的学术项目发展。里昂高师的行政管理委员会在有效协调平衡法国国家意志、大学自治发展与企业需求间的利益博弈与协同发展中，既响应了外部需求，又保持了组织结构的独立性。

最后，里昂高师自合并成立之初的传统科层制结构与学术专业官僚双重治理模式并存，逐步发展为松散耦合与专业化官僚结构并存的治理实践路径。学术界在国家与大学校的关系中扮演重要角色。这也就决定了里昂高师与高校共同体的发展和决策以学科为导向，而弱化机构内的行政主体，形成了系统内各利益相关者共享权力的大学文化——组织内高度互动，高师决策通过协商来完成，兼顾正式规则与信念以平衡价值合理性的组织文化。在去中心化的治理模式改革中，里昂高师逐步探索，形成以"问题逻辑"与项目导向的结构比较松散的新型组织架构，高师内系所与实验室交叉并行，以研究问题与项目为导向组成松散耦合组织，且日趋学术专业化。通过专业化科层制治理，形成先行专业化的行政事务，法国高师有力地将这一模式嵌入到日常治理结构与模式中，融合了学术治理与专业化科层治理。政府主导的里昂高师治理模式仍以规则与程序为核心的制度设计延续科层制传统，保障了法国大学治理的基本公平与秩序。专业化科层制在高师系统内具有一定的包容性与弹性空间，允许非正式群体和非正式权力的存在，并让他们具有话语权与表达利益诉求，专业化科层制在迭代改进中，更有力地保障了法国高师的自治与治理秩序①。这种科层官僚权力与专业权威并存的双重权力架构，既保证了高等教育管理的规范化、制度化与标准化，以及决策的合法性与效率，又确保了教授及科研人员在学术决策与学科发展中

① 李立国. 什么是好的大学治理：治理的"实然"与"应然"分析[J]. 华东师范大学学报（教育科学版），2019,37(05)：1—16.

的自主决定性。在这种治理模式改革中,高师同时沿袭学院式治理,侧重在自我治理的环境中学者为共同利益而相互协作、基于一致意见的决策与学术自治、建立在大学共同遗产与理想以及有效高层权威与专长基础上的民主与凝聚力[1],表现在学者们以学科为基础,形成学术共同体;学术共同体自行负责其事务,内部自治、外部独立[2],学术治理与专业化科层治理共同发挥作用。

　　由此,在治理模式与路径选择中,法国高师集团的治理结构在延续韦伯提出的科层制模式以维持日常固定管理生活的同时,通过逐步改进专业化的规章制度如建立行政管理委员会制度等对高校共同体内日常行为进行约束和规范,指导组织日常设计,以目标驱动,使组织结构更加明晰,产生专业化科层治理。但同时,科层所带来的程序化,又会带来学术自治与行政官僚间的冲突张力。而松散耦合式的治理模式消除了僵化、固化的科层制带给学术创新的不利影响,保障了中央集权下的法国大学系统中整体要素和内部要素的并存,系统不因其功能分散于各要素而失去核心,要素也不因融于系统而失去各自情境性特征。因而,法国高等教育尤其是以里昂高师为代表的师范教育,是由支持精英、自由和平等的共同体支撑的。高校共同体的里昂大学,通过对区域部门、行业协会、社会及国家的制度逻辑做出专业化回应,以共同体内的行政委员会为代表的治理结构和治理实践等组织形式取得合法化。但同时,各组织部门相对独立且相互合作影响,形成松散耦合式的治理实践路径。这种治理模式在法国高等师范学校的治理改革中发挥了重要作用。而在以学术自治为导向兼顾国家、市场与地方多元需求导向的大学治理结构中,校长成为连接国家战略发展、市场需求与学术发展的重

---

① Middlehurst, R. Leading Academic [M]. Buckingham: the Society for Research into Higher Education. Berkshire: Open University Press, 1993.

② Salter, B, Tapper, T. The external pressures on the internal governance of universities [J]. Higher Education Quarterly, 2002,56(3):245－256.

要核心角色,在法国高等师范学校的高校共同体治理模式改革中发挥了重要作用。这一改革现象,也得到以伯恩鲍姆为代表的学者们的认同。其认为,单纯改革治理结构并不能带来治理效率的提升,组织信任程度和大学良好的人际关系才是有效治理的关键,校长、教授乃至学生作为重要的内部治理结构中的重要决策者与践行者,成为治理实践的关键。

第六章

法国交叉学科研究机构评估的制度变迁与评估指标体系研究^①

（分隔线）

① 本章的部分内容改编自笔者 2023 年发表在《上海交通大学学报（哲学社会科学版）》第 5 期的论文《法国交叉学科研究机构评估的制度变迁与指标体系》。

一、交叉学科发展与评估的背景

伴随大量交叉学科研究成果的发表,显然交叉学科已日益成为当前研究领域的热点话题,甚至成为学术界的"口头禅"。尽管大量研究跨越了传统的单一学科边界,但具体的研究实践通过多重视角尝试的问题解决与理论创新,多数仍停留在交叉学科层面的理论与方法探索。同时,交叉学科研究领域中如何评估以及有关交叉学科评估标准的研究经验则仍相对较少,且鲜有对国际交叉学科评估标准的经验借鉴。而法国高师集团在交叉学科与课程体系建设上有着丰富的改革经验,值得中国经验借鉴与实践反思。

中国语境下的交叉学科不再仅仅局限在教育语境,而是融合了教育语境、科技语境、社会语境、市场语境等综合性融合创新与应用导向的新高等教育制度的承载体。由于中国学科划分相对较细,交叉学科研究普遍存在,不考虑评价交叉学科成绩的评价体系与管理机制,会影响多学科交叉融合的深度合作与可持续发展。由此,在评估交叉学科发展体系中,相关部门面临着如何识别具有科学价值与交叉学科合作潜力的项目或团队,如何构建有效的交叉学科项目或科研团队成果评估体系与指标体系,如何破"五唯",如何健全综合评价、分类评价,突出评价成果质量与原创价值[①]等问题。对通过交叉融合产生的"交叉新学科",如何突破传统的学科评价框架也逐步成为时下的热点与难点问题,也是深入实施新时代人才强国战略,加快建设世界重要人才中心和创新高地,解决卡脖子问题的关键所在。

在"双一流"建设背景下,大学交叉学科学术组织成为学术组织创新的重要形式。学科之间不存在绝对的边界,如何科学地评价交叉学科跨学科成果和研究项目已成为教育评价领域的国际难题[②]。在具体实践中,由于交叉学科学术成果在学术单位归属性以及成果认定上存在学科差异,如文科学术成果多数高校只认定第一作者归属单位,而时下的学术锦标赛下,学术环境呈现明显的学术"GDP主义""绩效主义"和"量化学术"倾向。以学术产出为目标的价值取向,重数量轻质量的评估方式,某种程度阻碍了交叉学科深度合作与可持续性研究的发展。那么时下法国交叉学科研究机构评估改革中是否存在独立而系统的交叉学科评估标准?最新的评估指标体系有哪些?遵循哪些制度流程?对中国时下多学科交叉融合与交叉学科研究中心评估存在哪些经验借鉴?

二、交叉学科的概念厘清与学术边界探索

交叉学科研究与教育致力于推动复杂问题的解决,在研究者科学的好奇心驱动以及社会影响力的推动下,引领不同学科的研究者推动学科前沿与边界的拓展,甚至跨越学科边界,推动产生新的学科。在交叉学科发展的

---

① 徐飞. 新文科建设:"新"从何来,通往何方[EB/OL]. (2021 – 03 – 20)[2022 – 09 – 25]. http://www.nbd.com.cn/articles/2021-03-20/1663434.html.
② 黄宝印,等. 努力构建中国特色国际影响的学科评估体系[EB/OL]. (2018 – 01 – 18)[2022 – 09 – 25]. http://www.cdgdc.edu.cn/xwyyjsjyxx/xkpgjg/zjgd/283613.shtml.

同时,多学科(Pluridisciplinarité)、跨学科(Transdisciplinarité)是与其相似或互补的概念。尤其是关于交叉学科和跨学科的内涵,在学术界一直受到质疑与争议,但也涌现出学术界对于多学科、交叉学科、跨学科等概念认识的共性。国内许多学者提及"交叉学科研究"与"跨学科研究"时对应interdisciplinary一词,如交叉学科(interdisciplinarity)和"跨"学科研究(interdisciplinary studies),在中国学术界中,许多学者认为这两个概念的内涵等同,因此可以互换。有学者认为,交叉学科与跨学科同属interdisciplinary范畴,仅因应用的问题域对应的学术术语存在差异,但本质内涵相同。部分学者侧重强调我国学科交叉研究兴起于20世纪80年代,部分学者沿袭从国外翻译过来的"跨学科"术语,另一部分学者则将其译为"交叉学科",代表事件为钱学森、钱三强、钱伟长在1985年首届交叉科学学术研讨会上做了题为"交叉科学:理论和研究的展望""迎接交叉科学的新时代""交叉科学与科学家的社会责任"的主题报告,但并未明显论述其中的细微差别。与此同时,国内学术界针对交叉学科的研究并未形成系统化研究结论,存在诸多争议,其中的争议点在于跨学科是一级学科还是二级学科内的跨越。部分学者认为学科不仅仅是一个知识的门类,还包含着一套关于这门知识的规范与价值信念,每个学科通常都有其基本的问题、研究方法和分析路径以及知识评价标准,乃至特定的思维方式。每个学科都有其特定的学科范式,其中还包含属于本学科的学科认同和价值取向。部分学者认为单学科是中国古代"六艺"中的"艺"以及一百多年后西方产生的逻辑学、修辞学等都可作为单学科的概念理解。现代单学科(single discipline)指政策体系中的二级学科或专门的学科领域,学科边界清晰。多学科(multidisciplinary)指多种不同学科知识汇集在一起,学科边界较清晰。"跨"学科(interdisciplinary)指交叉学科,不同学科知识交叉在一起,学科边界较模糊。"超"学科(transdisciplinary)在不同学科之间,横跨或超越不同的学科,取代并超越它们,是一种混合式的学科概念,你中有我,我中有你,学科边界模糊。但此类学者研究,仍无法有效厘清中国语境与现状下的概念范畴与界定,较难概括具有可操作性的边界辨识。国际学者从探究学科转化角度聚焦多学科、交叉学科与跨学科的转化模式来理解交叉学科的发展过程,虽然管理角度、研究文化以及问题聚焦与方法等侧重各有不同,但共性发现是交叉学科的产生并非一蹴而就,而是历经多个单一学科简单并置,多学科交叉互动,直至跨学科产生,有一个产生与发展的过程。如马隆(Malone)和克劳斯顿(Crowston)强调协调视角对交叉学科研究的重要性,其中协调可以看作管理活动间依赖关系的过程,具体包括管理共享资源、生产者/消费者关系、同时性约束和任务/子任务依赖关系的过程[①]。布鲁恩(Bruhn)提出超越学科边界,创设交叉学科研究文化[②],他对比分析了传统研究、交叉学科研究以及多学科研究方法的差异,如图6-1所示。

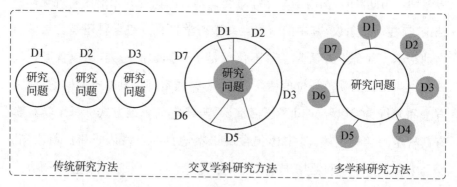

图6-1 传统研究、交叉研究以及多学科研究方法的差异

① Malone T W, Crowston K. The interdisciplinary study of coordination [J]. ACM Computing Surveys (CSUR), 1994,26(1):87-119.
② Bruhn J G. Beyond discipline: Creating a culture for interdisciplinary research [J]. Integrative Physiological and Behavioral Science, 1995,30(4):331-341.

加拿大学者克里斯(Chris)则与布鲁恩的方法转换模式有一定的相似，进一步认为交叉学科发展的目标指向与法国探讨的多学科、交叉学科、跨学科三步转化相一致[①]，应为三个阶段，如图 6-2 所示。

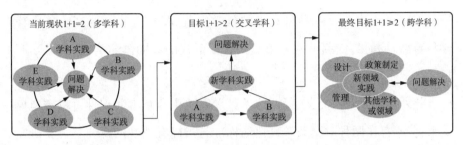

图 6-2　多学科、交叉学科以及跨学科的三个阶段

　　与加拿大学者观点类似，法国高等教育与研究评估高级委员会(Haut Conseil de l'évaluation de la recherche et de l'enseignement supérieur，简称 HCERES)同样认为跨学科是一种科学实践，它超越了学科的观点，对问题采取整体的方法。法国高等教育领域将多学科、交叉学科与跨学科一起讨论研究，也认为是一种学科过渡转化的过程探索。多学科交叉融合首先需基于单学科，无法直接跳跃单学科基础而直接跨学科或简单拼盘并置学科便认为是交叉学科。法国高等教育与研究评估高级委员会对多学科(pluridisciplinarité)和交叉学科(interdisciplinarité)进行了概念区分，前者指通过增加现有数据、工具和方法的数量来扩大学科知识范围，实现学科观点并置(juxtaposition)，学科范围仍保持其边界和特性，如图 6-2 中加拿大学者所探寻的"1+1=2"模式；后者主要旨在确定不同领域的几个学科围绕共同的目标或项目开展互动与合作，跨学科框架内的科学研究为所涉及

① Chris M. Transdisciplinary Innovation [J]. Technology Innovation Management Review, 2018, 8(03):3-5.

的每一个学科开辟了研究视角,而这些视角并不局限于其各自学科范围,即在研究过程中将来自不同学科的数据、方法、工具、理论和概念综合整合(synthesis),超越多学科简单并置,致力于知识创新①,实现"1+1>2"模式。而跨学科性(transdisciplinarité)则是一种更高程度的跨学科体现,是对问题采取整体方法并超越学科观点的科学实践,其整合程度要高于普通跨学科整合,同时界定新范式并形成共享新范式的共同体②,实现"1+1≥2"模式。

此外,在多学科、交叉学科、跨学科发展演化的基本共识性过程转换模式下,普遍存在两种对交叉学科评估标准与指标有效性的探究。一类研究以哈佛教育团队为代表③,基于访谈探究交叉学科研究的质量评估,即常规指标(conventional metrics),包含专利数量、著作出版、引用、声望排名、同行认可度以及广泛的社会影响力等评估指标。这一标准与传统学科知识的多重视角并置相关。另一种是与学科前身的有效契合提升了评估中的可信度。而这一评估方式也存在一定的争议,利益相关者认为这种评估方式通过依赖同行评议的社会程序完成,并依赖主体间协议认同、对机构的可接受度的共识性,反而回避了哪些理论可以激发产生交叉学科知识生成的问题。其他研究提出了易变性(variability),2004 年美国国家科学院(NAS)对促进交叉学科研究发展提出了多领域多学科间拓展专业知识、词汇以及工具集,开拓与多学科合作沟通的能力,并倾向于在交叉学科与跨学科中拓展广泛

---

① HCERES. RÉFÉRENTIEL D'ÉVALUATION DES UNITÉS DE RECHERCHE INTERDISCIPLINAIRES CAMPAGNE D'ÉVALUATION 2020 – 2021 VAGUE B [EB/OL]. (2019 – 11)[2023 – 03 – 22]. https://www. hceres. fr/sites/default/files/media/downloads/ Referentiel_URinter_%20Vague%20B_RECH%20UR_12nov. pdf.
② 同上。
③ Boix-Mansilla V, Feller I, Gardner H. Quality assessment in interdisciplinary research and education [J]. Research Evaluation. 2006(15):69 – 74.

的专业阅读①以及拓展性的评价指标,如实验的严谨性、美学价值、新的解释力、多领域反馈情况、研究力、新公共政策及专利、长远发展性等。也有从知识论层面探究交叉学科评价,如卡特丽·胡托尼米(Katri Huutoniemi)认为,评估主要用于检测研究活动的有效性,作为学术资源分配,提升科研工作者及组织机构绩效,为战略决策提供信息,并推动科学知识在社会生活中得以合法而广泛地传播。评价功能不同,对交叉学科内的不同研究问题及知识生产提供不同类型的管理监测②。从这一角度看,交叉学科并非是目标,而是推动知识生产的一种方式。在针对交叉学科研究的知识生产与政策讨论中,有三种价值较为凸显,即交叉学科广度、交叉学科整合度与交叉学科转型,这类研究多聚焦跨越不同学科类别的附加值,而非阐明不同类别学科交叉的具体的评估标准。

当前中国多数学科交叉数量少、规模小,缺乏跨学科大类交叉,且交叉方向涉及的学科少。相较而言,法国学科交叉跨度大、范围广,且在探索反思中逐步建立交叉学科评估体系,对中国具有重要借鉴意义。国外有关交叉学科的研究可追溯到 20 世纪 20 年代,而我国学术界最早关注交叉学科为 20 世纪 80 年代,相比较而言,国外对于交叉学科的研究在理论深度、研究广度、实践落实层面更为系统深入,但这些研究并未对交叉学科达成共识,且存在理论争议,存在交叉学科与跨学科混用等问题,但在促进多学科交叉融合与交叉学科发展体系上存在诸多实践与管理经验,值得中国借鉴。尤其是法国对于多学科前沿交叉与交叉学科研究机构评估的演化历史及在演进革新中反思建构出的交叉学科评估指标体系更值得中国借鉴。学科本

---

① Klein, J T. Evaluation of Interdisciplinary and Transdisciplinary Research: A Literature Review [J]. American Journal of Preventive Medicine, 2008(35):116 - 123.

② Katri Huutoniemi Ismael Rafols. Interdisciplinarity in Research Evaluation [M].//Robert Frodeman. The Oxford Handbook of Interdisciplinary (2nd). Oxford: Oxford University Press, 2017.

身作为一种学术分类与知识体系,在高等教育领域既可以是教学的"科目",同时又是一种制度,另外,学科往往镶嵌在大学和院系组织机构之中,也可以是"科学研究机构",而本书主要针对后者,聚焦对法国交叉学科研究机构的评估,尤其是针对法国特有的组织结构与制度政策探究交叉学科评估标准变迁与指标体系。

三、法国高等教育交叉学科评估的演化脉络与政策逻辑

法国交叉学科评估的制度设置与标准制定,并非是一蹴而就地拔地而起,而是遵循了学科边界跨越与发展中的单学科—多学科—交叉学科—跨学科的自然拓展与转型的发展规律,逐步形成独立而系统的交叉学科评价标准与指标体系。法国自高等教育评估机构诞生时,并没有将学科作为单独的评估对象,而是以高等教育机构、研究单位或研究团队为载体,将学科作为评估中的一项,继而对交叉学科的评估也主要是嵌入到对交叉学科单位(d'une unité interdisciplinaire)和交叉学科团队(d'une équipe interdisciplinaire)的评估之中。1993 年,法国首次资助交叉学科研究规划,此后连续 3 次将交叉学科研究列入国家科研规划中[1],这标志着法国交叉学科研究的正式制度化与系统化,交叉学科研究成为法国科研发展创新、服务社会的重要动力。1982 年至今,法国高等教育的交叉学科建设历经多学科到交叉学科的递进式发展,并在交叉学科与跨学科评估摸索中跨越了评估萌芽、并行重组、统整合一等阶段发展,逐步通过制度变迁与渐进式改革探索实现独立而系统的交叉学科评估标准与指标体系。

---

① Les universités en France et leurs sections disciplinaires : liberté ou contrainte scientifique[EB/OL]. (2018 - 06 - 17)[2023 - 03 - 22]. https://theconversation.com/les-universites-en-france-et-leurs-sections-disciplinaires-liberte-ou-contrainte-scientifique-97843.

（一）多学科交叉发展萌芽与交叉学科评估小组为多学科综合性发展提供法律保障

通过初步梳理交叉学科项目的组织管理相关文献，我们发现制度边界成为这一领域话题争议的研究起点。而高等教育机构表现出独特的组织特征，可同时实现多个定义不清、重叠甚至有时冲突的目标[①]。交叉学科发展的制度环境与组织逻辑某种程度上阻碍了提升交叉学科项目研究成果的产出与生产效率[②]。由此，探究交叉学科发展的合法性保障，及以评促改的交叉学科评估导向的推动变得尤为重要。20世纪60年代末，法国逐步赋予高等教育机构自主权，为跨越学科边界的对话提供组织与对话空间，但这一时期仍未设立相关评估机构对学科研究进行专项评估。1968年5月与1970年经济危机后，技术学院培训课程路径逐步趋向专业化，学术机构与公司联系越加紧密。拿破仑时期，法国建立了基于学科为基础的学部（faculté），学部互相独立却从属于帝国大学，这类高等教育机构高度中央集权制，以为国家培养工程师为旨向[③]，逐步开设以实践应用与问题解决为导向的多学科课程教学，形成以学科逻辑为治理结构的发展模式。1968年法国的《高等教育指导法》则进一步将多学科教学模式从学部拓展到大学层面，废除了旧的学部制度，建立新的多学科大学，首次提出大学应履行自治、参与和多学科原则。这一时期多学科性（pluridisciplinaire）旨在大学保持自身专业特色的同时，拓展学科边界，力争发展多学科方向的综合性。20世纪70年代中期，石油危机给了以问题解决与实践应用为导向的多学科大学

---

① Clark, B. The higher education system: Academic organization in cross-national perspective [M]. Berkeley: University of California Press, 1986.

② Karri Holley. Administering Interdisciplinary Programs [M].//Robert Frodeman. The Oxford Handbook of Interdisciplinarity (2nd.). Oxford: Oxford University Press, 2017.

③ Les universités en France et leurs sections disciplinaires: liberté ou contrainte scientifique [EB/OL]. (2018 - 06 - 17) [2023 - 03 - 22]. https://theconversation.com/les-universites-en-france-et-leurs-sections-disciplinaires-liberte-ou-contrainte-scientifique-97843.

进一步发展契机。这一时期法国为摆脱经济低迷状态,政府试图通过发展科学技术促进社会经济复苏,并于 1980 年 1 月 17 日发布第 80-31 号法令,确定了国家科学研究中心研究人员的地位①,随即 1982 年 11 月 24 日法国发布的第 82-993 号法令第 21 条指出,建立外部评估委员会和道德委员会(Le comité d'évaluation externe et le comité d'éthique),对不同类型的学科领域使用不同的评估标准进行分类评估,强化了多学科的重要地位。同时,法国从法律制度上进一步拓展了多学科发展的组织边界,从原有多学科课程教学拓展到指向多系所或多部门领域的研究活动,甚至细化到涉及多系所的一个或多个项目计划。法令第 24 条规定设立交叉学科委员会(commissions interdisciplinaires)②,在原有多学科原则基础上进一步深化合作与学术边界互动,提出交叉学科原则,并对多学科领域科学研究计划提供专项评估与配套经费分配。至此,早期交叉学科评估专项小组产生,从组织结构上给予了保障。随着高等教育的不断深化改革,嵌入大学机构中的交叉学科发展也相应不断深化。1984 年 1 月颁布的《高等教育法》(Loi n° 84-52 du 26 janvier 1984 sur l'enseignement supérieur),即《萨瓦里法》(Loi Savary)确定了国家层面对高等教育机构的评估以及大学自治权强调"自主自治、民主参与、多学科结构"的原则,但该法并未在事实上动摇已有"基于学科标准纵向细化分类的逻辑范式"③。这一时期,教育部的内部结构与程序以及不同委办间的关系将大学分裂为不同问题领域,为多学科交叉合作提供了组织

---

① Légifrance. Décret n°80-31 du 17 janvier 1980 fixant le statut des chercheurs contractuels du centre national de la recherche scientifique [EB/OL]. (1980-01-19)[2023-03-22]. https://www.legifrance.gouv.fr/loda/id/JORFTEXT000000328903/?isSuggest=tru.

② Décret n°82-993 du 24 novembre 1982 portant organisation et fonctionnement du Centre national de la recherche scientifique [EB/OL]. (2015-12-15)[2023-03-22]. https://www.legifrance.gouv.fr/loda/id/LEGIARTI000006562609/2000-10-28/.

③ 张丹. 双一流建设机制研究——以法国高师集团"高校共同体"改革为例[J]. 教育发展研究, 2016(17):65—73.

空间与发展平台。高等教育预算、资源分配以学科为基础,而欲想获得教育部资源应提交各学科发展规划①。在制度改革上,首次提出建立高等教育评估机构,即国家评估委员会(le Comité National d'évaluation, CNE)②,并进一步提出在多学科主题基础上建立内部临时委员会③。至此,法国正式形成了"合同—评估—资源分配"的高等教育多学科评估形式,即国家与公共高等教育机构签订多年的长期合约,为多学科综合发展奠定了制度基础,提供了法律保障。

(二) 多学科评估机构整合为多学科交叉过渡与发展开辟了制度空间

在早期打破单一学科边界,逐步实现多学科评估原则基础上,法国逐步深化探索拓展学科边界,将多学科交叉的发展导向转化为多学科交叉合作研究的专业化。1985 年 2 月第 85 - 258 号法令补充指出确保四年内国家评估委员会对大学及科学、文化及专业性质的公共机构进行评估④。为方便国家评估委员会学科评估工作,委员会内部根据能力筛选相关专家组建临时多学科委员会,进一步将多学科原则落地并专业化。1985 年成立的国家评估委员会(CNE)⑤较之 1982 年的国家科学研究委员会(CoNRS)所评估的学科领域有所延伸,前者已扩展至大学机构内学科或交叉学科评估,而后者只是对国家科研单位的学科或跨学科评估。此后,法国一直在对学科评估机构进行改组以优化

---

① [荷]弗兰斯·F·范富格特. 国际高等教育政策比较研究[M]. 王承绪,译. 杭州:浙江教育出版社,2001:144.

② Loi n°84 - 52 du 26 janvier 1984 sur l'enseignement supérieur [EB/OL]. (2000 - 06 - 22) [2023 - 03 - 22]. https://www. legifrance. gouv. fr/loda/id/JORFTEXT000000692733/2000- 06-21/?isSuggest=true.

③ Décret n°85 - 258 du 21 février 1985 relatif l'organisation et au fonctionnement du comité national d'évaluation des établissements publics à caractère scientifique, culturel et professionnel [EB/OL]. (2004 - 07 - 17)[2023 - 03 - 22]. https://www. legifrance. gouv. fr/loda/id/LEGIARTI000006504382/ 2002-09-07/.

④ 同上。

⑤ 1985 年法国正式成立高等教育国家评估委员会(CNE)负责对法国整个教育系统进行综合性整体评估,包含学校制度、特定学科或学位评审及法国高等教育状况整体评价。

现有的评估机制，并逐步奠定了由单学科向多学科评估的转向与过渡。1989 年 5 月 9 日成立的国家研究评估委员会[①]（Comité national d'évaluation de la recherche, CNER），进一步导向评估国家研究及技术发展政策的执行效果，与国家评估委员会（CNE）并行。当涉及科学、文化及专业领域的公共机构评估时，国家研究评估委员会（CNER）与国家评估委员会（CNE）协同完成以经费激励为导向的定期评估[②]。这一时期法国学科评估机构处于自我探索阶段，同时，多学科评估机构建立并进行功能性改革重组，但仍未将学科评估单列在评估指标内。

法国加入博洛尼亚进程后，2001 年起开始对现行高等教育学制及文凭和学位制度进行改革，以提高法国学位文凭的国际透明度，实现欧洲学位互认，学科评估也融入在学位文凭评估中。2006 年 4 月 18 日《研究规划法》（loi de programme no 2006 - 450 du 18 avril 2006 pour la recherche）第 344 - 1 条规定，普通大学与"大学校"组建高等教育与科研联合体（PRES）以应对国际竞争[③]。这一规划法的提出，加强了联合大学内各科研机构间的学术交流合作，旨在将人文或社会科学交叉，并以科学及技术学科的方式管理[④]，达到多学科综合优势互补，有力地推动了多学科交叉发展的平台建设，加强了通识教育及文化知识与社会性的整合，避免了学生因单一学科影响，过早思维单一学科固化。这一时期，高等教育与研究评估署（l'Agence d'évaluation de la recherche et de l'enseignement supérieur，简称 AERES）对研究单位、高等教育机构的学位和文凭进行评估，学科评估主

---

① Décret n°89 - 294 du 9 mai 1989 relatif au Comité national d'évaluation de la recherche［EB/OL］.（2006 - 11 - 04）［2023 - 03 - 22］. https://www. legifrance. gouv. fr/loda/id/JORFTEXT000000522932/2006-11-03/?isSuggest＝true.

② 同上。

③ Arnaud Focraud. Que reste-t-il du grand emprunt? ［J］. Le Journal du dimanche, 2013(05).

④ Marc Pilkington. The French evolution : France and the Europeanisation of higher education ［J］. Journal of Higher Education Policy and Management, 2012(34):41.

要通过对研究单位评估体现,并未专设类似我国针对博士与硕士学位授予单位的一级学科评估。2006 年 11 月 3 日高等教育与研究评估署的成立,整合了已有的不同评估目标与功能的所有高等教育评估机构,规范划定评估对象及评估机构构成,设置了机构评估部、科研单位评估部、项目与学位评估部①。《大学自由与责任法》②颁布后,法国大学拥有更多自治权,但仍沿袭着传统的以学科问题为聚焦的重组方式,且各实验室拥有独立自治权,侧重多学科(pluridiscipline)教育与合作背景,根据各学科间的特色合作,选择联盟的发展伙伴。至此,法国人文与社会科学领域从 2007 年始,拥有多学科、交叉学科受教育背景的人数不断增长,同时,为迎合课程的多学科性与专业性,国家相应配套制定了对多学科背景学术人才的聘任制度③。这一时期主要从组织行为上为多学科综合与交叉发展逐步进行空间酝酿与逻辑厘清,打通了多学科交叉融合的组织及制度边界。

(三) 交叉学科评估日趋完善为多学科交叉发展的组织结构提供发展导向

法国交叉学科专项评估确定后,进一步依据交叉学科的发展规律与特性探索适恰的评估模式与方法,在过渡性改革中呈现了如胡托涅米

---

① Décret n° 2006 - 1334 du 3 novembre 2006 relatif à l'organisation et au fonctionnement de l'Agence d'évaluation de la recherche et de l'enseignement supérieur [EB/OL]. (2014 - 11 - 17) [2023 - 03 - 22]. https://www. legifrance. gouv. fr/loda/id/LEGIARTI000006552157/2006-11-04♯LEGIARTI000006552157.

② LOI n° 2013 - 660 du 22 juillet 2013 relative à l'enseignement supérieur et à la recherche [EB/OL]. (2020 - 09 - 01)[2023 - 03 - 22]. https://www. legifrance. gouv. fr/loda/id/JORFTEXT000027735009?tab_selection＝all&searchField＝ALL&query＝2013-660&page＝1&init＝true.

③ Le Gall, B, C Soulié. Massification, professionalisation et réforme du gouvernement des universités: Une actualisation du conflit des facultés en France. les ravages de la modernisation universitaire en Europe [M]. Paris: Syllepse. 2007.

(Huutoniemi)所论述的三种交叉学科评估模式转型①。

法国评估模式的最初转型试图将单学科评估模式与标准直接迁移到交叉学科评估中,交叉学科评估工作仅为科研实体评估中的一项,并仍沿用单学科评估的指标体系,单学科评估与交叉学科评估并无清晰界限。这一时期,对学科评估的执行的主要机构即法国高等教育与研究评估署也相应进行了改革。该评估机构建立之初拥有较强的独立性与法律效力,试图进一步强化对学科及科研人员的评估与管理,其与大学自治权间产生强大的冲突张力,引发了学术界的强烈不满,在实际评估实施与实践运行中逐步丧失有效力,演化为边缘角色②。但交叉学科评估则在这一时期有了进一步发展空间。高等教育与研究评估署在 2012—2013 年的评估活动期间首次开放交叉学科评估一栏,并任命交叉学科评估代表,调整评估专家选择及交叉学科评估指标。随着法国大学拥有更多自治权,原有以学科发展为中心的思路,难以突破学科壁垒,有碍创新③,科研人员也对法国评估机构强烈不满与抵制。社会党让-伊夫·德澳(Jean-Yves Le Déaut)在 2011 年初选期间与弗朗索瓦·奥朗德共同提出研究创新等话题,在矛盾不断激化的社会情境下,他在社会党成员热纳维耶夫·菲奥拉索(Geneviève Fioraso)的陪同下于 2013 年 1 月 14 日向法国总理提交了《重新思考大学促进研究》(Refonder l'université, dynamiser la recherche, mieux coopérer pour réussir)④

---

① Katri Huutoniemi. Evaluation Interdisciplinary Research ［M］.//Robert Frodeman, etc. (eds.). The Oxford Handbook of Interdisciplinarity (2nd edition). Oxford: Oxford University Press, 2017:309 - 320.

② Capano, G, Turri, M. "Same Governance Template but Different Agencies"［J］. High Education Policy, 2017(30):225 - 243.

③ 张丹. 双一流建设机制研究——以法国高师集团"高校共同体"改革为例[J]. 教育发展研究, 2016(17):65—73.

④ Katri Huutoniemi. Evaluation Interdisciplinary Research ［M］. //Robert Frodeman, etc. (eds.). The Oxford Handbook of Interdisciplinarity, 2nd edition. Oxford: Oxford University Press, 2017:309 - 320.

报告,建议成立一个新机构,即大学、研究及机构的权威评估机构(l'Autorité de l'évaluation des Universités, de la Recherche et des Etablissements),简化评估流程,保证评估质量和评估机构的独立性,以取代失去评估有效力与权威影响力的高等教育与研究评估署。很快这一建议得到采纳,并于 2013 年 7 月 22 日出台《高等教育与研究法》①,正式成立了高等教育与研究评估高级委员会(HCERES)。经过机构功能整合与过渡,法国政府于 2014 年 11 月 14 日发布《关于高等教育与研究评估高级委员会组织和运作的第 2014 - 1365 号法令》②,明确规定由高等教育与研究评估高级委员会取代高等教育与研究评估署的工作③,即以新的机构头衔沿袭旧的评估使命继续进行评估,力图在实际运行中能够发挥出原有评估机构该有的法律效力与权威性。其主要功能及职责范畴在于评价高等教育机构(包含大学及大学校等)、研究机构、培训单位中传播科学、技术和工业文化的活动,以及向政府和议会传播专业科学知识等活动④。面对学术界对高等教育与研究评估署的反对声音,法国政府并没有对其进行渐进式改革,而是直接改头换面建立新机构(高等教育与研究评估高级委员会)取而代之,但新机构实际上与原有机构的评估功能、评估目标及评估活动范畴无异。但在交叉学科评估上有了新的突破,原高等教育与研究评估署仅仅将交叉学科评估作为隶属于对研究单位评估的一个子评估项目,而高等教育与研究评估高级委员会则将交叉

---

① Décret n° 2014 - 1365 du 14 novembre 2014 relatif à l'organisation et au fonctionnement du Haut Conseil de l'évaluation de la recherche et de l'enseignement supérieur [EB/OL]. (2020 - 02 - 19)[2023 - 03 - 22]. https://www. legifrance. gouv. fr/loda/id/JORFTEXT000029762447/? isSuggest=true.

② 同上。

③ Décret n° 2014 - 1365 du 14 novembre 2014 relatif à l'organisation et au fonctionnement du Haut Conseil de l'évaluation de la recherche et de l'enseignement supérieur [EB/OL]. (2020 - 02 - 29)[2023 - 03 - 22]. https://www. legifrance. gouv. fr/loda/id/LEGIARTI000029764290/ 2014-11-17♯LEGIARTI000029764290.

④ 同上。

科学评估与研究单位评估作为并列的评估对象,可看出交叉学科已成为成熟的评估对象,并有专门独立的评估标准。至此,交叉学科评估标准与体系日趋成熟,且作为单独评估项目,日趋走向成熟与完善。

同时,《高等教育与研究法》进一步要求加强高校的交叉学科性,以增强法国科研创新力。课程的多学科融合,旨在将传统主流的单一科学模式转向以劳动力市场分工转型为基础的项目课程,从而将基于专业分工的学科知识界定为专业化课程①。多学科交叉学科发展与评估标准的方向性产生不平衡,且对交叉学科评估要求由最初标准合格转换为高质量发展且具竞争力。法国亟须构建一套系统的交叉学科评估指标体系,厘清交叉学科研究评估的边界,以更有效地评估不同发展水平层次的交叉学科研究及单位,即仍基于原有学科评估模式,重点突出整合与协同功能,构建体现交叉学科研究本质的评估模式。高等教育与研究评估高级委员会在 2016 年 7 月出台的《研究实体的评估标准:HCERES 参考基准》(Critères d'évaluation des entités de recherche: le référentiel du HCERES)仍沿用高等教育与研究评估署设定的评估指标框架,但在此基础上,结合交叉学科内涵与特征,转换为更具针对性的交叉学科评估指标。其中,该基准框架呈现的基于"可观察事实"和"质量指标"的评估指标体系更加倾向以质性评估方法为主,并结合早期的科学技术观察站(Observatoire des Sciences et des Techniques, OST)②中的法国学科

---

① High Council for the Evaluation of Research and Higher Education. Principes d'évaluation de la vague B (2020 – 2021)[EB/OL]. (2019 – 11 – 28)[2023 – 03 – 22]. https://www.hceres.fr/en/publications/principes-devaluation-de-la-vague-b-2020-2021-evaluation-campaign-2020-2021-group-b.

② 科学技术观察站(Observatoire des Sciences et Techniques, OST)成立于 1990 年,自 2015 年以来为 HCERES 的一个部门,主要通过定量分析,定期编制有关科学和技术研究的指标及其分析,旨在依靠高质量数据,协助了解世界各地研究及创新活动。为保证 OST 工作质量,2014 年 11 月 14 日关于高等教育与研究评估高级委员会组织和运作的第 2014 – 1365 号法令明确提出为科学技术观察站增设一个科学定向委员会(conseil d'orientation scientifique, SCO),进行战略研究及分析。

研究数据库,协同辅助高等教育与研究评估高级委员会评估工作,指标逐步细化且具操作性。最终试图逐步实现发展第三种评估模式,重新定义交叉学科研究的评估模式,并形成完整而独立的交叉学科实体单位评估指标。高等教育与研究评估高级委员会于 2019 年 11 月出台的《交叉学科研究单位评估基准:2020—2021 年评估活动》(Référentiel d'évaluation des Unités de recherche Interdisciplinaires)中,交叉学科不再作为评估基准中的一部分存在,而是成为独立完整的评估指标体系,拥有专门的评估指标和评估流程。通过高等教育与研究评估高级委员会 2016 年与 2019 年颁布的评估指标可以看出,虽然两个评估指标框架与体系内容有诸多重合部分,但评估指标的结构调整与具体指标增减折射出法国交叉学科评估指标边界逐步清晰,交叉学科高质量研究与深度合作的发展趋向,以及逐步从国家层面开发适应交叉学科发展的有针对性的独特的方法论工具与评估标准框架。至此,法国建立了交叉学科发展的独立评估体系。那么法国新一轮交叉学科评估标准具体有哪些质量指标?产生了哪些变化?

四、交叉学科评估的专项评估流程、评估标准及指标体系

自从以研究创新改革为驱动目标的法国高等教育与研究评估高级委员会成立后,为促进交叉学科研究成果,保证研究机构与法国国家战略计划发展的同步性,该机构在探索原有交叉学科评估的专家团队建立以及指标体系过渡的同时,进一步针对交叉学科研究单位的评估流程和标准,制定了有针对性的评估标准《交叉学科研究联合单位的评估基准:2020—2021 年评估活动》(Référentiel d'évaluation des Unités de recherche Interdisciplinaires — Campagne D'ÉVALUATION 2020 - 2021(VAGUE B))。这一标准标志着交叉学科不再作为评估标准的一项子级指标,而是独立的系统评估的指标

体系,有专门的评估标准和评估流程,且评估指标逐步趋于成熟。2016—2017 年评估标准中的质量指标体系,多学科、交叉学科、跨学科性(pluri-,inter- ou transdisciplinaires)三个词多次同时出现,交叉学科的学科边界仍较模糊,如何作为单项评估项目仍不明朗,而在 2020—2021 年评估标准中,表述方式已明确为交叉学科(interdisciplinarité),且首次出现对专门的交叉学科科研实体机构的评估。那么法国最新的交叉学科实体机构评估标准的评估模式、评估方法与流程以及评估标准的指标体系有哪些转变?

(一) 程序治理与流程依据:交叉学科评估标准运作与评估流程设计

在评估实践中,法国评估机构认为,一项活动产出或结果的质量不能简单等同于数量,评估因素本身无法通过简单计算推断出普遍价值,需要依照交叉学科的发展规律,即历经多学科过渡,模糊学科边界,学科间互动交叉,直至产生新学科。那么,若想考察质量与价值意义,需认真考量交叉学科实体机构使命,就如何支持科学研究与教学环境的价值,佐以反复讨论、诠释与分析,推动交叉学科研究的独特原创性与新知识、新研究范式与方法转型。法国交叉学科评估逐步向质性评估的柔性转向,侧重强调评估数据的情境化(包含研究实体的历史特性、使命、科学教育环境、区域社会、经济及文化环境等),但对交叉学科实体科研机构有着清晰的学科范畴界定。从概念范畴角度看,交叉学科组织可以是一个团队,但至少是法国高等教育与研究评估高级委员会认可的跨越两个科学领域的团队研究。若该团队是在科研机构内提交文本证明学科交叉性,并由该组织验证,则该团队可被认为是交叉学科研究团队。首先,负责评估管理交叉学科机构单位的代表分属于科学与技术领域(Sciences et Technologies, ST)、生命科学与环境领域(Sciences du Vivant et Environnement, SVE)、人文与社会科学领域(Sciences Humaines et Sociales, SHS),需至少选取这类领域中的一名代表。高等教育与研究评估高级委员会尤其强调对"交叉学科研究单位"

的界定,认为交叉学科性是由交叉学科单元建立的,因而明确规定至少由三个主要领域联系起来才可被界定为交叉学科研究单位,比如 ST‐SHS、SHS‐SVE 或 SVE‐ST 等交叉学科路径组合,具体的科学分领域及相应的学科小组(Panel disciplinaire)分类情况如表 6‐1 所示。

表 6‐1　法国交叉学科中大学科群与学科小组分类情况

| 高等教育与研究评估高级委员会尤其强调对"交叉学科研究单位"的界定,认为交叉学科性是由交叉学科单元建立的,因而明确规定至少由三个主要领域联系起来才可被界定为交叉学科研究单位 | 科学技术领域 Domaine scientifique Sciences et technologies (ST) | ‐(ST1)数学(学科小组:ST1‐1 纯数学;ST1‐2 应用数学)
‐(ST2)物理(学科小组:ST2‐1 核物理与粒子;ST2‐2 分子物理学、等离子体、光学;ST2‐3 材料、结构和固体物理)
‐(ST3)地球与宇宙科学(学科小组:ST3‐1 海洋、大气;ST3‐2 固体地球;ST3‐3 天文学、宇宙)
‐(ST4)化学(学科小组:ST4‐1 物理、理论和分析化学;ST4‐2 化学配位、催化、材料;ST4‐3 分子化学、聚合物;ST4‐4 生物化学)
‐(ST5)工程科学(学科小组:ST5‐1 固体力学;ST5‐2 工艺工程;ST5‐3 流体力学;ST5‐4 能源、热能)
‐(ST6)资讯及通信科技(学科小组:ST6‐1 资讯科技;ST6‐2 电子;ST6‐3 自动、信号、图像) |
| | 生命科学与环境领域 Domaine scientifique Sciences du vivant et environnement (SVE) | ‐(SVE1)农学、植物生物学、生态学、环境与进化(学科小组:SVE1‐1 细胞生物学与植物发育生物学;SVE1‐2 进化、生态学、种群生物学;SVE1‐3 生物技术、环境科学、合成生物学、农学)(SVE2)细胞生物学、影像学、分子生物学、生物化学、基因组学、系统生物学、发育学、结构生物学(学科小组:SVE2‐1 分子与结构生物学、生物化学;SVE2‐2 遗传学、基因组学、生物信息学、系统生物学;SVE2‐3 细胞生物学、动物发育生物学)
‐(SVE3)微生物学、病毒学、免疫学(学科小组:SVE3‐1 微生物学;SVE3‐2 病毒学;SVE3‐3 寄生虫学;SVE3‐4 免疫学)
‐(SVE4)神经科学(学科小组:SVE4‐1 神经学;SVE4‐2 医学神经学)
‐(SVE5)生理学、生理学病理学、心脏病学、药理学、内分泌学、癌症、医学技术(学科小组:SVE5‐ |

	1 生理学、内分泌学、生理学病理学；SVE5－2 心脏病学、心血管学；SVE5－3 医学遗传学、药理学、医学技术；SVE5－4 癌症) -(SVE6)公共卫生、流行病学、临床研究(学科小组：SVE6－1 公共卫生；SVE6－2 流行病学；SVE6－3 临床研究)
人文与社会科学领域 Domaine scientifique Sciences humaines et sociales (SHS)	-(SHS1)市场和组织(学科小组：SHS1－1 经济学；SHS1－2 财务、管理) -(SHS2)社会规范、制度和行为(学科小组：SHS2－1 法律；SHS2－2 政治学；SHS2－3 人类学和民族学；SHS2－4 社会学、人口学；SHS2－5 资讯及通信科学) -(SHS3)空间、环境与社会(学科小组：SHS3－1 地理学；SHS3－2 规划与城市规划；SHS3－3 建筑学) -(SHS4)人文、语言、教育(学科小组：SHS4－1 语言学；SHS4－2 心理学；SHS4－3 教育科学；SHS4－4 体育科学与技术) -(SHS5)语言、文本、艺术和文化(学科小组：SHS5－1 语言/古代和法国文学、比较文学；SHS5－2 文学与外语、文明、文化与区域语言；SHS5－3 艺术；SHS5－4 哲学、宗教科学、神学) -(SHS6)古代和当代世界(学科小组：SHS6－1 历史；SHS6－2 艺术史；SHS6－3 考古学)

　　新的交叉学科评估标准由高等教育与研究评估高级委员会主要负责展开,评估设计在法国五大地理区域间轮换,并对应划分为 VAGUE A、VAGUE B、VAGUE C、VAGUE D、VAGUE E 五个区域,每个区域内评估对象按年份依次差序排列,每五年轮一次。交叉学科评估范围严格规定融合两个及以上学科知识方法与研究范式,明确区分"多学科性""交叉学科性"与"跨学科性",对学科发展中的三个不同融合层次进行专业评估,并组建交叉学科评估专家委员会(Comité d'experts)对被评估机构的交叉学科层次、学科的相似性等进行专业细致的判断。交叉学科评估遵循特定流程

要求,并由两名科学顾问协同指导与系统管理,流程分为准备阶段、实地考察、报告核对以及整合四个阶段,如图6-3所示。

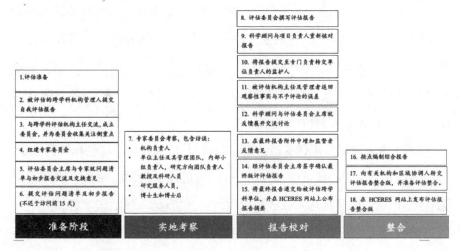

图6-3　法国高等教育与研究评估高级委员会对交叉学科评估的工作流程

　　第一阶段为准备阶段,交叉学科评估小组对评估对象的交叉学科性质进行界定,并依此组建评估专家委员会、告知注意事项,评估委员会主席组织专家通过视频会议、电话会议等交流与指导。根据专家书面意见,专家委员会主席编制评估初步报告及评估问题清单,提交给被评估的交叉学科研究单位,在评估考察前15日内递交给高等教育与研究评估高级委员会,并留存电子文件。第二阶段为实地考察,通常在递交评估问题清单的15日后进行,根据被评估的交叉学科研究团队或研究机构规模,考察时间为半天到三天不等。专家委员会收集并评价相关补充资料(针对评估问题提供自我评价档案及新进展补充等),就交叉学科项目交换意见,实地参观研究设施与平台展示,并与跨学科单位管理者、负责人及领衔团队、教授及研究人员、博士与博士后等交流讨论。第三阶段和第四阶段为报告核对与整合。考察一月内,评估委员会主席与专家合作编写评估报告,并提交高等教育与研究评估高级委员会。报告内容包含针对交叉学科评估标准所提炼的优势与短板,建议及定性综合文本评估。这个过程始终由两名科学顾问监督审查完成[①]。评估报告转交给交叉学科评估单位委托人,并在三周内核实被观察事实、指标体系及审查结果,并附在评估报告上,报告摘要最终公布在高等教育与研究评估高级委员会网站上以供互动交流与讨论。虽逐步采用质性柔向评估,但在评估流程及交叉学科团队及单位认定上较清晰明确,注重交叉学科实体机构评估的情境性与创新考量。

(二)规范治理与指标依据:交叉学科评估的质量标准与指标体系

法国在交叉学科评估标准设计中,除与前述提及的哈佛教育团队常规指标部分一致外,还囊括了社会影响力等拓展指标,依照法国学科发展规律与评估机构的制度变迁,衍生出法国特有的细化的交叉学科评估标准与指标体系。高等教育与研究评估高级委员会在质性导向为主的交叉学科评估的质量标准互动基础上,明确了细化质量标准的具体参照事实指标,以便于具体评估过程中可操作,有效促进评估人员基于证据作出科学合理的判断。以"科学产出和质量"标准为例,其质量标准(如表6-2)具体体现为"理论和方法上的突破""范式转变""国际开放"等因素。对应评估指标依据(如表6-3)涉及出版物、会议和其他没有发表的口头交流、该领域其他形式的科学产出以及工具、资源、方法的生产等。在评估工作中,评估标准的范围虽仍延续以往评估标准,但因法国高等教育共同体改革与国际化导向,法国评估实践产生了变革。2013年,《高等教育与研究法》要求加强高校的交叉学科性,以增强法国科研创新力。课程的多学科融合,旨在将传统主流的单学科模式转向以劳动力市场分工转型为基础的项目课程,从而将基于专业分

---

① High Council for the Evaluation of Research and Higher Education. Principes d'évaluation de la vague B(2020 - 2021)[EB/OL].(2019 - 11 - 28)[2023 - 03 - 22]. https://www.hceres.fr/en/publications/principes-devaluation-de-la-vague-b-2020-2021-evaluation-campaign-2020-2021-group-b.

工的学科知识界定为专业化课程[①]。多学科交叉知识构成时，原初的专业化知识经历"去情境化"与"再情境化"的过程，这一知识产生的过程并不为学生所见。这一变革体系蕴含着一种多学科交叉知识，以及在社会秩序规范下的教学对话形式，即通过学科的合法沟通方式与逻辑界定了其外部场域[②]。而新的交叉学科评估标准在指标体系中，新增"健康"议题，并加入了"整合或实践交叉学科知识的社会行动"，有力地突显了交叉学科的社会引导力角色。

在分析法国交叉学科评估的质量标准框架中，我们发现其与中国第五轮学科评估中保持原有的"人才培养质量""师资队伍与资源""科学研究水平"和"社会服务贡献与学科声誉"四个一级指标体系框架有相似之处[③]，但法国进一步侧重五年长远规划、后期培训教育、科研政策依托与大健康理念，也就是侧重强调交叉学科后期人才队伍储备及培训，以促进交叉学科的可持续发展及交叉学科体系的建立。相比中国在政策导向与科研基金支持的双重推动下，虽有大量多学科并置合作项目以及课程的涌现，但在具体实践中并没有充分的多学科互动与深度交叉交流，仍停留在学科边界清晰的多学科并置的科研合作模式上，同时大量多学科交叉课程虽已开设却缺乏实际的交叉学科背景教师队伍培养等问题仍很凸显。法国最新的《2020—2021年交叉学科研究单位评估基准》沿用了2014年高等教育与研究评估

---

① Sophia Stavrou. Negotiating Curriculum Change in The French University: The Case of Regionalizing Social Scientific Knowledge [J]. International Studies in Sociology of Education, 2009(19):1-29.

② 张丹. 双一流建设机制研究——以法国高师集团"高校共同体"改革为例[J]. 教育发展研究，2016(17):65—73.

③ 教育部学位中心. 第五轮学科评估:学科评估工作研讨会召开[EB/OL]. (2019-05-11) [2023-09-25]. https://www.cingta.com/detail/10655;陈涛,邓圆. 外部依赖与内部整合:英国学科评估改革的工作逻辑及发展轨迹——兼论中英两国学科评估的异同[J]. 外国教育研究,2020(09):35—47.

署发布的评估标准的内容框架,即重视科学产出与质量,学术影响力和吸引力,与社会、经济和文化环境的相互作用的同时,尤其重视评估的发展导向性,推动交叉学科系统而全面地可持续发展,强调了对实体的组织生命、通过研究参与培训以及五年科学战略与展望三个方面的拓展。2020—2021年的标准在原有2014年颁布的评估标准六个指标评估标准的基础上,将其整合为三大指标,即研究活动和成果(知识生产,提升科研吸引力和辐射影响力的活动,与健康、文化、社会及经济环境产生相互作用,通过研究参与培训);单位的组织和生活;五年计划及策略(科研政策、为实现目标的战略)。法国在交叉学科标准的递进式改革中,越加重视交叉学科研究的问题解决与应用实践能力,同时侧重对社会生活的影响,并逐步开始注重交叉学科的可持续发展,尤其是对于交叉学科人才培训与师资的培养,以孵化助力跨学科的产生与发展。而这一点有力回应了时下中国拼盘式多学科课程建设,以及交叉学科人才培养中的师资匮乏问题的解决。评估指标维度有重叠,但都扩展延伸至研究参与培训和科学战略与展望的发展,由此可分析出法国大力倡导交叉学科发展和科研创新的决心与可持续发展的前瞻布局中的稳步前进和反思革新。《2020—2021年交叉学科研究单位评估基准》在某种程度上是法国未来科学研究图景的描绘,如表6-2所示。

表6-2　法国评估交叉学科研究的质量标准

评估标准	评估范围	质量标准
研究活动和成果	1. 知识生产	-研究实体中有关交叉学科(l'interdisciplinarité)作品的比重;学科之间的互动性和邻近性 -这些交叉学科研究成果的新颖性和在科学界的独创性 -这些成果对学科发展的影响,例如运用另一学科领域的新方法) -整个学科或交叉学科(l'interdisciplinarité)研究成果的连贯性

评估标准	评估范围	质量标准
	2. 提升科研吸引力和辐射影响力的活动	-这些实体网络的国际认可度 -在其参与的实体或网络的项目中,交叉学科性(interdisciplinaires)的驱动力作用
	3. 与健康(新增)、文化、社会及经济环境产生相互作用	-促进交叉学科实体的伙伴关系质量(它们是否富有成效? 随着时间的推移,是否变得更强、更丰富?)(所属一级指标发生变化) **-在制定交叉学科经济、社会或文化政策方面的引领作用(新增)** -研究实体成员在区域竞争力集群或企业网络中的专家作用,以便制定跨部门政策 -国家或国际专家的作用,利用知识进行规范或规范应用
	4. 通过研究参与培训	-多学科或交叉学科论文所要求的学科之间的互动性和邻近性 -管理的协调性和凝聚力(例如,存在涉及两个学科领域的工作会议等) -两个学科对论文的认可 **-在跨学科行动框架内资助两个学科的项目(CNRS类型)(新增)** -该实体所参与培训、研讨和博士生院的学科间的互动性和邻近性 -模块和培训课程从多学科发展到交叉学科,甚至是跨学科(transdisciplinaire) -将博士纳入团队、项目、公司等,在这些团队、项目、公司中,多学科、交叉学科或跨学科(pluri-, inter- ou transdisciplinaires)的培训至关重要
单位的组织和生活		**-在管理人员中提倡交叉学科政策的能力(新增)** -该实体如何利用有利于交叉学科的发展环境,适应不利环境而采取的措施效力 -在项目管理框架内,适应不同科学文化间的合作 **-实体机构中青年研究人员对交叉学科方法的自主程度,以及对青年交叉学科研究的支持(新增)** -跨学科项目建设中的风险承担、科研人员的责任确认

评估标准	评估范围	质量标准
五年计划及策略	5. 科研政策	-与监管机构、科学界、社会经济和文化界的参与者采取的步骤相关性,以获得必要的支持 -加强学科间的相互作用,从多学科向真正的跨学科发展 -促进学科组成部门参与跨学科项目的能力
	6. 为实现目标的战略	-分享对交叉学科研究产生结构性影响的资源的能力(人力、财力、物力) -确定预期成果(现有知识的集合、新应用程序的产生、新知识的产生等)及其传播途径

在交叉学科评估的质量标准基础上,最新的评估指标体系设定与评估范围更具体,有助于为评估人员在具体执行评估时提供有力参照,涵盖评估标准、评估范围以及质量指标等,在"五年计划及策略"的质量指标中,从"加强学科间的相互作用,从多学科到交叉学科,至走向新学科的产生",转变为"加强学科间的相互作用,从多学科向真正的跨学科发展",删去原有"走向新学科的产生"的要求,进一步明确发展规律与步骤,政策导向科学化,指标体系与交叉学科的专业发展节奏一致。新的交叉学科评估标准逐步导向为交叉学科高度整合与有质量的研究,并逐步转向更细致深入的交叉学科体系的建构,如行政管理的交叉学科能力、青年交叉学科团队的培养以及跨学科研究的社会引领作用等。在此评估标准框架内,评估人员基于质量标准,同时结合可观察到的事实和指标体系进行卓有成效的评估,新框架规定了评估标准,为便于操作,制定了相应的指标体系,具体如表6-3所示。

表 6-3　法国评估交叉学科研究质量的具体指标体系

评估标准	评估范围	针对质量标准的指标体系
研究活动和成果	1. 知识生产	-发表交叉学科性质(l'interdisciplinarité)的文章、引用多学科背景的作品 -具有交叉学科目标的出版 -在交叉学科期刊上发表文章 -参与交叉学科会议并进行交流 -其他被认证的具有跨学科性的作品
	2. 提升科研吸引力和辐射影响力的活动	-成功征集交叉学科(l'interdisciplinarité)项目 -实体所参与的网络群具有交叉学科性质 -与其他实体展开交叉学科科研合作 -研究实体成员参与的会议具有多个学科的视野,并且学科之间密切关联 -通过交叉学科项目有针对性地招收高级研究人员或博士后
	3. 与健康(新增)、文化、社会及经济环境产生相互作用	-传播或交流活动(展览、文化活动摊位等),实体因其交叉学科性而参与其中 -动员和整合交叉学科知识的专家报告 -整合或实践交叉学科知识的社会行动(新增) -以交叉学科实体经验而建立的企业 -基于交叉学科研究实体的而生发的区域/本土公共政策
	4. 通过研究参与培训	-由多学科或交叉学科实体(pluri- ou interdisciplinaires)的研究人员指导的论文(联合);两个不同学科背景的博士在共同项目上的合作论文 -旨在熟悉多学科或交叉学科(pluri- ou interdisciplinaires)主题、方案或领域的讨论会和暑期学校 -实体参与多学科或交叉学科性质的模块或课程 -与交叉学科研究有关的新培训机会
单位的组织和生活		-上一五年战略计划的交叉学科层面 -实体内部的科学行动/展示,使交叉学科项目中相关学科的思维方式、范式和方法能够相互学习 -用于交叉学科互动交流的时间和空间 -分配给交叉学科项目或研究人员的资源 -该实体机构交叉职位档案及交叉学科双学位概况

评估标准	评估范围	针对质量标准的指标体系
五年计划及策略	5. 科研政策	-通过向另一门学科的研究方式和方法开放,改变学科的边界 -通过确定科学过程所涉及的科学水平,确定一个学科对另一个学科的可能贡献 -评估是否需要动员若干学科来处理社会经济和文化行动者正在寻求解决的一个复杂问题 -创建交叉学科培训,以丰富科学或建立满足社会需求的能力条件
	6. 为实现目标的战略	

此外,最新的交叉学科实体单位评估标准虽以定性评估为主,但并非完全剥离或摒弃量化数据与指标的评估,而是对原有评估功能进行调整。高等教育与研究评估高级委员会内设的科学技术观察站作为法国学科研究的数据库,与各个高等教育与研究机构保持密切合作,开展定量分析活动,辅助高等教育与研究评估高级委员会评估指标的制定与具体分析过程。法国从多学科交叉发展到对多学科、交叉学科、跨学科发展规律的摸索与学科范畴界定这一过渡过程也体现在对交叉学科实体机构评估中,较完整系统,且具有可操作性,对中国时下多学科前沿交叉孵化与团队评估具有一定的启示意义。

五、法国交叉学科评估演化过程的经验与借鉴

本章通过对法国高等教育领域交叉学科机构评估改革的历史演进、评估流程、评估质量标准及指标体系的探究,试图为促进中国多学科交叉前沿研究以及交叉学科机构评估标准体系建构寻找国际经验,以健全综合评价、

分类评价,突出评价成果质量与原创价值。质性评估对系统情境化的考量,滋养多学科融合与交叉学科独特性与原创性发展。当前交叉学科研究越来越引起各国学术界的特别关注,但却鲜有系统、完整与可操作性的评估标准作为导向引导交叉学科发展的深度、广度与社会影响力。而交叉学科发展水平对科研机构与大学能否培养优秀人才,产生卓越而丰硕的科研成果,提供优质的社会服务具有直接影响。一方面,许多问题的解决,需要汇聚不同学科知识,通过学科交叉才能在理论与方法上提供新思路和方案。另一方面,知识的发展是不受学科限制的,挑战传统思维的定势和规范,跨学科的激荡赋予知识生命力和活力[①]。

(一)交叉学科的概念厘清与质性评估转向滋养交叉学科独特性与原创性发展

严格筛选熟知交叉学科内的至少两个大的并行领域的权威专家成立专家评估委员会,清晰划定学科交叉路径,依托质性评估的互动方法导向,避免同行专家仍用传统学科思维左右评价结果,从而促进交叉学科的良性互动与发展。通过认真考量交叉学科实体机构使命,就如何支持科学研究与教学环境,佐以反复讨论、诠释与分析,推动交叉学科研究的独特原创性与新知识、新研究范式与方法转型,这一质性评估的柔性转向与情境考量,有利于考察交叉学科发展的原创性价值与质量意义。

(二)交叉学科专项评估流程促进学科交叉良性循环发展

交叉评估的意义旨向在于以评促改。法国交叉学科评估流程规范透明,交叉学科范畴及学科组划定清晰明了,交叉学科研究单位的界定简单直接,具有可操作性,且有专项交叉学科评估小组,依照评估标准对科研、行政、未来发展等进行全面深度互动交流,并基于全面而深度的评估报告,针

---

① 彭青龙.知识体系创新、跨学科交叉与跨媒介融合——访谈欧洲科学院外籍院士何成洲[J].上海交通大学学报(哲学社会科学版),2022,30(146):1—11.

对不同主题进行研讨、访谈交流与信息公开前的互动反馈,再进行公布,意在以评促改,帮助交叉学科研究机构清晰发展方向与路径探索,有利于交叉学科的前沿性与原创性的双向良性循环发展。

（三）有方向导引且切实具体的指标体系助力交叉学科向跨学科过渡发展

既有规范的质量标准参照,又有柔性互动的评估方法为依托,有利于探索各交叉学科的独特性与研究机构发展的国际前沿性。细化质量标准的具体参照事实指标,有利于具体评估过程中的可操作性,有效促进评估人员基于证据作出科学合理的判断。新的交叉学科评估标准逐步引导交叉学科高度整合与有质量的研究,转向更细致深入的交叉学科体系的建构,如行政管理的交叉学科能力、青年交叉学科团队的培养以及跨学科研究的社会引领作用等,为多学科深度交叉融合与交叉学科的可持续发展提供人才与团队保障。该评估标准同时兼顾管理人员的交叉学科政策制定能力,建构有利于交叉学科发展的政策环境与组织文化,在项目管理中建构适应不同学科合作交流的文化,尤其是考察交叉学科研究机构中对交叉学科方法的应用及对青年交叉学科研究的支持力度。

此外,法国跨学科发展演化过程虽经历了侧重量化评估指标的发展阶段,但量化指标带来了科研机构与研究中心间的发展不平衡而引发矛盾,于是法国通过温和的制度层叠模式,实现评估机构从高等教育与研究评估署到高等教育与研究评估高级委员会的渐进式改革,并在原有评估标准体系上实现转换,深度推进交叉学科科研单位的深度合作与科研创新,扩大为社会经济文化服务的影响力。法国的交叉学科研究机构评估标准虽仍有完善的空间,且质性评估在实践中也因主观性而产生诸多问题,但对时下中国推动多学科、交叉学科合作发展,以及交叉学科评估标准的研制与落实具有借鉴意义。

第七章

法国卓越学科建设的学科交叉发展与人才培养模式研究——以数学学科交叉为例[①]

———————

① 本章的部分内容改编自笔者 2024 年发表在《学位与研究生教育》中的论文《法国卓越学科建设的学科交叉发展与人才培养模式研究——以数学学科交叉为例》。

一、中法两国学科交叉的概念与范畴界定

建设世界一流大学和一流学科是各国高等教育在国际化发展进程中的必经之路。其中,学科建设是打造一流大学的重要依托,即学科不单纯是学术概念,而是建设一流大学过程中的具有操作意义的学术平台,是对人类社会发展和科学技术进步具有知识贡献的研究领域[①]。学科知识基础是开展学科交叉学习的前提,学科交叉融合也是学科内涵发展的必然选择和建设一流学科的重要途径,影响学科建设的路径和水平[②],有助于学科资源共享,培养复合型人才,解决关键理论和重大现实问题,产生新的知识生长点,推动学科自身发展,并促进交叉学科的产生[③]。学科交叉融合也成为近年来中国高等教育领域重点关注的内容。2018年8月,教育部、财政部、国家发展改革委发布《关于高等学校加快"双一流"建设的指导意见》,着重强调"打破传统学科之间的壁垒""探索跨院系、跨学科、跨专业交叉培养出创新创业人

---

① 眭依凡,李芳莹."学科"还是"领域":"双一流"建设背景下"一流学科"概念的理性解读[J].高等教育研究,2018,39(04):23—33+41.

② 钟秉林.高质量高等教育体系建设进程中的重要事件——写在新版《研究生教育学科专业目录》颁布之际[J].教育研究,2022,43(09):98—106.

③ 刘献君.学科交叉是建设世界一流学科的重要途径[J].高校教育管理,2020,14(01):1—7+28.

才机制""加快学科协同交叉融合"①。然而,当前中国一流学科建设局限于院系分科管理模式,多学科交叉融合不足、组织协作困难,学科集群发展仍然受限,学科建设优势力量分散,导致对国家发展战略的回应不及时②,亟须调整学科建设模式,聚焦学科交叉融合,以问题研究和创新为取向,依托学科交叉前沿研究领域组建团队,培育学科交叉研究人才③。众多发达国家的世界一流大学建设模式基于研究中心,针对现实问题组织跨院系、学校、机构、国界的研究力量进行实质性科研合作④,其一流学科建设也突破学科界限和组织边界,通过高质量人才培养和科研合作促进学科知识的交叉融合与创新发展,从而促进了一流学科的专业性、交叉性和国际化建设⑤。

(一) 学科与学科交叉概念界定

学科是科学分化过程中,知识分类发展到一定成熟程度、不断制度化的产物⑥。"学科"的概念内涵丰富且外延广泛,从不同视角切入有着不同的界定。从学科的本源意义上来说,学科一方面指知识的分类和学习的科目,另一方面指对人进行培育、规范和塑造⑦。马克思·尼夫(Max Niff)认为学科是平行的、孤立的、专门化的研究领域⑧。伯顿·克拉克(Burton Clark)指

---

① 教育部,财政部,国家发展改革委.三部门印发《关于高等学校加快"双一流"建设的指导意见》的通知[EB/OL].(2018 - 08 - 08)[2021 - 12 - 27]. http://www. gov. cn/xinwen/2018-08/27/content_5316809. htm.

② 董维春,仇苗苗,姚志友,等."有组织"推进研究型大学一流学科建设:何以可能与何以可为[J].教育发展研究,2023,43(17):1—8.

③ 袁广林.学科交叉、研究领域与原始创新——世界一流学科生成机理与建设路径分析[J].学位与研究生教育,2022(01):13—20.

④ 刘小强,蒋喜锋.论世界一流大学建设的"学科模式"和"中心模式"——"双一流"首轮建设期满之际的反思[J].中国高教研究,2020(10):27—33.

⑤ 殷朝晖,潮泽仪.知识生产模式Ⅲ背景下国外三大一流学科战略联盟的建设及其启示[J].高教探索,2021(04):78—84.

⑥ 宋俊成.高校思想政治教育学科建设研究[D].大连:大连理工大学,2015.

⑦ 庞青山.大学学科论[M].广州:高等教育出版社,2006:20.

⑧ FOUCAULT, M. The Archaeology of Knowledge and Discourse on Language [M]. New York: Pantheon,1972:156 - 157.

出,学科应包含作为一门知识的"学科"和围绕这些"学科"而建立起来的组织①。学科在具体学科建设过程中涉及组织制度、师资水平、人才培养、科研产出、国际影响力等方面,其中政治逻辑、文化知识逻辑和人才发展逻辑是必须要遵守的,与此相对应的是课程、师资与人才培养三个相互联系又各有侧重的方面②。因而,本章所指的学科建设侧重组织制度、师资、课程、人才培养、科研水平、国际合作等因素间的结构性关联与制度设计,而非某一单一要素如课程设计等论述。

与此同时,理论方法的日益成熟和现实问题的复杂多样性使学科的交叉与融合成为必然趋势。国际学术界对"交叉学科(interdisciplinary)"的界定存在一定差异,但又有其共性。美国科学院、美国工程院和美国医学研究所将学科交叉界定为"对两门或多门学科或专业知识体系的信息、资料、技术、工具、观点、概念及理论进行整合",并侧重"不仅仅是将两门学科黏合在一起的产物,而是学科思想与方法的综合整合"③。曼西拉(Mansilla)认为交叉学科是"整合两门或多门学科知识、思维模式以推动认知进步的能力"④。纽厄尔(Newell)则认为交叉学科是"批判性地借鉴学科视野,并将其见解整合进对现有复杂现象的更全面认识中"⑤。同时,中国有学者认为,对"interdisplinary"这一概念的本土化解读包括"学科交叉"和"交叉学科"双

---

① [美]伯顿·克拉克.高等教育新论:多学科的研究[M].徐辉,王承绪,译.杭州:浙江教育出版社,2001:105—117.

② 周守军.大学高水平学科建设的"中国方案"[J].中南民族大学学报(人文社会科学版),2021,41(09):140—147.

③ National Academy of Sciences, National Academy of Engineering, Institute of Medicine. Facilitating Interdisciplinary Research [M]. Washington, DC: National Academies Press, 2005:16 - 25.

④ MANSILLA V B. Assessing student work at disciplinary crossroads [J]. Change: The Magazine of Higher Learning, 2005,37(1):14 - 21.

⑤ W H Newell. Decision-Making in Interdisciplinary studies [M].//G Morcol, (Ed.). Handbook of Decision-Making. New York: Marcel Dekke, 2007:245 - 265.

重内涵，"学科交叉"强调由问题和需求催生的跨学科研究活动的过程，而"交叉学科"强调经过学科互动后形成的具有知识体系和固定研究对象的制度性结果。① 由此，本章所指的"学科交叉"是由复杂的现实问题与国家战略问题解决催生的学科之间的交叉融合，但尚未跨越"学科性"的界限具备形成独立的"交叉学科"的资格，即在一流学科建设和交叉学科建设过程中，学科交叉的发展和人才培养是重要基础。由此，"学科交叉"相比学科，更关注复杂的现实问题与国家战略问题解决等。

（二）中法两国学科交叉范畴界定

"交叉学科"近几年频繁出现在中国的政策文本中，2021 年 1 月成为中国第 14 个学科门类②，指对具有一定关联学科的归类，是授予学位的学科类别。"一级学科"是学科门类下位的学科大类，"二级学科"是一级学科下位的学科小类。2022 年 9 月 13 日国务院学位委员会、教育部发布的《研究生教育学科专业目录》显示，"交叉学科"门类下设集成电路科学与工程、国家安全学、设计学、遥感科学与技术、智能科学与技术、纳米科学与工程、区域国别学、文物、密码九个一级交叉学科③；截至 2023 年 6 月 30日，其下共有 860 个二级交叉学科，由 441 所高校自主设置④⑤。因此，中国

---

① 王涛.学科性视角下高校跨学科的演变：从学科交叉到交叉学科[J].中国高教研究，2023(12)：71—78.
② 我国当前 14 个学科门类包括哲学、经济学、法学、教育学、文学、历史学、理学、工学、农学、医学、军事学、管理学、艺术学、交叉学科(新增)。
③ 国务院学位委员会教育部.国务院学位委员会教育部关于印发《研究生教育学科专业目录(2022年)》《研究生教育学科专业目录管理办法》的通知.(2022 - 09 - 13)[2024 - 03 - 27].http://www.moe.gov.cn/srcsite/A22/moe_833/202209/t20220914_660828.html.
④ 根据国务院学位委员会、教育部印发的《学位授予和人才培养学科目录设置与管理办法》的规定，二级学科由学位授予单位在一级学科学位授权权限内自主设置。各学位授予单位设置的二级学科名录，由教育部定期向社会公布。
⑤ 中华人民共和国教育部.学位授予单位(不含军队单位)自主设置二级学科和交叉学科名单[EB/OL].(2023 - 10 - 09)[2024 - 03 - 27].http://www.moe.gov.cn/jyb_xxgk/s5743/s5744/A22/202310/t20231009_1084652.html.

已逐步在制度设计上形成了交叉学科门类、一级交叉学科、二级交叉学科的整体体系[①]。然而,在中国的政策文本语境下,交叉学科尽管按照二级学科进行招生培养管理,实际上其内部的学科交叉却更侧重于多个近缘"一级学科"的交叉融合,多数为自然科学内部或人文社会科学内部的"近距离"交叉(如数学和统计学)和"远距离"交叉(如医学和地质学),较少存在突破单一的自然科学或社会科学学界进行交叉合作的"界"交叉(如机械工程和教育学)[②③]。

学科交叉在法国发展历史较长,相比中国内涵侧重与界限范畴有所不同,明确规定跨越两个以上科学领域才可被认定为学科交叉,同一科学领域内不同分领域的学科组合(一级学科间的交叉)则不被视作学科交叉。法国高等教育与研究评估高级委员会在 2019 年出台《交叉学科研究单位评估标准:2020—2021 年评估活动》,已明确指出交叉学科为大类学科群间的跨界交叉,如三个科学领域范畴(等同于中国的大学科群),包含科学与技术领域(Sciences et technologies,ST)、生命科学与环境领域(Sciences du Vivant et Environnement,SVE)、人文社会科学领域(Sciences Humaines et Sociales,SHS)[④],这三个科学领域又划分为不同的科学分领域(等同于中国的一级学科)及下属不同的学科小组(等同于中国的二级学科)。这里的学科交叉(interdisciplinaire)是指多个学科围绕共同目标和项目的相互作用和合作,将来自不同学科的数据、方法、工具、理论和概念结合在一起,形成

① 何希,李媛,陈天凯,等.二级交叉学科的布局结构、学科关联与发展路径研究——基于高校设置交叉学科的实证分析[J].学位与研究生教育,2023(02):16—25.
② 李永刚,梁伟.我国自主设置二级交叉学科的支撑学科关联现状与特征研究[J].国家教育行政学院学报,2023(03):70—79.
③ 郑晓瑛.交叉学科的重要性及其发展[J].北京大学学报(哲学社会科学版),2007(03):141—147.
④ 张丹,姚婷洁.法国评估交叉学科研究机构的制度变迁与指标体系[J].上海交通大学学报(哲学社会科学版),2023,31(151):100—117.

一个综合体①,与中国学科交叉的常见方式不同。

由此,本章在谈及"学科交叉"时将法国语境下不同科学领域的学科交叉界定为"大交叉",将中国语境下同一科学领域下的学科交叉(一级学科之间的交叉)视为"小交叉",以此更为清晰且有层次地剖析高师集团在学科建设过程中的交叉趋向与发展阶段,突出法国与中国在卓越学科建设的学科交叉发展方面的差异与高师以数学学科为轴心点的交叉建设路径和人才培养。本章试图以数学学科交叉为案例,通过选取四所高师各自典型的交叉模式与人才培养路径,将该模式路径下的学科建设更深入细致地凸显出来,但并不意味着每所高师仅有其中一种模式的学科建设路径。实际上,四所高师在学科建设发展过程中既有差异也有共性所在。因此,在深入探析其背后学科建设的理念与机制时,既需要在差异中寻找突出之处,也需要在共性中发掘优势,希冀从多维度且系统全面的角度探究法国精英教育的学科建设与交叉科学发展路径及经验借鉴。

二、学科交叉人才培养:高师数学学科的建设路径与交叉模式

法国高师集团的卓越学科建设与发展呈现为以科研水平为重点,以人才培养为关键,以组织制度构建、国际合作关系建立、卓越课程和师资团队等为抓手,通过学科交叉发展和人才培养模式全方位推动卓越学科建设,突出了高师学科建设中的国际性、交叉性、原创性与卓越型等特征。进而,高师集团逐步打造了"学术共同体—学科交叉—课程结构—科研实力"为一体

① HCERES. RÉFÉRENTIEL D'ÉVALUATION DES UNITÉS DE RECHERCHE INTERDIS-CIPLINAIRES CAMPAGNE D'ÉVALUATION 2020 - 2021 VAGUE B [EB/OL]. [2021 - 12 - 27]. https://www. hceres. fr/sites/default/files/media/downloads/Referentiel_URinter_%20Vague%20B_REC H%20UR_12nov. pdf.

的一流学科建设发展模式,如图7-1:

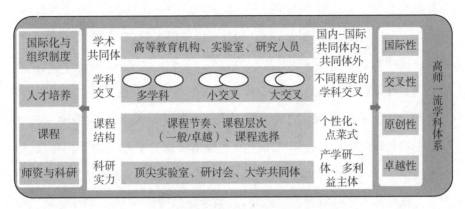

图7-1　法国高师集团数学学科建设模式

首先,在国际范围内高标准搭建学科交叉共同体,涉及高等教育机构、卓越实验室及研究人员、企业和社会组织等,开展持续性强且高度聚焦的研讨会,该路径在巴黎高师最为凸显。在此基础上,雷恩高师以多学科为逻辑起点,基于不同程度的学科交叉不断实现突破,既是对国家宏观战略的回应,也是对学科发展传统的延续与创新。进而,课程结构是学科建设过程中的重要载体。加香高师在课程节奏、课程层次、课程选择与安排上进行个性化设置,哈达玛德课程为数学学科顶尖人才的培养而设置。最后,科研实力是学科建设成效的核心标准。以里昂高师为代表的四所高师紧密依托全球范围内的卓越实验室进行研究性学习与实习,推动知识的国际化传播。

(一)全球学术共同体:依托实验室和研讨会,巴黎高师搭建全球卓越的学科交叉共同体

高标准筛选共同体成员,与全球顶尖高校、实验室、公司搭建深度合作网络。高师学科建设立足全球,尤为强调搭建卓越学术共同体,全球范围积极寻找与其战略定位、发展价值观一致的一流合作伙伴,"强强联合",开展深度交流合作。一方面,在法国本土,筛选学科建设品牌,建立与巴黎九大、国立高等矿业学院和巴黎天文台的合作,其中巴黎九大的决策支持系统分析和建模实验室是当前"算法决策理论"领域的国际领跑者①。另一方面,国际上,巴黎高师拓展全球科研合作,如与英国牛津大学、爱丁堡大学、意大利比萨高级师范学校等,顶尖实验室与科研工作者以及国际顶尖高校的强势学科项目开展合作,并设立专题性国际研究中心②,包含瑞士贝尔努利中心、马赛国际数学中心、蒙特利尔数学中心等 12 个国际研究中心,为学生提供国际学习与研究平台。合作网络中的实验室和研究中心间的互相开放,给学生提供了学习和实习交流的机会。巴黎高师的学生可依据自身兴趣与学习节奏选择加入实验室进行实践学习,数学系鼓励学生境外实习交流三个月以上,旨在让学生探索境外不同主题、教学体系、人际交往及不同经济环境。实验室作为学科交叉建设与人才培养的重要资源载体,覆盖研究领域广泛,多围绕具体的研究项目涉及工业问题、社会科学以及与其他科学学科的关联,多围绕具体的研究项目进行多学科知识的结合③。同时,巴黎高师重视企业合作,服务市场与社会,并推动产学研一体化。如 2015 年 1 月成立了一个商业伙伴关系部门④,合作公司和企业包括飞利浦、西门子、法国电力集团、高盛、Facebook、Google 等⑤,旨在构建世界经济桥梁,为学生开辟市场合作伙伴空间。学生可通过巴黎高师与其他高校签署的双边合作协议减轻经济压力。例如,在欧洲范围内每年将有三十名左右学生通过伊拉斯

① Dauphine UNIVERSITE PARIS. Présentation [EB/OL]. [2021 - 12 - 27]. https://www. lamsade. dauphine. fr/fr/presentation. html.

② Département de mathématiques et applications [EB/OL]. [2021 - 12 - 27]. http://www. math. ens. fr/enseignement/Stages. html.

③ Centre d'analyse et de mathématique sociales [EB/OL]. [2021 – 12 - 27]. http://cams. ehess. fr/.

④ École normale supérieure-PSL. Les partenariats entreprises [EB/OL]. [2021 - 12 - 27]. https://www. ens. psl. eu/l-ecole-normale-superieure/partenariats/les-partenariats-entreprises.

⑤ ENS-PARIS-SACLAY. M2 MVA Mathématiques / Vision / Apprentissage [EB/OL]. [2021 - 12 - 27]. http://math. ens-paris-saclay. fr/version-francaise/formations/master-mva/.

谟计划资助进入他国研修①,全球范围内高师依托国际、欧洲乃至区域层面的多渠道学生奖学金为学生提供国际流动的资金支持,如埃菲尔奖学金为优秀国际留学生提供高等教育奖学金支持②。另外,巴黎高师会举办主题多元且高质量的学科交叉研讨会,提供多学科交叉合作交流平台。巴黎高师数学系在学科人才培养中侧重个性化辅导,建立导师为主要责任人、实验室主任监督的培养体系,设置多元高质量学科交叉的研讨会。巴黎高师不断创新探索学科交叉的发展路径,从学科小交叉逐步跨越到大交叉领域的尝试,交叉类型包括数学物理、数学生物等领域的交叉尝试,以及 2018 年进一步创建 Medicine-Humanities 计划,将医疗实践与伦理、政治、经济和社会背景紧密结合,试图实现医学与人文学科的大交叉,如图 7-2 所示。

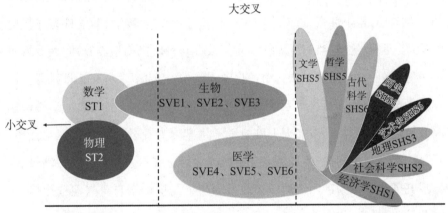

图 7-2　巴黎高师的学科交叉类型

①　École normale supérieure-PSL. Les programmes d'échanges internationaux [EB/OL]. (2022-07-11) [2024-02-07]. https://www. ens. psl. eu/une-formation-d-exception/formations/echanges-internationaux/les-programmes-d-echanges.

②　École normale supérieure-PSL. Préparer son séjour à l'étranger [EB/OL]. (2021-06-17) [2021-12-27]. https://www. ens. psl. eu/une-formation-d-exception/formations/echanges-internationaux/preparer-son-sejour-l-etranger.

丰富的研讨会依照主题内容分为成长型开放式探讨会如数学系午茶会[①]、问题聚焦式专题研讨会如2019年"成像数学"研讨会[②]、聚焦前沿交叉的全球卓越研讨会和聚焦青年学者职业路径的专项研讨会。在"小而精"的高师培养体系下,研讨会充分满足了师生间以及青年研究员间的交流需求。因此,区别于国内的讲座,高师集团内部的研讨会形式丰富,既为师生提供个性化选择与交叉学术交流的平台,也助力青年研究员学术成长与多学科前沿研究合作发展。

(二)学科交叉人才培养:雷恩高师系统化课程统筹,推动学科交叉渐进发展

首先,高师系统具有"小而精"的招生模式,依托卓越实验室扩大科研合作。个性化的多学科课程选择依托于"宁缺毋滥"的竞争性选拔招生模式,招生规模小,竞争性强,进而为学生提供高水平数学教学,形成具有强势地位的"小而精"的精英培养体系,为高等教育与科研机构培养教师、教授或研究员等精英人才。其次,依托个性化课程结构,构建多学科交叉学科群。雷恩高师数学和计算机科学系以个性化课程结构为载体,推动数学学科跨学科发展,突破学科边界,加大力度鼓励学生学习专业外的领域知识与技能,提升创新力与求知欲,培养跨专业领域的学科思维与素养。在路径培养上,雷恩高师数学系为期四年的学校教育为学生提供根据自身兴趣选择的"个性化"课程教学,如图7-3所示[③]。

雷恩高师个性化的专业课程与时间选择的前提基础是高师系统内预科至整个硕士阶段的系统化课程设置。如学生可同时参加计算机科学、物理

---

① Département de mathématiques et applications [EB/OL]. [2021 - 12 - 27]. http://www. math. ens. fr/enseignement/brochure_enseignement. html?annee=2020-2021

② Imaging in Paris Seminar [EB/OL]. [2021 - 12 - 27]. https://imaging-in-paris. github. io/

③ Cursus: Le magistère [EB/OL]. (2019 - 11 - 07) [2021 - 12 - 27]. http://www. math. ens-rennes. fr/cursus/

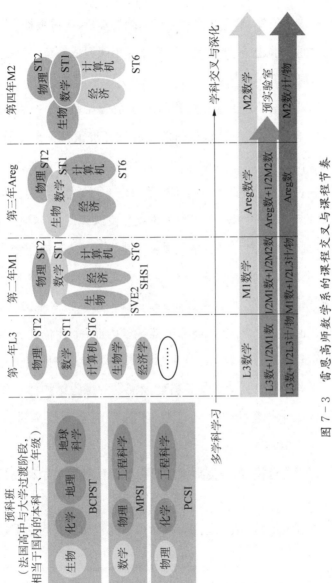

图 7-3 雷恩高师数学系的课程交叉与课程节表

或任何其他学科的课程修读,并可修读双学位。不同于我国双学位培养,高师的多学科课程和双学位学习从 L3 阶段开始,但在高中预科班①阶段就已经有所铺垫。除双学位外,学生在修读完成基础课程后,还可根据自身学习节奏与个性化时间需求选择"加速课程",将原四年课程压缩至三年完成,第四年可提前进入研究工作。

高师有计划地整合课程结构,从预科班阶段开始将同一方向课程设置在一起供学生学习,包括文科预科、理科预科、经济预科三个发展方向,由此,学生在预科班阶段就已接触多学科课程内容。通过考核的学生进入 L3 阶段后,进一步深化巩固学科知识,既可仅选择数学学科,又可选数学与物理、计算机科学、生物学或经济学的双学位课程。升入 M1、M2 阶段,学生根据自身研究方向与兴趣聚焦某一专业学习,基于前期坚实的多学科知识基础,在深度专研某一科学时,也可交叉使用其他学科知识与方法体系,自然孵化多学科交叉研究方向,若研修中途更换专业方向,前期多学科知识基础也提供了灵活更换的可能性。因而,个性化课程结构与学科交叉突破的前提基础是学生在整个学习周期内统筹安排系统化的课程结构和课程节奏。雷恩高师数学学科建设配套的课程结构体系顺应了多学科、学科交叉到跨学科的自然过渡,实现系统全面的渐进式交叉融合。

(三)菜单式课程选择:加香高师推动研究型课程教学与学科交叉内涵建设

首先,依托实验室合作,通过研究型教学加强课程和研究间的有效衔接

---

① 法国的高等教育体系存在"大学校"(grand ecoles)与大学(universites)两个泾渭分明的并行系统。学生如果想要通过该路径(从本科开始)进入高师集团这样的"大学校",需要先修读两年的"预科班",因此在两年后通过考试正式进入高师集团的学生已经处于 L3 阶段(相当于国内本科三年级)。严格意义上,高师对学生的培养是从 L3 开始一直到 M2(bac+5)的一贯式培养,但预科班阶段的课程学习是进入高师必不可少的,且两者之间具有高度连贯性。

和交叉融合。加香高师在卓越人才培养过程中强调实践的系统性,涉及确立人才培养目标、课程设置与开展、选择研究方向与定位、导师参与各环节,进而在已有培养基础上强调研究论文的创新性及论文的撰写中学科的交叉性。整个培养过程贯穿本科三年级(L3)到硕士二年级(M2)所有阶段,为确保多学科的交叉性,每门数学课程同时与一到三个实验室建立合作关系,保障课程教学与研究前沿同步。如学生在第一年的第二个学期开始,以兼职方式在博雷利中心进行现场研究。博雷利中心通过界面数学、综合和行为神经科学领域的学科交叉,汇集了由数学、计算机科学、物理、力学、生物学、神经科学和医学研究人员组成的学科交叉团队[①],既有 ST 领域内的小交叉,也有 ST 领域和 SVE 领域之间的大交叉。加香高师依托博雷利中心将课程与研究有机链接,实现在课程中研究、在研究中学习的交叉样态,满足了多学科研究型人才的培养目标。加香高师通过让学生学习系统性多学科知识,以及课程知识和实验室研究与实践的有效过渡衔接,在强化多学科建设的研究性的同时,为多学科交叉的方法与新概念领域的孵化提供空间。其次,导师为学生提供精确化跟踪式培养与指导。导师围绕研究方向与学生深度商讨,共同选择课程,确保所修课程紧紧围绕研究关注点,服务于研究。而这一"师生"精准化培养模式的前提一方面有赖于"小而精"的高师生比(1∶3 左右[②]),另一方面是多领域跨界与顶尖水平的师资配备。加香高师的数学教学与研究系的师资团队由教师——研究人员、博雷利中心研究者及法国自然科学研究院(CNRS)研究人员等组成,涉及数学领域方向广泛[③],为

---

① Centre borelli [EB/OL]. [2021 - 12 - 27]. https://www.centreborelli.fr/presentation/.

② Département Mathématiques ENS Paris-Saclay. Présentation [EB/OL]. [2021 - 12 - 27]. http://math.ens-paris-saclay.fr/version-francaise/presentation/presentation-36163.kjsp?RH= DL_MATH-FR.

③ Département Mathématiques ENS Paris-Saclay. Equipe enseignante [EB/OL]. [2021 - 12 - 27]. http://math.ens-paris-saclay.fr/version-francaise/equipe/.

学生从选课到论文的撰写提供全方位多层次的个性化深度指导。最后,依托雅克·哈达玛德数学基金打破院系边界,通过开放而个性化的课程选择,培养"卓越数学人"。法国高师依托个性化卓越课程项目,积极推动数学学科交叉及国际化合作,以此引领数学学科的卓越人才培养与国际前沿影响力,推动多学科交叉的科研学术型博士与未来数学家。在学科交叉建设中,并未摒弃传统优势学科的卓越建设,而是在传统基础数学与应用数学基础上,再设置交叉数学方向,以推动数学学科领域内课程基础的交叉发展与平台建设。为开创并引领以数学为轴心相关领域的卓越科学项目,萨克雷大学共同体联合雅克·哈达玛德数学基金会①创立卓越课程计划,加香高师与巴黎萨克雷大学、巴黎综合理工大学合作开展哈达玛德硕士课程②。项目招生秉持小而精的拔尖生选拔制与个性化菜单式的课程选择,为卓越项目学生提供了生源与课程保障。哈达玛德课程面向在数学领域有极高禀赋的少数学生群体,以培养科研学术型博士与未来数学家为目标,贯穿 M1 和 M2阶段。报考"数学与应用"硕士的学生需提供成绩单和推荐信③,遴选评审团由各自领域中有突出成就的代表人担任主席④,以保障评审领域广泛、选拔拔尖卓越人才。参与卓越课程项目的学生可在加香高师或萨克雷大学共同体成员学校的数学硕士课程中任意自由选择适合的课程修读,但需保证基础课程的修读,如图 7 - 4 所示。

在卓越课程中,哈达玛德课程在 M1 阶段的第一学期设置了 9 个基础

---

① Fondation Mathematique Jacques Hadamard [EB/OL]. [2021 - 12 - 27]. https://www.fondation-hadamard. fr/fr/fondation/accueil-101-historique-role-et-missions.

② Parcours Hadamard [EB/OL]. [2021 - 12 - 27]. https://www. fondation-hadamard. fr/fr/master-parcours-m1-m2/parcours-hadamard.

③ Foundation Hadamard [EB/OL]. [2021 - 12 - 27]. https://www. fondation-hadamard. fr/fr/master-bourses-de-master/master-403-criteres-deligibilite-et-de-selection.

④ Foundation Hadamard [EB/OL]. [2021 - 12 - 27]. https://www. fondation-hadamard. fr/fr/fondation/accueil-102-organisation.

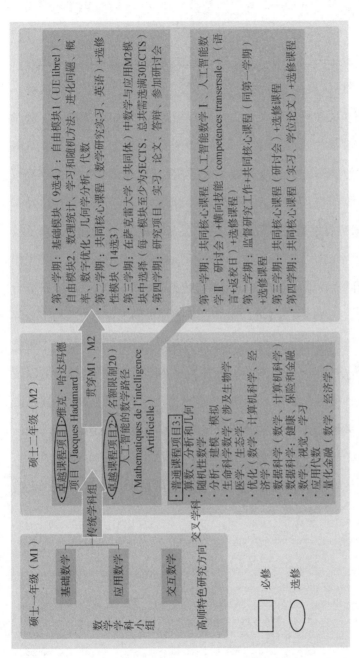

图 7 - 4　加香高师数学学科的课程结构①

① 在课程类别上理论性和应用性兼具，不仅包含"代数数理论"、"光谱理论与谐波分析"等理论性较强的课程，也涉及"社交和通信网络：概率模型和算法"、"数字图像的处理和分析及其应用数学介绍"一类应用性的课程。除哈达玛德课程外，人工智能的数学路径也供学生进行自主选择学习，并严格限定课程人数每次最多 20 名。发展到 M2 阶段第一学期，学生需要在萨克雷大学（共同体）的应用数学 M2 模块中选择 30 学分（ECTS）的课程，其中每一课程至少为 5 学分。M2 阶段的第二学期，参与哈达玛德课程的学生则需要投入到研究项目中，包括研究实习、论文的撰写、答辩以及参与研讨会。

教学模块供学生选择 4 个模块,第二学期开设了 14 门课程供学生选择 3 门①。除选择性的卓越课程外,所有学生在 M1 阶段需修读基础数学、应用数学和交互数学其中一个方向。交互数学是高师集团内数学学科的独特发展方向,旨在让学生发展多重能力,包括数学、生物学、经济学、计算机科学和物理学等多门相关学科的交叉能力培养。为此,学生如果选择交互数学方向,其 M1 的选课就需要包括数学课程和互补开放课程②。这一模式既吸取了牛津—剑桥的学院制模式,又打破了保守学院式课程资源限制,共享高校共同体内课程资源,学生有充分的课程资源深化研究旨趣,拓展了学科边界。

(四)学科研究性发展:里昂高师加强交叉学科建设,提升核心竞争力

首先,依托严格的招生标准和多元课程体系,培养研究型专业人才。里昂高师与其他高师同样在学科建设上依托系统性人才培养模式,以学生研究旨趣为中心。强大的课程体系为学生个性化课程选择提供了有力支撑与平台保障,辅助及时针对性的师资团队指导,为提升学生自由探索与创新提供了可能性。此外,高等数学课程③尤为侧重研究性为卓越学科建设导向,提供深度专业化且渐进式研究导向的培养模式,为学术博士培养提供多学科基础准备。为保障学科卓越发展,依据生源背景差异招生,标准很高且有多元路径,国际生可申请"卓越奖学金",但要求这类学生须在非原籍国实验室实习④。欧盟及非欧盟学生专业准入申请上并无过多差异,但须以学术导向硕士为

---

① M1 PARCOURS JACQUES HADAMARD-SITE ENS PARIS-SACLAY [EB/OL]. [2021 - 12 - 27]. https://www. universite-paris-saclay. fr/formation/master/mathematiques-et-applications/m1-parcours-jacques-hadamard-site-ens-paris-saclay♯programme.

② Foundation Hadamard [EB/OL]. [2021 - 12 - 27]. https://www. fondation-hadamard. fr/fr/master-master-1/master-203-mathematiques-en-interaction.

③ Offre de formation: Master (2016 - 2021) [EB/OL]. [2021 - 12 - 27]. http://www. ens-lyon. fr/formation/offre-de-formation/master/mathematiques-avancees.

④ REGLEMENT DE LA BOURSE D'EXCELLENCE AMPERE [EB/OL]. [2021 - 12 - 27]. http://www. ens-lyon. fr/sites/default/files/2020-11/Re%CC%80glement%20bourse%20Ampe%CC%80re%20ENS%20de%20Lyon%20FR%20ENG. pdf.

前提基础，以保障数学学科建设的研究导向与卓越前沿性。

其次，强有力的师资队伍保障了学生专业方向选择的多元丰富性。依托实验室，鼓励更多研究员参与教学，成为提升师资队伍数量和质量的重要路径。里昂高师数学系教师同时兼具多重身份，所有教师同时是纯数学与应用数学联合研究中心（Unité de Mathématiques Pures et Appliquées，UMPA）数学实验室研究员并参与课程教学。还有一些合作实验室研究员，如卡米尔约旦研究所（里昂一大）和傅立叶研究所（格勒诺布尔大学）研究员也参与教学①。学生可在数学实验室直接得到教师-研究员、法国自然科学研究院（CNRS）研究员手把手的专业指导。里昂高师的数学系与配套的数学实验室共生，极大丰富了课程的多元选择性。根据 2021—2022 年课程目录，里昂高师在数学领域共开设课程超过 60 门，贯穿 L3 至 M2 阶段；仅数学学科开设 60 多门课程，涉及基础数学到应用数学多元方向的专业知识②。最后，里昂高师数学学科建设中突显了多元交叉课程设置，为研究性专业选择打好知识基础。里昂高师攻读预科班与硕士的学生需要完成基础数学或在金融与精算科学研究所（ISFA）攻读精算和金融科学。M1 和 M2 阶段第一学期的多数数学课程隶属"应用"性学科的补充，涉及计算机科学、生物学、物理学和力学，学生可选择"数学与计算机科学""数学与计算机科学及生命科学"或"数学与物理及力学"课程。第四学期，学生也可重新选择定向如物理或"力学与土木工程"等专业方向③。第三学年为有强烈探究欲望的

① Enseignants［EB/OL］．［2021 - 12 - 27］．http://mathematiques. ens-lyon. fr/enseignants-224406. kjsp?RH=1393855922651&RF=1393855922649.

② catalogue-de-cours［EB/OL］．［2021 - 12 - 27］．http://www. ens-lyon. fr/formation/catalogue-de-cours-2021-2022?title = &nid = 81&field _ course _ disciplines _ target _ id%5B1096%5D=1096&field_course_ects_value=&field_course_catalogue_target_id=All&field_course_feadep_value=All&page=1.

③ Mathématiques. Domaine: Licences du domaine SCIENCES, TECHNOLOGIES［EB/OL］．［2021 - 12 - 27］．http://offre-de-formations. univ-lyon1. fr/mention-5/mathematiques. html.

学生提供修读额外课程的机会,要求必修数学课程(拓扑学、积分计算、微分计算、代数和数论、复变函数),也可选择专业教师标准培训项目(教师资格考试、继续攻读硕士学位等),在这过程中可选择计算机、生物、物理、力学的单元,以及进入职场前的实习准备。在追求研究型卓越人才培养的数学学科建设体系下,里昂高师通过多重课程选择路径与学科建设模式为学生提供充分探索的自由,同时逐步倾斜学科交叉,有力保障了高师在数学领域持续保持高度创造性与卓越性。从近五年里昂高师参与学科交叉的人数数量统计数据可发现,从 2016—2017 学年选择交叉学科的 8%到 2020—2021 年的 11%[①],尤其是在预科班阶段交叉学科的吸引力比重稳步增长,系统衔接性强,自预科班阶段始便有课程设置保障的知识基础做准备。与此同时,里昂高师逐步打破传统高师以法语授课为主的精英教育体系,通过英语授课,尤其是在传统优势学科的数学学科中逐步改革,提升国际化水平。[②] 法语作为法国文化载体的语言工具,在坚守传承传统的法国精英教育体系中,这一突破无疑呈现了法国从进退维谷的改革状态迈入国际化发展路径,将拔尖人才的培养模式与学科交叉建设体系推向国际,走向全球。

三、高师数学学科卓越建设的特点与启示

法国高师集团数学学科的建设遵循"学术共同体—学科交叉—课程结

---

① MINISTERE DE L'ENSEIGNEMENT SUPERIEUR ET DE LA RECHERCHE. Effectifs d'étudiants inscrits dans les établissements publics sous tutelle du ministère en charge de l'Enseignement supérieur [EB/OL]. [2021 - 12 - 27]. https://data. enseignementsup-recherche. gouv. fr/explore/dataset/fr-esr-sise-effectifs-d-etudiants-inscrits-esr-public/export/? disjunctive. rentree_lib&refine. annee_universitaire=2020-21.

② RAPPORT D'ÉVALUATION Champ de formations Sciences et humanités [EB/OL]. (2020 - 10 - 14)[2021 - 12 - 27]. https://www. hceres. fr/sites/default/files/media/downloads/a2021-ev-0694123g-def-fo210020919-029584-rd. pdf.

构—科研实力"的模式,四所高师均表现出对学科交叉发展和人才培养的重视,从而提高以数学学科为轴心的多学科交叉研究与人才培养的全面性、研究的复杂性和对现实议题的针对性,发展卓有成效,高师集团的数学学科在全球范围内处于领先地位。

(一)国际化驱动与卓越学科建设,立足全球顶尖标准,构建学科交叉发展共同体

构建学科交叉发展共同体依托全球化的发展模式,是学科不断发展并走向交叉和国际化的关键所在。当前中国一流学科建设的国际化发展仍存在一定困境,如仍缺乏从课程、教学与实践多维度培养国际化人才,国内外高校交流合作切入点仍较模糊,合作协议与实践执行仍存在较大差距,未形成国际化深度合作的合力[①]。而法国高师以追求卓越为目标,突破欧洲范畴,在全球范围内寻找合作伙伴,开展深度、高质量的合作,具体实践措施值得中国借鉴。例如,在质量标准上严格把关共同体质量,针对具体的学科寻找相应领域的顶尖院校和实验室合作;在合作内容上主要依托跨越国界的实验室和研究人员在具体项目上开展合作,促进学科交叉研究的开展和产学研一体化。除顶层制度建构外,学科共同体的搭建需要相应的制度支持、财政支持和师资支持。在制度支持上,高师集团允许并要求学生在学科共同体中进行研究实习,且学生需要通过共同体的研究单位提交实习申请,保证了高师集团的学生能够在共同体卓越的框架内进行个性化的发展。在财政支持上,学生可依托学校签订的双边交流协议、伊拉斯谟计划和各国留基委奖学金申请进入到合作院校或实验室进行深度研究践习。在师资支持上,高师集团的学生始终有导师提供一对一的指导交流,严格确保无论在何空间范围内都能够保持良好的学习状态。我国高校可逐步为学生

---

① 杨洪英,陈国宝,刘承军,等."双一流"高校国际化人才培养的逻辑依归、问题表征与应然路向[J].现代教育管理,2023(03):47—57.

搭建与顶尖高校合作交流的平台,改变当前交流实践仅限于普遍的授课项目的现状,使学生与双方高校导师及学者共同开展具有学科交叉性质的研究实践,增加学生的交流收获。这一方面能促进高校国际化合作的深度开展,另一方面,学生回国后能反哺学校一流学科与交叉发展的多维度建设。

(二)以学生研究旨趣为轴心,建立系统化课程结构和课程节奏,促进学科交叉

学科交叉融合是解决复杂问题的必然趋势,也是当前科学技术发展的典型特征。法国高师集团有学科交叉传统,我国近年来也愈加重视学科交叉发展。相比法国学科交叉发展中的大交叉与多维层次性,我国学科交叉仍停留在同一科学领域下分领域之间的小交叉。我国本科教育本身学分要求和课程门数多、课程体系与结构过于刚性[1],导致当前学科交叉课程设置不够合理,必修课占比大,拓展多学科知识的选修课自主选择范围小,且多是知识的并列组合而非为应对现实问题的整合[2],给一流学科建设和学科交叉发展都带来了制度上的难题。从法国高师集团学科交叉的发展来看,要想进一步推动学科交叉,首先需要建立系统化的课程结构。高师具有从预科班一直到硕士阶段的系统性课程结构安排,学生从多学科学习发展到学科交叉的应用是循序渐进的过程。高师集团在课程结构中尤为重视学生在实验室的研究性实习,使学生可以尝试运用自身的多学科知识,结交不同学科领域的研究伙伴,以进行不同学科之间专业的交流。在课程节奏上,高师集团允许学生根据自己的能力加速课程的进行。弹性的制度安排为高师的学生创设了更多的可能性,为学生的自主学习提供了更多的时间。因此,中

---

① 阎光才.研究型大学本科课程体系与结构的变革[J].教育研究,2022,43(08):97—109.
② 徐林.交叉学科人才培养高质量发展:逻辑脉络、关键挑战与实现策略[J].高校教育管理,2023,17(01):35—46.

国亟须建立更具系统性的培养方案和课程体系,自高考招生选考科目始,至本科四年课程从多学科知识导论到学科交叉知识学习再到研究生阶段研究项目实践的渐进式过渡,给予学生从理论到实践的系统化培养和依据自身学术旨趣进行自主选择的空间,促进真正的学科交叉。

(三)多元开放的个性化课程选择,以追求卓越为目标培养研究型学科交叉拔尖人才

法国高师集团的学科发展环境是自由而又有序的。自由体现在个性化课程与培养路径能够最大程度地满足高师学生的个体需求,背后是高师生比、课程设置的不同层次类型及高师大环境的卓越性。高师生比为导师给每位学生个体提供个性化的精确指导提供了可能,课程类型层次和研究领域的多样性、持续性强且类型多样的研讨会也可满足学生更多不同的研究需求,是高师课程内容的重要组成部分。此外,高师集团在法国是"大学校"的典型代表,其学术水平、生源质量等本身就名列前茅,基于高师内部大环境,学生的自由是建立在卓越框架规则基础之上的有限度的自由,学生需要在完成必修课程的基础上才能够选择高阶课程,不能影响正常的学习进度和学习年限。对标我国,高师的经验能够在我国一流大学、一流学科的建设过程中提供针对性的建议。由于当前我国高校学科建设和人才培养在组织变革上仍以相对分散、小型的院系和学科为单位,资源配置、教师编制、课程体系和考核评价未跨越学科专业限制,导致进行学科交叉合作难度较大。因此,我国需要为学科交叉课程体系建设和多元个性化课程选择提供组织管理上的支持,包括提高对学科交叉师资的重视,给予经费、项目等资源,为导师针对性培养学生提供更多的时间和经费上的保障;充分利用国内外高校合作的平台,一方面在师资队伍上吸纳多领域跨界顶尖学者参与课程教学和研究,另一方面给予学生参与学科交叉相关的顶尖学术研讨会、国际交流和研究实习的机会,从而打造高校内部更具学术研究性和学科融合性的文化环境,进一步促进一流学科建设。

(四) 重视学科方向内涵拓展,深挖学科建设专业性与前沿性,拓展学科国际化水平

学科的专业性是学科建设发展过程中的核心要旨。以数学学科为例,法国四所高师在数学的具体研究方向上均涵盖从基础数学到应用数学的所有内容。与此相对应,师资的背景和来源也呈现出多样性的趋势,高师的教师均在各自领域深耕多年,由此确保师资层面的专业性。此外,高师的学科方向细化还体现在课程的数量和内容层面。以里昂高师为例,仅数学学科就开设有 60 多门课程,贯穿从 L3 到 M2 的所有阶段,且均是数学领域的专业课程和学科交叉课程。由此可见,高师通过多样性的课程设置进一步细化了学科研究的具体方向,也为研究的具体深入和交叉发展提供了课程数量和内容上的支撑。当前我国一流学科建设则存在功利化实践倾向,以学术指标和量化成果为指向,片面追求成果产出的速度和数量,而忽略了具有学科内涵和专业深度的前沿研究质量,虽在短时间内达成了一流学科的评价指标,但未真正建设自身学科的制度、机制和文化,未带动学科团队的整体素质和能力,没有实现学科水平的可持续发展[①]。因此,我国可参考借鉴法国高师集团卓越学科建设的模式和路径,避免过于追求量化指标,更多关注学科全方面的可持续提升,包括筹备专业化和多元化的师资团队,专注课程体系系统化和教学内容质量的提高,在研究层面鼓励具有专业深度、处于学科前沿、学科交叉融合、质量高的研究成果,这需要国家政策层面对高校和学术界的评价标准进行改革,使一流高校和一流学科建设真正得以实现具有持续性的落实。

法国高师集团在政策文本或战略方针中并未提出"一流学科"或"卓越

---

① 刘小强,聂翠云.走出一流学科建设的误区——国家学科制度下一流学科建设的功利化及其反思[J].学位与研究生教育,2019(12):18—24.

学科",但事实上其学科建设以高度的卓越性融入在"卓越大学"及拔尖人才培养的进程中。数学学科逐步实现了学科共同体构建、学科交叉与个性化建设、产学研一体化的内涵发展,培养具有学科交叉能力的研究型顶尖人才,有利于学科自身的可持续发展。

第八章

学科交叉融合背景下法国高师集团课程结构演进与路径研究——以巴黎高等师范学校为例

2017 年 1 月，教育部、财政部、国家发改革委印发《统筹推进世界一流大学和一流学科建设实施办法（暂行）》，强调"积极推进课程体系和教学内容改革"。课程是人才培养、学科建设的重要载体，高质量的课程也是科研与教学的交汇点，没有一流的课程支撑，"双一流"就不可能实现①。当前学术界对"课程体系"内涵聚焦宏观、中观、微观三层次理解。首先，宏观上侧重专业设置，聚焦学科及专业；中观维度侧重专业内部的课程结构，即研究专业层面的课程体系状况，具体包括课程体系的目标、结构、事实及评价等；微观层面侧重专业内某一具体课程的教学内容②。学者阎光才发现，我国本科教育存在学分要求总量大、课程门数过多、内容庞杂等现象，导致学生学习匆忙而又浅尝辄止；培养方案相对单一、课程体系与结构过于刚性，压缩了学生专业与课程学习自主选择的空间；专业口径窄，不同模块与专业方向的选择余地有限，弱化学生面向社会职业环境变化的适应性③。伴随教育部高教司在"四新"建设中明确表述"新文科"，高校新文科建设的大规模实践，我国高校拓展和构建哲学社会科学研究理论场域和话语体系，既往人才培养计划和传统教学模式开始转变，为构建新文科高质量发展体系提供了多种路径选择。面对这一转变，如何在科研驱动下促进多学科交叉与深度融

---

① 柯政."双一流"中的课程建设：上海纽约大学的启示[J].中国高等教育,2016(02):53—56.
② 施良方.课程的基础原理与问题[M].北京：教育科学出版社,1996.
③ 阎光才.研究型大学本科课程体系与结构的变革[J].教育研究,2022,8(511):97—109.

合发展，如何在守正与创新中打造学科生态尚不成熟的新兴学科，如何以人才需求为导向推动传统文科更新升级，成为我国高校教师当前面临的重要课题①。基于以上问题，本书试图以法国精英高等教育典范的高师集团为案例，探索学科交叉的课程结构演进与路径探索。巴黎高等师范学校作为高师集团中最古老的先锋学校，人才培养取得傲人成绩，先后培养了如罗曼·罗兰(Romain Rolland)、路易斯·巴斯德(Louis Pasteur)、乔治·让·蓬皮杜(Georges Jean Pompidou)等精英人才，学制与课程结构上与我国略有不同，在本硕博 3—5—8 的年限上，为学生拓展专业自由选择空间，对时下我国从中观维度拓展学科交叉课程路径，探索一流课程体系建设以及新文科建设，提供了新的国际经验与视角。

一、巴黎高师课程体系的演进脉络：从理科主导到文理融合，推进学科交叉

(一) 初创时期(1794—1847)：传授教学法，培训教师以传播同质化的教育

1789 年法国大革命前，教会是法国大学的主要创办者和管理者，同时囊括教师培训。大革命期间，宗教特权持续受到自由主义政治组织及民众抗议的冲击，政府希冀教育普及并世俗化，而教师教育成为亟待解决的棘手问题。在国民公会议员拉卡纳尔(Joseph Lakanal)提议下，共和国政府颁布建立师范学校的法令，并指出"在巴黎建立一所师范学校，召集全国各地受过应用科学教育的公民，由师范学校为他们提供各领域最出色的学者传授教学法"②。1794 年 10 月巴黎高等师范学校正式成立。课程结束后，学生

---

① 鲁小艳，王东兰.构建新文科高质量发展体系探究[J].中国高等教育，2023，5(09)：14—17.

② Convention nationale. Décret relatif à l'établissement des écoles normales [EB/OL]. [2023 - 12 - 07]. http://rhe.ish-lyon.cnrs.fr/fichiers_pdf/toformation/17941030.pdf.

返回各自学区,并在地区管理部门指定的三个州首府开设一所师范学校,其目的是向致力于公共教育的公民传播在巴黎师范学校受教时习得的教学法,向民众广泛传播启蒙和革命思想,并向小学输送师资①。自此,这一时期巴黎高师旨在通过课程目标与教学法培养教育家,并依托所培养的教育家承担为社会培养教师的职能任务②。学校的课程安排于自然历史博物馆的露天剧场,师资配比中理科占主导地位,任课教授团队主要涵盖理科领域的数学、物理和博物馆管理学。

然而,由于缺乏具体的招生、管理制度及资金支持,学校在一年后被迫关闭。直至 1808 年 3 月 17 日,法国颁布了《关于大学组织法令》,标志着"寄宿师范学校"的重新启动,而学制也在 1815 年延长至 3 年。课程结构上,第一年的科学及文学专业学生共同修习通识课程,第三年数学与物理专业的学生开始分化,各自修习不同的专业课程。1822 年巴黎师范学校再次关闭,直至 1826 年 3 月 9 日,以皇家路易勒大学院预备学校的名义成立了一个新的学校,旨在培养教师,涵盖文学、科学和哲学学科,学制为 2 年,可延长至 3 年。1845 年 12 月 6 日,该学校经过条例修订更名为"高等师范学校",即今天的"巴黎高等师范学校"。

(二) 发展时期(1847—1968):确立文理兼备的学科体系,培训精英教学艺术

区别于其他法国精英大学校,巴黎高师正式确立文理综合并行的学科体系,文科设有古典文学、现代文学、哲学、历史、地理等专业;理科设有数学、物理、化学、生物、地质等专业,并鼓励交叉学科发展与通才的培养。③

① Denis V, Quiviger P Y. L'avenir de l'École normale supérieure [J]. Commentaire, 2007(2): 459–470.
② ENS Paris. Grandes dates [EB/OL]. [2023–12–07]. https://www.ens.psl.eu/grandes_dates.
③ 阎玟.法国巴黎高等师范学校课程特色研究及其启示[D].曲阜:曲阜师范大学,2017.

1885 年新索邦大学涵盖文学院、科学院、医学院、法学院和药学院等,在校师生比达到近 1∶5(320 名教授和 1 600 名学生)。发展到 1924 年,学校的课程授课教师汇集了哲学家、文学家、社会活动者让-保罗·萨特(Jean-Paul Sartre),作家保罗·尼赞(Paul Nizan),历史学家、社会学家雷蒙·阿龙(Raymond Aron),心理分析家丹尼尔·拉法奇(Daniel Lafache)和后来的诺贝尔物理学奖获得者路易·内尔(Louis Néel)等顶尖学者。这一时期高师不仅以理科发展为主,同时引进了一批文学与社科领域的优质师资,以强大的师资力量为学科发展提供保障。1931 年,高师的学习年限调整至 4 年。1948 年 8 月 26 日,法国教育法案赋予三年级和四年级学生见习公务员身份。1954 年,这一特殊的社会身份角色扩展至所有高师学生范畴。1958 年,高师发展为覆盖物理、化学、地质学、动物学、植物学等五个学科领域的实验室,让·伊波利特(Jean Hyppolite)进一步认同扩大学科发展范畴,增设社会学、民俗学和心理学,社会科学课程范畴逐步拓展,形成文理并行发展的新格局。

(三) 调整时期(1968—2010):丰富拓展课程体系,突破传统教师培养范式

1968 年,由学生发起,旨在改革法国相对落后陈腐的高等教育体制的"五月风暴"爆发,这对高师学生原本以成为教师为发展目标的择业观造成了巨大冲击。到 20 世纪上半叶,巴黎高师始终以法国社会培养精神贵族为旨向,但师范毕业生的待遇相对较低,导致 80 年代后,逐步涌现出高师毕业生转向企业发展的案例。因此,巴黎高师开始为除教师外的其他职业前景开辟道路,不再局限于之前培养教育家或教师的发展目标,而是将范围进一步扩大到企业或非政府组织中。在学科体系上,学校也在不断补充丰富,高师应用数学中心、认知研究系相继成立。1985 年,原巴黎高等师范学校与青年高等师范学校合并为今天的巴黎高师。此后,先后有加香高师(巴黎-

萨克雷高师)、里昂高师、雷恩高师与巴黎高师联合组建成为法国高师集团，集团在师资、课程、设备等资源方面实行共享，高师的课程体系总体呈现出在调整中发展的趋势[①]。此外，在 1989 年伊拉斯谟计划的推动下，欧洲学分互认体系(ECTS)逐渐发展，欧洲学分体制被打通，学历相互承认，法国也参与到该进程之中。因此学生在修读不同阶段的课程时需要满足基本的学分要求。

(四) 改革时期(2010—至今)：以研究为主要导向，课程体系多样化交叉融合

2003 年上海交通大学发布的世界大学排名对法国高等教育体系带来了巨大的冲击和挑战。巴黎高师已有"小而精"的发展模式在世界科研产出排名中举步维艰，促使法国政府于 2006 年发起以高等教育与研究联合为核心的改革，推动以高师为代表的"大学校"逐步由传统双轨并行向"单轨"协同发展的"联合大学"模式过渡[②]。在高校共同体改革的背景下，巴黎文理研究大学(PSL)于 2010 年 7 月正式成立，涵盖所有学科领域，巴黎高等师范学校是其首批合并的五所学校之一。巴黎高师自身的规模相对较小，合并进入 PSL 也能帮助其扩大学科交叉融合的目标与范围，促进学科融合与创生。

巴黎高师作为一个文理综合的多学科高等学府，其课程体系也体现了学科交叉性。截至 2021 年 4 月，学校共有 15 个教学与研究院系或学部，其中 8 个为人文社会科学院，包括艺术系、经济系、历史系、哲学系、社会科学系、古代科学系、文学与语言系、地理和领土部[③]；6 个自然科学学院为计算

---

① 国务院学位委员会办公室. 透视与借鉴——国外著名高等学校调研报告(2008 年版)[M]. 北京：高等教育出版社，2008.

② 张丹. 教育国际化背景下法国高师发展的路径选择及其问题[J]. 外国教育研究，2018，45(01)：79—95.

③ École normale supérieure-PSL. Liste des départements lettres [EB/OL]. [2023 - 12 - 07]. https://www.ens.psl.eu/liste-des-departements-lettres.

机科学系、生物学系、化学系、地理科学系、数学和应用系、物理系；以及 1 个交叉学科的认知研究学院[①]。认知研究学院集实验心理学、神经科学、信息技术、数学建模、语言学、哲学、社会科学和经济学于一体，在学科边界进行探索，侧重理解物种的能力和文化的复杂交织。此外，巴黎高师还设有多个交叉学科实验室，如认知研究所[②]、面向人文和社会科学的琼·尼科迪研究所[③]、物理学及界面交叉学科基础研究的实验室[④]。由此可见，在高校共同体改革后，学科交叉融合的进程在巴黎高师的课程体系中得到进一步体现，成为人才培养的重要导向之一。纵观历史，巴黎高师从初创和发展时期就已着手鼓励交叉学科人才培养，而到调整和改革时期则进一步将学科交叉融合作为发展目标之一，不断深化并拓宽学科交叉融合的范畴与深度，将学科交叉融合从鼓励倡导层面真正转向落实到课程与培养目标的实践过程中。发展到 2010 年高校共同体改革之后，在知识生产新模式日益凸显的背景下，学科交叉融合的课程成为巴黎高师课程体系的重要组成部分，并展现出积极的发展态势。

二、巴黎高师学科交叉融合课程的建设路径——以社会科学专业为例

巴黎高师学科交叉融合的课程设置兼顾了文理并行发展，且日趋成熟，外部教育国际化与高师内部学科交叉传统双向合力推动课程目标的制定

---

① École normale supérieure-PSL. Liste des départements sciences [EB/OL]. [2023 - 12 - 07]. https://www.ens.psl.eu/liste-des-departements-sciences.

② Département d'études cognitives. Presentation [EB/OL]. [2023 - 12 - 07]. https://cognition.ens.fr/en/about-dec/presentation-636.

③ ENS Paris. Institut Jean Nicod [EB/OL]. (2017 - 12 - 01) [2023 - 12 - 07]. https://www.ens.psl.eu/laboratoire/institut-jean-nicod-umr-8129.

④ ENS Paris. The ENS Physics Laboratory [EB/OL]. [2023 - 12 - 07]. https://www.phys.ens.fr/spip.php?article3799&lang=fr.

与实施。尤其是社会科学系①培养目标旨在依托人类学、法学、政治学、社会学等社会科学学科框架展开教学科研,结合各学科的理论基础与实证研究方法,逐步实现学科专业化,同时保持强有力的学科交叉对话的可能性。

（一）国际化驱动与跨界合作,合力推动巴黎高师交叉学科课程建设与路径探索

巴黎高师作为法国精英教育的代表,早在1810年就呈现出国际化的发展趋向,并主要呈现出综合双边合作发展模式和全球化发展模式的国际化路径。在综合双边合作发展模式中以课程作为衔接的桥梁,架构起两个跨境实体之间的国际化交流与合作,实现资源共享,为学生提供互相学习的机会。在全球化发展模式下,巴黎高师与世界各地一流的高等教育机构签署国际合作协议,在国际框架内打造交叉学科卓越实验室。国际化成为巴黎高师学科交叉融合课程发展过程中的催化剂与动力机制。具体脉络体系与课程路径如图 8-1 所示。

为实现国际化与课程交叉建设,高师充分利用高等教育国际化这一外部动力。如图 8-1 所示,从预科班阶段以综合双边合作模式为主,发展到本科三年级(L3)以综合双边和欧洲教育区为国际化的主要载体范围,再到硕博士阶段全球发展模式的增强,课程建设在国际化的推动下不断纵深发展,形成以预科班为根基,本硕博渐进式发展的学科交叉融合课程,学科交叉融合的程度、范围不断增强与拓宽。建构预科班阶段的多学科知识基础中聚焦文学、历史、地理、语言、哲学等,逐步过渡到本科阶段的多学科交叉聚焦社会人类学、法律社会学等小学科交叉课程路径,再到

---

① ENS Paris. Livret Enseignements Lettres 2021－2022[EB/OL]. [2023－12－07]. https://fr.calameo.com/read/0052483195350eb565d71.

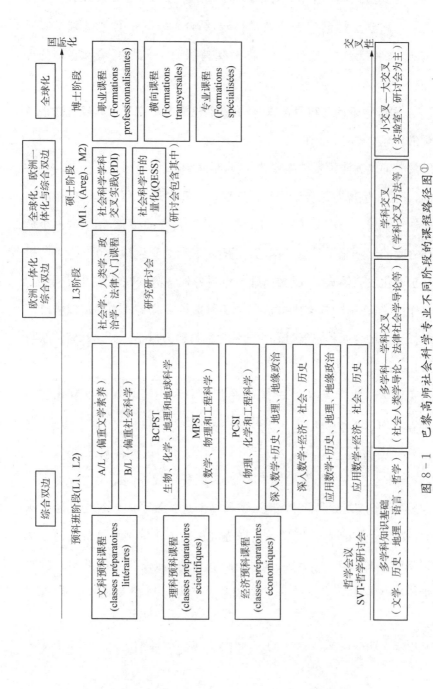

图 8-1 巴黎高师社会科学专业不同阶段的课程路径图①

① 小交叉指我国语境下一级学科或二级学科之间的交叉，大交叉指大的学科群之间的交叉；Areg 年是师范生准备教师资格证考试的年份。

硕士阶段聚焦学科交叉方法融合,以及博士阶段依托实验室、研讨会等逐步实现学科小交叉到大交叉的跨越。在此基础上,重视基本研究方法掌握的方法课程推动学科交叉融合成为可能,依托学科交叉融合主题的研讨会为各阶段高师学生提供交流与共享的平台。如文科预科课程中分为偏重文学素养与社会科学两大类,进而到本科阶段侧重社会学、人类学、政治学、法律入门课程等基础大类学科知识基础,并辅以研讨会帮助学生对学科知识进行整合分析,再到硕士阶段,逐步深度聚焦社会科学学科交叉实践与量化方法,直至博士阶段再通过横向课程与专业课程进一步深化学科交叉,同时开设职业课程以令学生符合全球化职业需求。

与此同时,高师的系统化的学科交叉课程设置首先与优质卓越的招生标准支撑分不开。学生来源主要分为三类:参加法国两年的预科班学习并通过竞争性选拔考试的学生,这一群体每年文理招生各 100 人,学制为 4 年;来自大学文科 L3 阶段和理科 L2、L3 阶段中通过考试的学生,这一群体招收 120 名左右,学制为 3 年;通过国际选拔渠道进入高师的国际生源,每年文理科各 10 人,学制也为 3 年[①]。在这三类进入高师的学生中,通过预科轨道进入巴黎高师的学生是最主要的群体,也就是严格意义上的"师范生",因此,本章主要聚焦这一群体的课程,但这些课程并不是"师范生"所独有的,其他两个轨道进入高师的学生同样可进行选修或旁听。

其次,巴黎高师的卓越课程建设及学科交叉的课程实践路径与国际化的外部动力推动分不开。巴黎高师学科交叉融合课程建设不断推进,在授课语言、师资、教学内容与方式上均呈现出国际化的趋向。例如,与全球一

---

① ENS Paris. Admission-Concours[EB/OL]. (2022 – 12 – 07)[2023 – 12 – 07]. https://www.ens. psl. eu/une-formation-d-exception/admission-concours.

流大学联合组织研讨会,其主题设置结合世界发展态势和热点话题。2021年一次学科交叉研讨会由亚利桑那大学的国际交叉学科与全球环境研究组(iGLOBES)实验室与美洲研究所共同举办,主题是"COVID‐19:打破和提高边界",旨在探讨冠状病毒给社会和科学带来的多重挑战[①]。这一研讨会在主办单位上突破法国本土范围,在主题选择上紧紧围绕新冠疫情这个大主题展开多个子主题的学科交叉教学,涉及数学、生物学、人类学、历史学、医学、地球科学、地理学等多个不同的学科领域,授课教师来源多元。又如在子主题"帕台农神庙与瘟疫:古典雅典"的授课过程中,亚利桑那大学人类学博士埃莱妮·哈萨基(Eleni Hasaki)从干预大流行病视角切入分析,而历史学博士帕特里斯·布尔德莱(Patrice Bourdelais)则聚焦历史学透视,即这一子主题本身融合了人类学和历史学,在国际化合作的背景下将"学科交叉"融入课程实践,打破了国别与组织边界,实现了课程资源的国际化。

(二)跨学科预科并贯通本硕博,构建渐进式学科交叉课程目标与教学路径

巴黎高师的学科交叉课程路径,横向与纵向交叉融合,致力于共同深化学科交叉发展与卓越课程建设,培养具有跨学科视野和创新力的卓越人才,为未来的学术研究与职业发展打下坚实的基础。如社会科学专业在学科交叉融合的课程建设中横向依托于学校的课程目标、内容、组织与评估,纵向以预科班为基础,贯穿本硕博,切实践行学科交叉融合课程路径建设与实施。从横向交叉实践角度看,巴黎高师社会科学系将学科交叉对话纳入培养目标,设置多学科课程,在学科交叉课程安排上,专门设置"学科交叉方法"和"学科交叉循环周期",以及安排针对特定主题的多学科视角分析课

---

① ENS Paris. Covid‐19: Breaking and raising boundaries [EB/OL]. (2023‐02‐23)[2023‐12‐07]. https://www.ens.psl.eu/agenda/covid-19-breaking-and-raising-boundaries/2021-05-12t080000.

程。在课程实施环节,师资团队具有多元学科基础,如社会学、人类学、历史学、政治学等,同时教师团队兼顾担任国家科学研究院(CNRS)等研究中心的研究人员或交叉学科实验室成员,给了高师学生从理论到研究实践的多重可能。在课程评估层面,巴黎高师针对每门课程制定自身的评估标准。对于诸如"国家社会学""公共行动社会学"等课程,学科交叉阅读和多学科视角分析被视为评估的重点之一。从纵向角度看,整个课程建设呈现渐进式的学科交叉融合发展趋势。在预科班阶段,重点是建立学科知识基础,通过多学科课程积累坚实的知识基础,研讨会辅助启发学生创新思维。硕士阶段,课程逐步巩固专业内多学科知识,并初步探索多元学科交叉内容,强调研究方法和实践。而在博士阶段,学科交叉直接成为培养目标之一,并以研讨会和实验室为依托,推动学科交叉从理论走向研究实践。

首先,预科班阶段,以坚实的多学科知识基础为学科交叉提供人才储备。多学科知识基础是学科交叉融合进程中的基本条件,预科班阶段的课程设置成为多学科交叉的基础性关键。在多学科阶段,不同学科间课程并置,并无直接关联。亨利四世高中①专为预备考入巴黎高师的学生的预科班设置中,地理、历史、古典文学、现代文学、第二外语、哲学都在其第二年的课程选择范围内②。多学科知识基础的重要性也在竞争性选拔考试

---

① 法国预科班阶段的课程学习虽设在高中阶段却隶属于高等教育范畴,是学生通过考试进入巴黎高师的一个重要路径,因此对巴黎高师学科交叉融合课程的探究有必要从预科班阶段开始梳理。位于巴黎拉丁区的亨利四世(Henri IV)高中有着全法顶尖的高师预科班,以2020年为例,巴黎高师录取的200名学生中就有39名来自亨利四世高中,大约占到五分之一。亨利四世高中不细分具体的专业,但有文科类、理科类和经济类之分,其中有两个文科班级是专门为打算进入巴黎高师的学生开设的。因此本文以亨利四世高中的高师预科班为例,对其课程设置展开探析。Lycée Henri-IV. Excellence, ouverture et innovation [EB/OL]. [2023 - 12 - 07]. https://lycee-henri4.com/presentation/le-lycee-sur-la-montagne/.

② Lycée Henri-IV. L'enseignement supérieur au lycée Henri-IV [EB/OL]. [2023 - 12 - 07]. https://lycee-henri4.com/wp-content/uploads/2020/12/Structure.pdf.

中体现①。考试主题和范围的界定在评价环节进一步强化了对学生培养目标的多学科要求，竞争性选拔考试的高难度使得进入巴黎高师的学生无论在多学科知识基础的掌握还是表达交流层面都有突出表现。其中巴黎高师专设区别于其他学校的古典文学、西班牙语、意大利语等课程，以传承巴黎高师古老的人文底蕴。预科班阶段已为学生提供参与哲学研讨等学术交流的机会与体验。亨利四世高中每年例行组织哲学学者主持研讨会②，学生在研讨会中亲历哲学和科学间的大学科交叉，既在主题设置上有科学性，又在分析的视角上有哲学性，为学生后期深度学科交叉打下良好的学科知识基础。由此，预科班阶段的学习内容更偏向于学术型，和法国大学校的培养路径相关联。预科班的课程安排实现从内容到评价一体化的多学科趋向，侧重两门学科以上的交互与补充。学生在预科班阶段积累的多学科知识基础正是后续学科交叉融合进程中的重要能力起点，同时也是巴黎高师一系列课程设置的服务对象。

其次，本科（L3）阶段，通过多学科视角对同一主题进行初步交叉分析。高师预科班学生经严格选拔后考取高师进入本科三年级（L3），人文与社科专业在招生选拔中尤为重视学生的研究项目，旨在培养多学科交叉的研究型人才③。课程安排上，学生需在 L3 阶段修读社会学、人类学、政治学和法

① 预科班课程分为文科预科课程、理科预科课程和经济预科课程，但进入巴黎高师的竞赛只有文科类竞赛和理科类竞赛两大类，社会科学专业学生需要参与的文科类竞争性选拔考试分为 A/L 类和 B/L 类。在 A/L 选拔考试中，学生需要完成笔试和面试。笔试主要包含历史（6 小时）；法语作文（6 小时）；哲学（6 小时）；现代外语：对文本的评论和部分翻译（6 小时，包含阿拉伯语、中文、英语、德语、现代希腊语、希伯来语、意大利语、日语、波兰语、葡萄牙语、俄语、西班牙语等）；古代语言和文化：可选拉丁语（4 小时）、希腊语（4 小时）或两门语言（6 小时）。面试则包含法语文本说明、哲学辩论、历史、古代文本语言的翻译与评论、现代外语的文本解释及可测试。ENS Paris. Les épreuves［EB/OL］.（2024 - 01 - 26）［2024 - 02 - 23］. https：//www. ens. psl. eu/une-formation-d-exception/admission-concours/concours-voie-cpge/concours-voie-cpge-lettres/le.

② Lycée Henri-IV. Conférences de philosophie［EB/OL］.［2023 - 12 - 07］. https：//lycee-henri4. com/conferences-de-philosophie/.

③ Département de Sciences Sociales. Le concours Normalien étudiant［EB/OL］.［2023 - 12 - 07］. https：//sciences-sociales. ens. psl. eu/-Diplome-de-l-ENS-. html?lang＝fr.

律入门课程并自主选择参与研究研讨会。在从多学科发展到学科交叉的过渡阶段,整个入门课程在设置上既涉及相关学科的基础知识和经典作品阅读,也包含针对某一特定主题从多学科视角切入,并强调交叉阅读的重要性,如"经济社会学导论"将经典著作与20世纪建立的新经济社会学及最近的出版物进行对话,"国家社会学"课程和"公共行动社会学"课程将交叉阅读作为课程评估的重要组成部分①。由此,社会科学系的学生在进入硕士阶段前既有扎实的多学科基础,又有学科交叉的初步尝试和体验,为后续进一步深化拓展打下良好的基础。

继而,硕士阶段,在内容、组织、评估环节实现课程目标,融入交叉范畴。在巴黎高师的硕士阶段,为促进学科交叉融合,学校开展了订制课程,追求学科融合与个性化发展的平衡。从L3到M2,学生需累积180个ECTS以获得学位,其中至少累积72个ECTS的补充教学。以文科类硕士为例,在这72个ECTS的补充教学中,24个ECTS涉及认知研究、经济学、地理学、历史学、艺术史与理论、文学、哲学、古代科学,24个ECTS需要在"阿拉伯研究""外交和地缘政治"等专业辅修获得,另外24个ECTS主要是在公开课层面,包括半年语言课程、实习与国际经验、集体研究及跨学科学习或实践经验等②。同时,学生和导师签订学习协议,在主要专业基础上选择第二专业学习,并鼓励学生从事学科交叉研究。巴黎高师的文凭结构体现了交叉学科方向的开放发展,学校为保障订制课程质量,提供了1∶4的高师生比例,使得每名学生都能够跟踪订制课程并签订协议接受监督③。

---

① Cours d'initiation [EB/OL]. [2023 - 12 - 07]. https://sciences-sociales. ens. psl. eu/-Cours-de-1ere-annee-. html?lang=fr.
② ENS Paris. Le DENS en lettres [EB/OL]. (2020 - 12 - 08) [2023 - 12 - 07]. https://www. ens. psl. eu/une-formation-d-exception/formations/le-dens-ou-diplome-de-l-ecole-normale-superieure/le-dens-en.
③ Campusfrance. ÉCOLE NORMALE SUPÉRIEURE PARIS [EB/OL]. [2023 - 12 - 07]. https://ressources. campusfrance. org/pratique/etablissements/en/ge_ensparis_en. pdf.

在课程建设方面,巴黎高师采用小交叉为导引的系统化学科交叉融合课程设置,涵盖了课程目标、内容、实施和评估。以社会科学专业为例,该专业的硕士学位课程包括社会科学学科交叉实践(PDI)和社会科学中的量化(QESS)两门原创课程。这些课程整合了人类学、历史学、社会学等基础学科,同时对其他学科如政治学或经济学的对象和问题保持开放性。课程旨在于多个学科的交叉点上提供社会科学的多学科教学。学制为两年,M1 阶段侧重于深化核心知识,打好多学科知识基础,而 M2 阶段则通过学科交叉开放教学实现渐进式交叉[①]。例如,PDI 课程将"学科交叉方法"和"学科交叉循环行动"作为独立的学习模块,安排在 M1 和 M2 阶段,呈现出多层次和交叉性。

在层次性上,整个课程的组织分为不同的周期和模块。第一学期主要涵盖"学科"周期,重点巩固人类学、历史学、社会学等多学科知识。第二学期包括"方法"和"调查"周期,强调研究方法的训练和实践应用。第三学期以研讨会为主,学生回顾经典文献,参与学科交叉主题的研讨。第四学期以论文撰写为主,学生每节课展示研究状态,坚持以学生为中心。在交叉性方面,PDI 课程全面推动学科交叉融合。以学科交叉方法模块为例[②],围绕"性别和工人阶级"展开(表 8-1),旨在超越学科框架,实现"去学科化"。教学模块由多位优秀教师共同参与,形成一种"系列教学"模式,确保不同学科视角的交叉教学。课程实施中实行小班化教学,PDI 课程每一教学模块严格

① HCERES. RAPPORT D'ÉVALUATION DE L'ÉCOLE NORMALE SUPÉRIEURE (ENS) PARIS [EB/OL]. (2018-09-11)[2023-12-07]. https://www.hceres.fr/sites/default/files/media/publications/depot-evaluations/D2019-EV-0753455Y-DEE-ETAB190016336-022316-RD.pdf.
② ENS Paris. Cursus PDI [EB/OL]. (2021-08-25)[2023-12-07]. https://master-sciences-sociales.ens.psl.eu/cursus-pdi/#more-625.

控制在 20 人以内,有利于高质量教学①。

表 8-1 学科交叉方法的具体课程安排

阶段	主题	内容
第一部分	介绍性课程	专门介绍对象、方法和田野
第二部分	学习你的性别和阶层	提出了针对工人阶级子女的性别和阶层的问题,通过对社会化过程的历史化,突出正式和非正式的空间和机制
第三部分	移徙	与殖民和后殖民统治机制以及种族制造有关的工人阶级结构现象
第四部分	收支平衡/生存	展示社会贫困如何以不同的方式影响男性和女性,理解夫妻和家庭如何作为资源空间确保家庭生存的经济任务被平均分配;研究工人阶级福利政策背后的道德逻辑,质疑性别与这种道德及其体现的制度之间的关系
第五部分	工作	研究现代和当代西方社会的性别分工,从性别和受欢迎阶层的角度进行质疑
第六部分	性问题	性被视为是权力关系和控制机制中的重要历史现象,从性问题上质疑社会性别差异的构成,包括构成良好性行为的要素、支持这种行为的机构、对性身份的定义、由此产生的行为和关系
第七部分	信仰	把宗教作为一种分析范畴,与阶级和性别交叉,既要看工人阶级男女是如何利用宗教的,也要看宗教结构在多大程度上强化或允许颠覆性别和阶级规范
第八部分	竞赛者	不仅从工人行动主义的角度质疑行动主义的类型,还会质疑以家政工作或家庭名义进行的集体行动(暴动,罢工,工会主义,示威游行)

进而,在课程安排上,高师同时逐步过渡设置大交叉类的跨学科课程,建构阶段性、系统性组织的学科交叉课程。如 2018 年创建的"医学—人文"(medicine-humanities)计划是巴黎高师在学科交叉领域的一个新尝试,将

---

① ENS Paris. Enseignant. e. s parcours PDI [EB/OL]. (2021-08-23)[2023-12-07]. https://master-sciences-sociales. ens. psl. eu/enseignants-pdi/#more-137.

人文学科的通识性原则和医学知识与实践提出的最新问题联系起来，实现医学与人文学科的"大交叉"，处于交叉学科研究前沿，也是法国学科领域内的首创。该新计划由巴黎高等师范学院文学与语言系主导[①]，提供高质量混合课程，一方面针对医学生，结合医学研究[②]，深入补充人文学科（文学、哲学、古代科学、历史、艺术史、地理、社会科学、经济学）基础知识，并辅助拓展顶尖合作伙伴网络（PSL、法国巴黎公立医院集团、居里研究所、巴黎大学巴斯德研究所）。基于多学科交叉课程学习，学生职业发展不仅可在医疗领域就业，还可承担与医学和人文学科相关的如道德委员会及机构、专业咨询等[③]，拓宽了学生的职业前景。课程的具体安排如表 8-2 所示。

表 8-2　医学—人文课程具体安排[④]

时间	具体安排
第一年	允许学生在医学研究的同时，进行从硕士课程和巴黎高师人文研讨会上抽取的一系列课程以及"医学/人文"专题研讨会的学习与实践。整个课程由双导师（医学和人文学科各一名导师）进行个性化监督
第二年	学生中断医学培训，致力于研究他们选择的人文学科，主题是医学与该学科的联系（伦理学、健康经济学、临床社会学、艺术护理表现等）
第三年	学生恢复医学课程，同时完成人文学科硕士论文的写作

这一项目计划跨越文理大学科间的知识体系，针对不同学科间的知识、理论、方法的整合程度提出了更高要求，同时在招生选拔面试中，尤其侧重学生对医学、艺术、文学、哲学、人文和社会科学领域或时事的认知应用及对

① ENS Paris. The Ecole Normale Superieure in 2018 [EB/OL]. [2023-12-07]. https://en. calameo.com/read/005248319f7a7c0517008?page=3.
② ENS Paris. MÉDECINE-HUMANITÉS Programme de l'École normale supérieure [EB/OL]. [2023-12-07]. http://medecine-humanites.ens.fr/.
③ 同上。
④ 同上。

医学—人文课程的学习动机与兴趣点①。由此,巴黎高师通过减少招生人数、提高人才质量的方式推动了该计划的有效实施,并且能够给课程设计和实施环节更多的可能性。因而,巴黎高师课程建设在硕士阶段持续深入,侧重学科交叉融合,既有学科组内邻近学科间的交叉,也有跨学科的学科群间的大交叉。课程建设重点不局限于学科知识层面,更在于学生掌握学科交叉融合方法与问题解决能力。学生往往需就某一特定问题展开不同学科视角的分析和处理,或针对不同学科知识提出统整贯通的研究问题,以此推动课程建设中的学科交叉融合,并逐步走向研究实践。

最后,博士阶段,实现学科交叉目标,通过研讨会和实验室培养多学科交叉人才。巴黎高师专设人文与社会科学领域的超学科博士生学院(ED 540),旨在培养多学科(pluridisciplinarité)或跨学科(interdisciplinarité)博士②,学科交叉成为社会科学博士生培养的主要教学目标与培养亮点③。首先,ED 540 博士培养的课程计划涵盖职业课程/学科课程、交叉课程/横向课程以及专业课程三个领域。博士生需要参与两个年度的培训课程,每个类别至少参与一次,确保课程类型的多样性,为学科交叉提供更多可能性。其次,博士生需要定期参加交叉学科研讨会。根据 2019—2020 年的法国社会科学高等研究院(EHESS)的教学和研讨会数据库④显示,其中有 15 个研讨会涉及交叉学科内容。例如,"博士讲习班:性别史"侧重于

① ENS Paris. Concours Médecine-Humanités de l'École normale supérieure Session 2020 [EB/OL]. [2023 - 12 - 07]. http://medecine-humanites. ens. fr/wp-content/uploads/2020/06/Rapport-jury-Medecine-Humanites-2020-ED-DLB. pdf.

② ENS Paris. ED 540-École doctorale transdisciplinaire Lettres/Sciences [EB/OL]. [2023 - 12 - 07]. https://www.ens. psl. eu/laboratoire/ed-540-ecole-doctorale-transdisciplinaire-lettressciences.

③ ENS Paris. Programme gradué [EB/OL]. [2023 - 12 - 07]. http://www. formationdoctorale. ehess. ens. fr/spip. php?rubrique19.

④ EHESS. Enseignements et séminaires [EB/OL]. [2023 - 12 - 07]. https://enseignements. ehess. fr/2019-2020.

从不同学科视角探讨性别概念,丰富学科交叉讨论。此外,博士研究生可利用跨学科实验室资源进行项目实践,展示个人学术成果,将理论转化为实践。社会科学专业的博士课程依赖于五个研究实验室的资源,这些实验室以项目为驱动,尝试在方法和知识层面进行学科交叉融合,具体情况如表8-3所示。

表8-3　博士生院(ED 540)合作网络与交叉内容案例

实验室名称	负责单位	基本内容
IRISSO	巴黎第九大学,CNRS联合研究单位	由社会学、政治学和经济学跨学科研究所和组织社会学研究中心合并而成,致力于健康和环境风险①
Maurice Halbwachs中心	CNRS、EHESS和ENS的联合单位	由凝聚力和社会正义研究小组、社会不平等研究团队、"调查、领域、理论"团队、"职业、网络、组织"团队组成,擅长精英职业(工程师、律师、交易员)和性别问题②
社会学创新中心	国立巴黎高等矿业学校、法国国立高等电信学校、巴黎综合理工学院	分析科学和技术在社会中的发展和作用,最近的研究在科学和技术研究、社会学、经济学和政治学的交界地带③
索邦大学欧洲社会学和政治学中心	索邦大学、CNRS和EHESS联合研究单位	研究主题包括"走向全球""国际化和欧洲化进程""科学历史社会学""象征性商品的经济学"及"权力和统治关系"④

---

① IRISSO. IRISSO en bref [EB/OL]. [2023 - 12 - 07]. https://irisso. dauphine. fr/fr/ presentation/irisso-en-bref. html.

② CMH. Centre Maurice Halbwachs [EB/OL]. [2023 - 12 - 07]. https://www. zhz. wiki/blog/ fr/Centre_Maurice-Halbwachs.

③ CSI. CENTRE DE SOCIOLOGIE DE L'INNOVATION, ÉQUIPE DE L'INSTITUT INTERDISCIPLINAIRE DE L'INNOVATION [EB/OL]. [2023 - 12 - 07]. https://www. nost. fr/equipes-2/csi-centre-de-sociologie-de-linnovation-equipe-de-linstitut-interdisciplinaire-de-linnovation-i3-umr-9217/.

④ EHESS. Centre européen de sociologie et de science politique [EB/OL]. [2023 - 12 - 07]. https://www.ehess. fr/fr/centre-europ%C3%A9en-sociologie-et-science-politique-cessp.

实验室名称	负责单位	基本内容
社会运动研究中心	EHESS、CNRS、INSERM 联合研究单位	根据"社会运动"概念,对集体动员进行调查,并制定各种方法,包括民族志、政治化形式和公共问题的构成①

医学—人文的学科大交叉在实践中遇到困境,学科交叉已成为巴黎高师学生文化的一部分。尽管 ED 540 旨在促进自然科学和人文与社会科学的交叉,但强制的"大交叉"条件限制了论文数量,威胁到博士生院的可持续性发展。因此,2012 年,ED 540 放弃了跨学科要求,重新聚焦于人文与社会科学领域。尽管放弃了"大交叉",仍鼓励并欢迎体现学科交叉性质的论文研究。这一变化促进了 ED 540 博士人数的快速增长,从 2011 年的 9 名增至 2016 年的 160 名。学校认识到,盲目追求大范围跨越和文理融合并不一定适合每所学校的发展,学科交叉的课程建设需要渐进式发展。在学科交叉融合的背景下,学生从预科班到巴黎高师本硕博阶段的课程建设呈现出逐步深化的趋势。预科班阶段打下了多学科知识基础,但更注重体验,是学科交叉的启蒙阶段。L3 阶段,学生开始巩固专业知识,初步接触学科交叉,课程则更注重交叉导论。硕士阶段侧重于学科交叉方法的教授和研究实践,学生需要展开不同学科视角的分析,涉及小交叉和大交叉。到了博士阶段,学生围绕研究项目进行深入持续的研究,并在实验室和研讨会中真正将理论付诸实践。

(三) 以研究方法为核心纽带,以研讨会为载体,强化卓越课程建设的学科交叉性与学术性

巴黎高师在人才培养上,侧重多学科研究方法的掌握与学术性,突出体

---

① EHESS. Centre d'étude des mouvements sociaux [EB/OL]. [2023 - 12 - 07]. https://www.ehess.fr/fr/centre-d%C3%A9tude-mouvements-sociaux-cems.

现在学校课程设置上,如社会科学硕士课程融合了多学科知识、研究方法和田野实践。法国高等教育与研究评估高级委员会在对高师的评估中,指出对硕士教学评估标准强调对学生研究问题和科学方法的培养。这反映了教育初始阶段引导学生探索主要研究问题和培养科学方法的重要性。作为研究型大学,巴黎高师积极将研究与教学融为一体,旨在培养真正的研究型人才。例如,巴黎高师的社会科学硕士课程架构融合了"学科知识、研究方法、田野实践"等元素。在课程教学的方法部分分为三个阶段,涵盖文献综述、问题界定、问卷编写和实际调查等。QESS课程中的问卷调查讲习班模块着重培养学生实际构建和管理问卷调查的能力。教学方法将方法论与实际应用相结合,强调问题定义和实际情境分析,使学生能够理解方法与实际应用的关联。这种渐进式课程设计不仅培养了学生的研究能力,还促进了跨学科认知,为其未来的学术发展奠定了坚实基础。这种实践性的调查过程不仅是方法运用的实际应用,也是对方法掌握程度的检验和修正,有助于学生培养跨学科的认知和视野,使他们能够从多个学科角度审视社会问题,为将来的研究和学术发展打下坚实基础,避免了过于理论化的教学局限。因此,巴黎高师在课程体系中的研究方法课程设计充分体现了对学生研究素养和跨学科能力的培养,为学生全面发展提供了有力支持。

另一方面,在巴黎高师的课程体系中,研讨会是各个阶段、各个专业学生课程学习的重要组成部分,实现从师资团队的配备到研讨会的时间周期、内容形式、主题聚焦系统化的学科交叉融合路径。每年,巴黎高师举办约100次研讨会[①]。这些研讨会是各个专业学生课程学习的必修模块之一,也会获得相应的学分。与讲座不同,巴黎高师的研讨会往往会聚焦某一主题进行长时间的研讨与学习,并在这个过程中邀请不同领域的教师来参与研

---

① 国务院学位委员会办公室. 透视与借鉴——国外著名高等学校调研报告(2008年版)[M]. 北京:高等教育出版社,2008.

讨,不仅不局限于狭隘的学科范围,而且强调学科之间的交叉融合,目标在于通过提出广泛的科学课题,帮助学生明确他们未来的研究方向和专业领域。例如,社会科学硕士专业在 2019—2020 年开设了 42 个主题研讨会①,涵盖了"政治人类学""地中海伊斯兰教宗教习俗的历史人类学""南亚当代动态,社会政治经济空间"等诸多领域,培养学生跨学科研究的能力。"医学—人文学科"专业的"流行病:事实和政策"研讨会旨在通过邀请来自历史学、人类学、流行病学、社会学、哲学、健康经济学、艺术史学等不同学科领域的研究人员和专家,帮助学生深入了解事实与政策的紧密交织,从而引导学生思考当前危机并展望未来②。由此,研讨会的安排内容上侧重多学科知识的进入与学科知识的交叉融合,通过真实问题或项目的引领,将不同学科知识、理论、方法融合其中,学生在思考问题的过程中践行学科交叉融合的过程。学生还需要通过课程报告的形式进行进一步的思考和总结,表达自己的观点和见解,与其他参与者共同交流,促使学生更加深入地理解和掌握研究课题,也培养了学生批判性思维和学术表达能力,为他们未来的学术研究和交流奠定坚实的基础。巴黎高师的课程设置以研究方法为核心,以研讨会为载体,不仅强调学科间交叉,也培养了学生的综合能力和研究素养,学生能够更好地理解学科间的关联,为未来的学术和研究工作打下坚实的基础。

三、巴黎高师学科交叉融合课程建设的思考与启示

在我国建设世界一流大学和一流学科的进程中,对交叉学科课程的需

---

① EHESS. Séminaire [EB/OL]. (2020-01-13)[2023-12-07]. https://enseignements-2019. ehess. fr/2019/ue/3415/.

② ENS Paris. Pandemies: faits et politiques [EB/OL]. [2023-12-07]. http://medecine-humanites. ens. fr/wp-content/uploads/2021/01/Janvier-2021Affiche-programme-Pand％C3％A9mies-M％C3％A9decine-Humanit％C3％A9s. pdf.

求不断增加,而当前的交叉学科课程仍然较为零散,缺乏系统规划,不同学习阶段的交叉路径课程设置也缺乏明显的差异性。巴黎高师自创立以来不断深化并拓宽学科交叉融合的范畴与深度,形成了国际化驱动、本硕博渐进式发展、重视研究方法实践的学科交叉融合课程,为我国一流课程体系建设和新文科建设提供了国际经验和参考。

(一)国际化驱动与学校变革:推进学科交叉融合的课程建设路径

学科交叉融合成为时下国际化发展的重要方向。对此,巴黎高师不仅在学科交叉融合传统的基础上深化发展,将学科交叉定位为发展目标,还在课程设计中积极推进全球合作师资网络建构、国际化课程建设及国际实习的交叉融合。在合作伙伴方面,巴黎高师通过全球范围的选拔,不定期邀请国际顶尖专家为学生提供授课或学术研讨,提升国际化教学水平,创造了促进学术交流的环境。课程内容紧随全球发展潮流,研讨会主题广泛覆盖、超越国界,专注于全球核心议题。鼓励学生参与国际研究实习也是高师的特点之一,学生在作为高师合作伙伴的世界一流高校中研究实习,能够获得丰富的经验和提升。在未来的学科发展中,高师可以进一步深化并充分利用国际化交叉学科实验室和研究中心等现有资源,推动学科融合的持续发展。于我国而言,当前我国高校国际化建设过程中,外籍专任教师较少,校方合作较为松散,未形成合力解决全球性问题,且缺乏与国际化综合企业的合作,难以为学生提供国际化实践机会①。参考巴黎高师的经验,我国高校需要超越局限于海外留学和交换生计划的现状,以国内外高校共同体的形式建设跨国交叉学科研究中心,开创与世界一流大学合作研究项目、共享实践基地等新模式;与我国政府部门和大型企业建立协同培养人才体系,利用国际赛事、国际组织、跨国项目、企业合作等资源为学生提供在全球性组织和

① 杨洪英,陈国宝,刘承军,等."双一流"高校国际化人才培养的逻辑依归、问题表征与应然路向[J].现代教育管理,2023(03):47—57.DOI:10.16697/j.1674-5485.2023.03.006.

企业实践的机会;创设具有全球视野的交叉学科课程,针对国际议题,邀请世界范围内的顶尖学者开展讲座、研讨会、工作坊等活动,并通过完善学生学分互认体系和国际学者资助与评价制度,逐步稳定学者与高校合作关系,实现国际化的可持续。

(二)渐进式发展:以预科班为基,贯通本硕博,实现交叉学科路径课程的推进

以预科班为基础,贯通本科、硕士和博士阶段,巴黎高师构建了渐进式的交叉学科课程,学科交叉元素在不同程度上得到体现。预科班旨在培养学生多学科基础;硕士阶段的交叉学科性体现在课程目标、内容、实施和评估等各个层面,课程目标融入学科交叉融合,内容涵盖多领域知识,专注于"学科交叉方法"和"学科交叉行动周期"的学习模块,并通过教师监督和评估以及时检验学生学习情况;博士阶段,学科交叉成为培养目标之一,特别是人文社会科学领域的博士生院旨在培养具有学科交叉能力的博士生。本硕博三个阶段的交叉程度并不相同,课程体系呈现出"基础—内容—目标"的逐步递进趋势。这种设置符合不同学习阶段学生的认知水平和交叉学科能力,也以切实可行的方式体现出交叉学科的渐进式发展。我国已于2021年将"交叉学科"设置为第14个学科门类,部分高校已建立交叉学科研究院、协同创新中心等交叉学科单位,但由于教师、研究人员与学生分别来自不同的学科类别和院系单位,缺乏独立的资源配置、师资队伍、课程设置和评价标准[①],不同学习阶段的课程设置缺乏系统性和差异性,仅仅简单拼凑原有学科体系中的相关课程[②],甚至研究项目在分解后由各学科团队各自完成,未实现交叉学科实质融合,难以培养具有交叉学科视野的未来人

---

① 徐林. 交叉学科人才培养高质量发展:逻辑脉络、关键挑战与实现策略[J]. 高校教育管理,2023,17(01):35—46.

② 王战军,常琅. 规训与超越:交叉学科建设的制度困境及其突破[J]. 高等教育研究,2022,43(05):26—34.

才①。因此,高校需超越学科单位和专业领域限制,设立独立的交叉学科教学培养单位或项目,组建来自各学科具有交叉学科教学和研究能力的教师团队,共同设计贯穿本科、硕士和博士的一贯式、渐进式招生标准、培养方案、课程体系和评价模式。同时,为保证交叉学科项目的可持续发展,政府和高校需建立针对交叉学科部门、项目和教师的制度规定,在成果评价、课题申报、职称评定、岗位管理等方面为独立的交叉学科教学和研究平台提供制度性保障。

(三)强调跨学科研究方法的重要性,充分利用研讨会平台

在交叉学科课程的开展过程中,除了传授课程知识,科学方法成为教学的核心,学生对研究方法的掌握是影响其课程学习和研究的关键因素。只有加强对研究方法的教学,学生才能运用不同领域的研究设计和方法整合交叉学科理论框架,将所学知识应用于交叉学科相关问题的研究实践中②。此外,教授方法并非单纯的灌输过程,学生需要在实践中巩固加强。类似巴黎高师的"田野课程"正是基于此理念,将方法带入实际场景,通过实践与反思不断完善研究方法。同时,研讨会作为学术交流和分享的平台,无论是主题设置还是师资选择,都可以将学科交叉发展目标融入其中,在学科交叉融合中具有重要作用。巴黎高师通过贯穿本硕博不同阶段并逐渐增加比重的研讨会,为学生提供持续探究和纵深发展交叉学科的机会。在我国高校课堂中,知识传授常占主导地位,而方法培养往往被忽视,研究方法类工具性课程开设不完整,且缺乏真实的社会调查实践类课程,仍然多以班级课堂为组织载体开展传统的学科知识点教学③,不利于交叉学科所强调的批判性和

① 朱贺玲,郝晓晶. 新文科建设背景下的复合型人才培养:新变局、新挑战与新思路[J]. 高教探索,2023(04):20—25.
② 马璨婧,马吟秋. 新文科学科交叉融合的体系建设与路径探索[J]. 南京社会科学,2022(09):156—164.
③ 马骁,李雪,孙晓东. 新文科建设:瓶颈问题与破解之策[J]. 中国大学教学,2021(Z1):21—25+34.

创造性思维的培养[①]。此外,由于院系组织和学科领域的限制,教学科研组织在各学科内部独立开展,在学术研究方面跨越学科的互动和研讨很少,导致学生更擅长在已有独立的学科范式下分析问题,难以实现交叉学科的范式突破以解决复杂问题,阻碍了交叉学科创新人才的培养[②]。参考巴黎高师在交叉学科课程建设中对研究方法教学和实践的重视,一方面,高校可以组建擅长不同研究范式的教师团队,专门设置系列方法课程,供学生依据自身研究兴趣进行选择,并在课程中增加实践演练作业,或设置方法实践类课程与课题项目;另一方面,对于交叉学科研究方法的教学,需要构建多学科、多导师联合培养制度,依托学术论坛、沙龙研讨等学术活动和交叉学科研究项目,使学生在实践中深度理解交叉学科研究的内涵。

通过对巴黎高师交叉学科融合课程的研究,本章发现其以本硕博全覆盖、渐进式发展为特点,系统性地设置课程目标、内容、实施和评估,通过研讨会培养研究方法的掌握与实践,倡导国际化,为交叉学科课程建设提供新思路。不过,在学科范围上巴黎高师仍主要围绕文理大类展开,跨足其他领域的交叉学科尝试较少。然而,高师从成立以来一直秉持的学科交叉传统和在课程体系建设方面的创新为其学科交叉的深度发展奠定了坚实基础。交叉学科课程建设是培养交叉学科人才的关键,也将成为未来高等教育课程的重要组成部分。巴黎高师的经验为我国当前的交叉学科课程设置提供借鉴,我们还需要开展本土化探索,以更好地发展我国的教育体系。

---

① 刘红,谢冉,任言.交叉学科教育的现实困境和理想路径[J].研究生教育研究,2022(02):32—36 +90.DOI:10.19834/j.cnki.yjsjy2011.2022.02.05.

② 贺祖斌,蓝磊斌.拔尖创新人才培养的政策、困境与对策——以交叉学科为视角[J/OL].社会科学家,2023(11):138—143.

第九章

法国教师专业化改革的演化脉络与能力标准的内容研究^①

———————

① 本章的部分内容改编自笔者 2024 年发表在《全球教育展望)》第 3 期的论文《法国教师专业化改革的演化脉络与能力标准研究》。

一、教师专业化发展背景与法国情境

联合国 2030 议程提出,确保"优质教育"是教育权利中必不可少的一部分,要确保教育能在所有水平和不同环境里导向相关、平等和有效的学习成果;所有学习者应由合格的、经过训练的、获得合理薪资和有积极性的教师进行授课。那么何为合格的教师,教师需要具备哪些专业能力,什么是教育教学专业人员必须掌握的技能,哪些是最终目标,如何通过提升教师专业能力并转化学生的学习过程等问题,逐步成为国际热议与政策制定者关心的重要议题。这些问题对于教师及专业化意味着什么?已有研究发现通常回应涉及两个维度(Helsby,1995)。首先,教师及专业人士思考行为如何变得专业(be professional),即教学质量、教师行为、努力及导向的标准。文献研究通常将这一概念归为"专业精神"(professionalism)[①],通常是期待某一专业领域应具备的能力或技能,以及相应的行为、目标与特征,使得个体成为专业的人。其次,教师也会探讨如何成为一名专业人士(being a professional)。这也就意味着参照社会地位、角色身份以及专业层次水平,教师如何感知自身在他人眼中的形象,文献常以术语"专业化"

---

① Englund, T., Are professional Teachers a Good Thing? [M]. //I Goodson, A Hargreaves (eds.). Teachers' professional Lives. London: Falmer, 1996.

(professionalization)呈现这一范畴。霍伊尔(Hoyle)进一步就专业化指出，专业化包含提高地位与改进实践两个层面。前者关注教师职业在多大程度上满足了作为专业的制度和地位要求；后者关注通过改进实践者的知识和能力来提高其服务质量①。

从政策制定与实践角度看，多数政策文本通常将侧重提升质量及实践标准的专业精神(professionalism)与侧重提升社会角色及身份地位的专业化(professionalization)整合纳入系统完整的项目中，用于提升专业标准并提高身份地位，有时也会起到反向效果。如何清晰界定高威望的、科学且技术性的专业标准、专业知识与能力标准，这一界定有时会忽视或降级教师已付出的努力，甚至可能忽略其在工作中重要的情感维度，如教师的教学热情、关心学生学习及生活的日常付出等(Hargreaves & Goodson, 1996)。而在教学实践中，强有力的专业化也不总是等同于同等程度的专业精神。弗里德曼(Friedson)表示有关专业精神与专业人士的行为倾向有一个共识性对话，这里的专业化及专业精神被管理主义(mangerialism)认为是一种监控白领阶层的手段②。肖恩(Schon)认为专业行为并非一种深奥的知识，而将其重新界定为独特的、反思性的、实践性的判断③。萨克斯(Sachs)则进一步认为教师专业标准包含改进教师表现，提高教师地位，及促进教师持续的专业学习④。古德温(Goodwin)认为教师的专业主义或专业精神与围绕对教师的工作与目的控制而展开的持续斗争密切相连，是教师知识、自主性和责任的概念受到了外部社会、政治和文化等因素的冲击和

① Hoyle, E. Professionality, Professionlism and Control in Teaching [J]. Journal of In-service Education, 2000,26(2):281-295.
② Friedson, E. Professionalism Reborn [M]. Chicago: III. University of Chicago Press. 1994.
③ Schon, D. Educating the reflective Practitioner [M]. San Francisco: Jossey-Bass, 1987.
④ Sachs, J. Teacher Professional Standards: Controlling or Developing Teaching? [J]. Teachers and Teaching, 2003,9(2):175-186.

再界定所致①。饶从满则进一步认为专业标准绝非只是对教师应知、应会和应持的一种价值无涉的技术性规定,而是承载着一定的价值诉求,服务于一定的社会政治目的②。基于以上讨论,可见教师专业能力标准在于既确立教师的专业地位与身份角色,又是在社会文化与政治因素影响下,对教师知识、能力与价值的表征,目的在于引导教师专业化的终身学习。对此,法国语境中教师特有的双重身份即国家公务员与教师,在国家制定的教师专业能力标准中,一方面兼顾学术争论中的专业化与专业精神的探讨,另一方面教师作为国家意志的代表与意识形态的迁移媒介,旨在传播法兰西共和国精神,并顺应国际国内终身学习趋势与社会发展需求,以保障学校教育质量,是一种兼顾身份角色与专业能力的双重考量。

  法国作为最早设立师范教育的国家,一系列政策革新与教师能力标准出台旨在完善师资培养质量,但因法国教师同时是国家公务员与教师双重身份,为此,对教师的专业能力定位长期存在争议,尤其是政府的拥护者与教育者间的争论成为舆论的焦点。因而,本章在探究法国最新教师专业能力标准内容时,并未将最新的教师专业能力标准政策仅仅视为决策或某项计划的研究,而是对法国特有的基于教师双重身份背景出台教师专业能力标准的制度变革与迭代政策演化中的阶段性共识而做的专业能力标准内容进行分析,以及对受不同时期相关教育法典与政策执行而引发的多元诠释影响的专业能力标准进行迭代梳理。由此,想要探究法国时下最新出台的教师专业能力标准,无法避开对法国教师专业能力的演化脉络,以及法国教师教育机构改革演化的梳理。此外,中法两国在历史渊源、权力层级的设置及改革环境等诸多

①　Goodwin, A L. Teaching Standards, Globalisation, and Conceptions of Teacher Professionalism [J]. European Journal of Teacher Education, 2021,44(1):5 - 19.
②　饶从满.教师专业标准何为?——教师专业标准思想背景与目的取向的比较透视[J].外国教育研究,2022(01):3—15.

方面存在共同点,有着相似的中央集权制度的历史传统①,研究法国教师专业能力标准对我国教师能力研究与教师教育改革具有重要借鉴意义。

二、法国教师专业化改革的演化脉络

最新的教师专业能力标准是在怎样的历史演化中一步步被建构与形成的？如果说 20 世纪 50 年代到 90 年代初,法国教师的专业化政策文本呈现的是更多关注教师的社会责任角色及公务员地位的边界勾勒,那么 90 年代后则逐步将教师专业化(professionalization)转向为改进教师的专业知识与能力,并将能力进一步细化为指标体系引导公立学校准教师的专业精神培养。由于法国教师的公务员与教师双重角色属性,在发展变革教师专业标准中,首先致力于侧重提升教师专业化的社会角色与地位,进而再细化转向为霍伊尔所提及的提升教师地位,进而叠加实现质量与实践标准的专业精神提升。总之,自 20 世纪 50 年代法国教育法典确定了教师的公共服务角色即公务员身份后,后续改革则在此身份基础上,在逐步探索教师专业化改革中迭代更新教师的专业能力标准,兼顾了教师身份角色与专业能力的双重考量。

(一) 法律保障教师身份的公共性与社会责任,初步勾勒教师能力边界并与教师教育机构相链接

法国在建构教师专业化与专业能力的改革探索中,首先侧重教师专业化的厘定。战后特殊时期,社会动荡与经济的衰败,亟须通过学校教育及教师引导学生传递共和国价值观,体现了战后法国社会对教师成为共和国价值观的倡导者和传播者的职业期待。而这一时期,法国并未直接明确提出从事教师职业的具体专业能力,而是通过一系列教育法典的颁布尤为侧重

---

① 张丹. 教学大纲本位的法国教材管理体系研究[J]. 教师教育研究,2017,5(29):122—126.

教师的社会身份,并在培养教师之初便逐步确定其公共服务角色地位的专业化。如1951年12月5日颁布第51-1423号法令修改了国家公共服务条款,规范了国民教育部有关教学型公务员筛选标准,意在凸显教师的公共服务性①②。这一改革并未直面教育者及学生所关心的问题,而是站在国家层面,凸显国家意志与社会需求的公务员角色。围绕这一政策脉络,1959年2月14日颁布第59-308号法令进一步细化侧重指出公务员作为公共管理者职责③。这一身份的厘定,体现在教师由国家统一招收,并分派至全国学校,个体学校并无实际选择权,以确保区域间的师资质量公平。1961年5月2日颁布第61-421号法令明确了获得教师资格者属于公共管理规范范畴,应建立适用的欧洲标准,这些标准旨在促进文化技术合作,将教师视作公职人员而非个体专业人士,同时要求教师遵守司法法律法规④。1970年8月12日颁布的有关教育的建议(n°70-738 relatif au statut particulier des conseillers principaux et conseillers d'éducation)提出对教育顾问的招聘选拔及能力资格要求⑤。这一时期虽逐步勾画了教师特殊的公务员身份及公共服务属性与社会责任,但并无具体切实可行的措施明确该项

---

① Décret n° 70-738 du 12 août 1970 relatif au statut particulier des conseillers principaux et conseillers d'éducation [EB/OL]. (1970-08-15)[2023-09-25]. https://www.legifrance.gouv.fr/jorf/id/JORFTEXT000000874749.

② 从历年教育法典的条款细则检索中发现,这一时期法国虽初步对教师身份与角色做了界定,但并未有切实可行的专业能力标准的指标体系出台,直至1994年首次提出教师专业能力标准。因而,本书以教师专业能力标准具体指标体系的出台为准,作为划定法国教师专业能力标准最早出台的时间。此外,法国教师同时兼具国家公务员身份,且国家对教师最早界定,突显的是教师的公共服务性角色,如1951年突出强调教师的社会责任,侧重教师公务员身份,到1994年首次提出对教师专业能力的界定与指标体系生成。由此,本书对教师专业能力标准变迁的阶段划定,以教师的身份角色发展与能力观转向为主要脉络体系作为划分标准。

③ Décret n° 70-738 du 12 août 1970 relatif au statut particulier des conseillers principaux et conseillers d'éducation [EB/OL]. (1970-08-15)[2023-09-25]. https://www.legifrance.gouv.fr/jorf/id/JORFTEXT000000874749.

④ 同上。

⑤ 同上。

责任的具体指向及细化的教师专业能力指标,仅针对教师角色界定类属范围,侧重强调教师的专业化身份,也为后续教师的专业精神培养与能力标准改革奠定基础轮廓进行细化迭代。1972 年 7 月 4 日颁布的第 n°72 - 538 号法令(n° 70 - 738 relatif au statut particulier des professeurs agrégés de l'enseignement du second degré)进一步强调了中等教育教师的特殊身份及作为公共服务者的责任。本书判断教师专业能力标准的最早出台,主要以完整的教师能力标准指标的出台作为分析依据。因而,这一时期,法国相关部门主要还在零散规约教师能力,尤其侧重强调教师身份角色及社会地位,也就是聚焦教师的专业化地位,并无系统具体的教师专业能力标准与指标出台。自 20 世纪 60 年代始,许多国家逐步重视教师的专业地位,教师教育也被广泛地嵌入到大学教育之中,教学也越来越接近于成为一种研究性专业[1]。而如何界定教师的专业化与专业精神,如何同时兼顾国家意志与教育教学的专业性,并推出具有规范性的教师专业能力标准,通过改进教育实践者的知识和能力水平来提高教育质量逐步成为法国社会关注的首要问题。这一时期教师处于职业自治,充分个性化判断而导致无规范性标准,但总体上已初步明确教师兼公务员身份,并初步厘定了专业知识能力,且在教师教育培养中践行这一主体身份角色的能力要求。

（二）再生产教育者的公务员身份与道德责任,完善教师能力观,引导师资培育实践的专业化

　　法国在面临国内多方利益相关者争论的同时,外部欧洲国家间的人才储备竞争越加激烈,法国社会对教师专业能力提出了更多新的要求,尤其是教育家型教师的目标指向。这一时期,法国不仅迫切需要忠于共和国精神的传承者,同时需要专业过硬、能抵御外在竞争压力的专家型教师,为国家

---

[1] Labaree, D. Power, knowledge and the Rationalization of Teaching: A Genealogy of the Movement to Professionalize Teaching [J]. Harvard Educational Review, 1992, 62(2):123 - 154.

培养社会急需的人才。为迎合这一时期的国际与国内教育需求与挑战，1994 年 12 月法国国民教育部首次出台了完整的教师能力指标体系，即《学校教师能力特征与能力标准》(《Référentiel de compétences et de capacités caractéristiques d'un professeur des écoles》 B. O. n° 45 du 8 décembre 1994, annexe à la note de service n° 94 - 271)，在延续教师公务员身份及要求的同时，该政策对教师进行了切实具体的职业道德规范，逐步改革教师能力标准的指标体系。1997 年 5 月 23 日法国国民教育部相继出台了小学和中学教师专业能力参照元素①，着重培养教师专业素质并提升教师专业化水平，通过聚焦核心能力标准的政策文本引导并指导大学师范学院(IUFM)内教师素质培养、能力评估及招聘工作。这一时期在兼顾公共服务属性中的教师公务员身份的同时，初步系统地确定了教师能力标准与基本框架，并深度延伸至教师专业精神的探索。于是在专业标准落实中，这一时期法国规定将大学师范学院(IUFM)合并入综合性大学，加强学科知识与研究能力转向，以此提升教师的教育教学能力水平。与此同时，2006 年 10 月 31 日颁布的《高等教育委员会对师资培育建议事项》(Recommandations du Haut Conseil de l'Éducation pour la Formation des Maîtres)②③，在延续叠加历年颁布的教师专业能力标准法令基础上，明确提出教师十项专业能力标准 (Référentiel de dix compétences professionnelles des enseignants)④，即以

---

① 汪凌.法国中小学教师专业能力标准述评[J].全球教育展望，2006，35(02):18—22.

② Recommandations du Haut Conseil de l'Éducation pour la Formation des Maîtres [EB/OL]. (2007 - 01 - 18)[2023 - 09 - 25]. http://www.iufm.education.fr/applis/actualites/article.php3?id_article=280.

③ Nimier, J. Une interview exclusive d'Alain Bouvier, membre du HCE sur la réforme de la formation des enseignants. Les facteurs humains dans l'enseignement de la formation des enseignants [EB/OL]. (2006 - 12 - 05)[2023 - 09 - 25]. http://perso. orange. fr/jacques nimier/.

④ Définition des compétences à acquérir par les professeurs, documentalistes et conseillers principaux d'éducation pour l'exercice de leur métier [EB/OL]. [2023 - 09 - 25]. https://www. education. gouv. fr/bo/2010/29/menh1012598a. htm.

人为本的能力、法语能力、专业科目及文化能力、教学组织能力、体察学生间差异的能力、班级管理能力、评价能力、咨询及沟通技术的能力,同时包括与学生家长及学校其他成员保持良好关系及合作的能力、对教学具备自省创新及自修的能力等标准框架,并细化指出教育作为一项公共服务应负有相应责任。这一时期,教师专业能力标准框架逐步成熟,并对教育者的公共服务职责与角色有了清晰明确的范围界定,以及相应细化的可供教学参考与教师教育的指标体系[①],也为后续的教师专业能力标准打下了框架基础、明确了核心准则。

(三)延续公务员身份基础,聚焦综合专业能力转向,教师能力标准成为教师教育践行的唯一权威性参考

自新千年后,教师专业化与专业发展也被嵌入面临多元变动的世界,从而带来了一个更加广泛灵活且民主包容的外部环境,促使教师专业化面临新的后现代专业精神(postmodern professionalism)的挑战。而法国内部日益严重的辍学现象与教育不公平问题,进一步刺激重建法兰西共和国学校,这也意味着为确保提升教育质量,亟须依靠训练有素和更具胜任力的师资人才。为明确新教师应具备与掌握的能力及教育任务,2013 年 7 月法国发布纲领性框架标准《教师职业资格能力与教育基准》(Référentiel des compétences professionnelles des métiers du professorat et de l'éducation)[②③],该标准融

---

① Arrêté du 29 mars 2006 définissant le référentiel d'activités et de compétences du diplôme d'Etat de professeur de danse et fixant les conditions de son obtention par la validation des acquis de l'expérience. [EB/OL]. (2006 – 03 – 29)[2023 – 09 – 25]. https://www. legifrance. gouv. fr/download/pdf?id=eYchhztheUeq XkpL3eh4ddAInDTst841zVU4RPAKK5o=.

② Ministère de l'éducation nationale. Référentiel des compétences professionnelles des métiers du professorat et de l'éducation [EB/OL]. [2023 – 09 – 25]. https://www. education. gouv. fr/bo/13/Hebdo30/MENE1315928A. htm.

③ Ministère de l'éducation nationale, de la jeunesse et des sports. Bulletin officiel n° 30 du 25 juillet 2013 [EB/OL]. [2023 – 09 – 25]. https://www. education. gouv. fr/pid285/bulletin_officiel. html?pid_bo=29743.

合提升教师社会地位与身份角色的划定,同时结合教师身份角色细化相应的能力实践标准,结合专业精神(professionalism)与专业化(professionalization)双重属性于整个政策框架中,进一步叠加拓展了 2006 年的十项教师基准框架。在此基础上,2019 年 7 月法国国民教育部针对《教育教学与培训职业》(《Métiers de l'enseignement, de l'éducation et de la formation》)修订的第 156 号法令[①]更新细化了 2013 年教师专业能力标准,新标准保留了 2013 年所列 14 项细化指标,依旧从"共同能力"与"专业能力"两个层面规范教师应具备的基础能力。对此,法国国民教育部配套新颁布《21 世纪教师专业资格与教育培训》,夯实国家对教师专业能力规范与法兰西共和国文化、价值观传播的公共服务者身份的建构。因而,这里探讨的是一种共同的文化,即如何将这一理念应用到各级各类的教学及教育专业内,如教师、中等教育教师、教育工作者及教育团体行动者等不同领域的教育工作者;这些教育工作者之间存在哪些共识[②]。通过确定预期的专业能力,并通过早期形成的对这些预期专业能力的认知与培养,引导后续专业经验的实践积累与整个职业生涯的继续教育,实现终身学习的理念。同时,每一项专业能力附有详细的解释说明与能力组成部分,这些条目不构成综合处方,而是适用于不同情境与职业发展阶段中教育环境的多元技能需求。为了满足多元教育情境与不同水平的学校教育需求,识别不同情境下需要的共识性能力,确保同样的教育教学质量,必须同时确保每个个体建构属于自身的专业身份认同。2013 年 7 月 1 日教育法典中提到的建立每个成员个体的专业

---

① Journal officiel électronique authentifié n° 0156 du 07/07/2019 [EB/OL]. (2019 - 07 - 07) [2023 - 09 - 25]. https://www. legifrance. gouv. fr/download/pdf? id = KQxjoa _ ax4fUB3QLICMaKoBa1y-KQb7uxasuWe2P12w=.

② The competency framework for the teaching and education professions | Ministry of National Education and Youth [EB/OL]. [2023 - 09 - 25]. https://www. education. gouv. fr/le-referentiel-de-competences-des-metiers-du-professorat-et-de-l-education-5753.

共识①。这也意味着新的专业能力标准在区分教师不同发展阶段的身份角色差异的同时,兼顾共识性能力与个体专业知识能力,能力观更加专业且综合。

三、法国教师专业能力标准的内容分析

通过前述纵向历史维度对教师专业标准相关法典及政策文本的梳理,我们发现,在近七十多年的法国教师专业化改革探索中,法国最新出台的教师专业能力标准并非凭空出世,必然也不会是法国教师专业标准改革的一个句点,而是反复思考、不断反馈、逐渐修正的过程,逐步形成适合时下法国社会需求的完整而系统的教师专业能力标准,以及落实该能力标准的培训体系,并在专业标准重叠中持续向前细化发展。政策也不仅止于文本,还包括被描述为执行的环节。新出台的法国教师专业能力标准,在延续以往改革传统中始终强调的继续确保重建法兰西共和国公共教育服务质量、建构教师教育教学的特殊职业身份的同时,更加细化了教师的身份角色,并与法国本土时空演化情境和国情需求的具体能力标准相匹配。

（一）作为国家公共价值观的传播者身份的教师专业能力标准

法国教师专业标准中尤为强调"教师"作为国家公务员身份应具备的素养,旨在传播法兰西共和国意识形态与价值观,并在法国教育制度的基本原则与学校管理框架内渗透并施以行动,逐年深度细化这一指标。从"以法律形式框定教育教学工作"发展到"清晰勾画职业道德职责",再到"传播分享共和国价值观并在法律条文与学校教育内制定行动方案",教师由被动遵循

---

① The competency framework for the teaching and education professions|Ministry of National Education and Youth [EB/OL]. [2023 - 09 - 25]. https://www. education. gouv. fr/le-referentiel-de-competences-des-metiers-du-professorat-et-de-l-education-5753.

国家法律赋予的角色要求,逐步转化为积极传播并践行国家赋予的身份角色与价值理念,实现外部地位提升到内化身份角色责任的专业化转向。从法国教师身份角色的演化变迁到公共服务者的社会责任勾勒、教师专业能力标准的逐步形成,教师作为国家公务员的道德和职责逐步被清晰界定,教师专业能力标准细化了这一指标,强调分享共和国的价值观,并将教师的教育教学行动置于法国教育制度的基本原则和学校管理框架内。2019年最终将指标细化延伸至分享共和国价值观以及遵循道德原则,并进一步拓展家校、学校合作伙伴乃至教育界等贡献作用上,至此该标准更加具体、细化、有针对性地得以成熟。2019年从教师身份角色界定上,除2013年基准框架中指出的公共教育服务外,强化教师作为教育共同体的行动者。

表9-1　作为国民公共教育服务与教育共同体的行动者的教师专业能力

身份角色	教师专业能力标准中规定的对应角色所需能力要求
教师,践行国民公共教育服务与教育共同体的行动者	• 传播法兰西共和国价值观 • 将教育行动植根于教育体制原则框架与学校教育日常规范内 • 在教育教学与教育定向的过程中始终陪伴学生成长 • 遵循道德规范,成为有责任心的教育工作者 • 掌握法语以达到交流的目标 • 在教育工作中整合必要的数字化元素 • 围绕团队展开合作 • 致力于教育共同体行动 • 家校合作 • 与校际合作伙伴合作 • 将个人与集体专业发展相结合

如表9-1所示,具体细化标准中增设了分享共和国的价值观;将其行动置于教育制度的基本原则和学校的治理框架内;协助学生完成课程学习;作为一个负责任的教育工作者,遵循道德原则;掌握法语并可以沟通交流;

整合工作所需的数字化元素；团队合作；为教育界的行动作出贡献；与家长合作；与学校合作伙伴合作等①。新的政策在回应教师专业化中，并非聚焦系统的专业知识积累，而是侧重一系列需教师完成的为"践行国民公共教育服务与教育共同体的行动者"这一身份角色而规制且依据教育情境与培训的可能性可灵活调整的短期强化课程，并伴随教师终身职业生涯。同时，新的标准融入了国际化与数字化转型元素，拓展了与家长及社区的沟通衔接。

（二）作为教育领域的合作型学习者与引领者身份的教师专业能力标准

新的教师专业能力标准弥合了法国以往准教师教育体系中，新手教师重学科理论与研究，弱化教学实践能力，进而无法致力于学校教育深度改革的局限。自1997年标准颁布以来，国家要求教师与各类教育工作者以团队合作形式，协调一致共同致力于为所有学生的成功服务，并将干预性教育措施纳入系统框架内，以促进各类教学活动的互补性和连续性。同时为应对外部复杂多变的世界形势，重视教师团队合作，进行目标制定与评估，参与集体性教育教学项目的设计和实施，引入专家视角，特别是与教育心理学家或心理咨询师合作，向所有学生提供指导性心理课程。同时，该项身份标准认为教师同时也具备与家长合作的能力，可与学生家长建立信任关系，并协同家长综合分析学生的个人成长与学业表现，及时有效地识别学生所处困境与能力发展空间，帮助学生进行生涯规划与职业发展指导；并与家长代表定期保持建设性对话。

---

① Journal officiel électronique authentifié n° 0300 du 28/12/2006 [EB/OL]. (2006 - 12 - 28) [2023 - 09 - 25]. https://www. legifrance. gouv. fr/download/pdf? id = 7XPO50LiC3i3iSkHP6aXsmSwOeCkt4FYJF3AsstU8dc＝.

表9-2　作为学习建构与知识有效传播的教学引领者的教师专业能力

身份角色	教师专业能力标准中规定的对应角色所需能力要求
教师，作为学习建构与知识有效传播的教学引领者	• 掌握所教学科知识与教学方法 • 在教学框架体系中掌握法语 • 建构、实施并组织有效的教育教学与学习环境以满足学生的多样性学习需求 • 组织并确保小组学习模式以促进学生的社会化过程 • 评价学生知识习得的进步程度 • 认识学生的学习过程 • 了解学生的多样性 • 在教育教学与教育定向的过程中始终陪伴学生成长 • 熟练掌握法语以用于教育教学交流 • 教育教学工作中至少有能力使用一门外语 • 在教育工作中整合必要的数字化元素 • 围绕团队展开合作

如表9-2所示，教师作为教育领域的合作型学习者，还需在校际合作伙伴、地方教育项目、欧洲或国际教育机构中积极投身合作交流，尤其侧重数字教育环境。与此同时，对教师合作能力的强调并不意味着教师的专业发展要依托教育界的学习共同体得到推动，2013年教师专业能力标准中首次明确指出教师应采取个人和集体相结合的专业发展路径，注重团队合作以及与家长及学校合作伙伴间的沟通合作，能够自主更新学科研究及教育教学知识；紧跟研究前沿成果，并参与学校教育实践改进的教育创新项目，以反思教学实践，改进自身教育行动，明确自身培训需求，获取可用资源以提升自身教育教学技能。在此基础上，2019年新的教师专业能力标准则进一步在延续以往教师专业能力标准的基础上，予以指标细化，明确指出需掌握学科知识及其教学方法，并考虑到学生的多样性，建立、实施和组织有效的教学情境；了解学生和学习过程；协助学生完成课程学习；整合教育教学工作中所需的数字化元素，同时强化

团队合作①。在教育国际化推动下,新的专业能力标准同时强调教师能够掌握法语并进行沟通交流,推动数字化教学资源的普及与应用。而在强调教师专业工作者身份的能力框架中,新的标准在延续 2013 年能力侧重的同时,逐步强化教师对学生认知、心理与情感能力的认知,并侧重结合学生多样性学习情境创设有效的教学方法,也回应了联合国 2030 教育行动目标中满足多元学习者需求,实现全纳公平优质教育的国际目标。

(三)教师个体作为引导所有学生成功的反思型实践者身份的专业能力标准

法国教师专业发展并非一味强调教师为国家公共教育服务或为学生成功服务,也突出了教师自身适应性能力的专业发展,力求个体与国家能够在共同发展中取得"双赢"。作为反思型实践者身份的教师能力标准,试图通过政策标准引导教师由外在标准驱动的教师继续教育逐渐过渡为自我驱动的继续教育者,也就是教师成为专业发展的自我能动者,为自身专业培训与生涯发展承担责任,最终实现自我驱动型的终身学习。法国教师专业能力标准建立在欧洲对能力概念界定的基础上,即"与环境、情境相关的知识、能力和态度的集合",包含"批判性思维、创造力、能动性、问题解决力、风险评估、决策和情绪的建设性管理等"②。法国的教师专业能力标准将教师诠释为能够及时自主地调整自身专业发展计划,具有终身学习理念的反思型实践者。2013 年,在 2006 年的教师专业能力标准基础上,侧重强调法语在教学中的重要性,并首次提出了整合数字元素,创设实际教学情境的动画,组织并确保促进学生学习

---

① Journal officiel électronique authentifié n° 0300 du 28/12/2006 [EB/OL]. (2006 - 12 - 28) [2023 - 09 - 25]. https://www. legifrance. gouv. fr/download/pdf? id = 7XPO50LiC3i3iSkHP6aXsmSwOeCkt4FYJF3AsstU8dc=.

② The European Union. Recommendation of the European Parliament and of the Council of 18 December 2006 on key competences for lifelong learning [EB/OL]. (2006 - 12 - 18) [2023 - 09 - 25]. https://eur-lex. europa. eu/legal-content/EN/TXT/PDF/? uri = OJ: L: 2006: 394: FULL&from=EN.

和社交的小组作业模式,并评估学生的进步和成就等。该项专业能力标准对教师整个教育教学生涯提出了基础性能力要求,鼓励教育工作者充分利用这一动态的工具进行自我评估与指导,促成自我专业发展的驱动力。

表9-3 作为反思实践者与专业发展行动者的教师专业能力

身份角色	教师专业能力标准中规定的对应角色所需能力要求
教师,反思实践者与专业发展的行动者	• 掌握所教学科知识与教学方法 • 建构、实施并组织有效的教育教学与学习环境以满足学生的多样性学习需求 • 认识学生的学习过程 • 了解学生的多样性 • 在教育教学与教育定向的过程中始终陪伴学生成长 • 在教育工作中整合必要的数字化元素 • 围绕团队展开合作 • 将个人与集体专业发展相结合

如表9-3所示,2019年的教师专业能力标准进一步明确细化,对教师个体专业能力提出了多种新的要求,包括掌握所教学科知识及其教学方法,整合工作所需的数字化资源;理解学生及其学习过程,考虑学生的多样性并能够建立、实施和组织有效的教学情境,组织促进学生社会化过程的小组作业模式;为学生学习提供帮助以及评估学生的学业进步及成就等[1]。

由此,通过上述对教师专业能力标准的文本内容分析发现,与我国教师能力标准从专业理念与师德、专业知识、专业能力三个维度切入有所不同。法国教师专业标准以教师身份角色入手,突破了知识、能力与道德规范的三维标准,采用综合能力观,基于实践性知识和教师所处场域及其情境角色演化对能力标准进行界定,这也构成了法国特有的教师专业标准的政策特征。

---

[1] ournal officiel électronique authentifié n° 0300 du 28/12/2006 [EB/OL]. (2006 - 12 - 28)[2023 - 09 - 25]. https://www. legifrance. gouv. fr/download/pdf? id = 7XPO50LiC3i3iSkHP6aXsm-SwOeCkt4FYJF3AsstU8dc=.

法国教师专业标准回应了文献研究中对专业化与专业精神的融合的假设，在提升教师地位，厘定教师角色的同时，通过厘清教师在三种情境下的身份角色的必备能力与个体职业发展能力，促进教师持续的专业学习。法国教师专业能力标准文件的实施对象涵盖所有教育的利益相关者，面对具有较好文化素养的受众群体，教师专业能力标准以论据为基础进行论证，确保政策的合法性。以2019年教师专业能力标准更新为例，新的教师专业能力标准延续了以往政策的指标体系，从国家、教育专业者以及个体三个层面建构教师身份角色及地位，并将教师专业能力要求嵌入国际发展趋势与法国社会情境，强化教师作为国家公务员与教师的双重社会身份角色的同时，进一步细化专业能力的标准内容。政策文本首先勾勒出对21世纪教师和教育界的期望，"正是在学校期间获得的知识和发展的能力，使年轻人能够在很大程度上建立自我认知的知识、观点、批判性思维，并最终在社会和工作生活中明确自身身份以取得职业成功……而为让未来教师或教育工作者清晰地认识到自身所要承担起的重要责任，首先需要教师完成责任与使命的相关专业培训"。这体现了专业能力标准的文本内容与教师教育执行环节的紧密联系，同时新的教师专业能力标准更加细化突显了法国教师专业化改革过程中兼顾教师身份角色与专业能力双重考量的显著特征。

四、完善教师专业能力标准的启示

法国教师专业能力标准的制定经历了渐进性的修正叠加与持续向前的改革历程，从身份角色与教师地位的确立，以及在此基础上逐步探索专业能力标准的建构，突破了传统的知识、能力与道德规范的三维标准，这一专业标准的政策调整融合了教师专业化与专业精神的交叉并行改革探索。通过对不同时期教师能力与专业标准政策的制定与修订，在非线性的折返和重叠中,逐步平衡大学、中小学教师及教育相关工作人员的利益诉求,在持续改革中逐步清晰制定法国教师专业能力标准框架与指标内容。法国逐步探索出适合本国制度文化与社会情境的教师专业能力发展标准,基于实践性知识和教师所处场域及其情境角色演化的划定对相应身份角色的专业能力标准进行界定,渐进式叠加延伸与指标细化,构成了法国特有的政策特征。法国新的教师专业能力标准通过对教师预期职业能力的规范,确保法国从新手教师到整个职业生涯,能够持续不断地更新专业知识与提升专业能力,因而为各级各类教师及教育工作者划定了清晰的专业发展方向与专业能力指标。尤其是在应对教育国际化与数字化转型及法国本土社会面临挑战的今天,法国教师专业能力标准的政策文本清晰有力地诠释了教师所应具有的专业能力,并为教师专业能力发展提供了纲领性参考框架。

(一)明确核心价值观念,综合考量教师多元身份角色与利益诉求

借鉴法国的经验,我国可以考虑通过渐进性的修正和持续的改革,逐步完善教师专业能力标准。并在制定教师专业能力标准时,明确国家核心价值观念,以便教师在教学过程中能够传达和践行这些价值观。这需要明确教师的身份角色和地位,有针对性地逐步探索教师专业能力标准的建构,以应对教育领域的不断变化。学校层面,大学、中小学教师及其他教育相关工作人员存在不同的利益诉求。在制定和修订教师专业能力标准时,通过非线性的折返和重叠,在不同利益诉求中逐步平衡各方利益,以促进教育系统的整体发展,建构教师群体共识性的综合能力标准,同时依托不同身份角色,树立教师终身学习者身份,并建立自我探究学习的专业能力。

(二)创设合作学习环境开发教师多学科协作技能,整合实践性知识与专业能力

在教师专业能力标准中,可以加强对教师在课堂中创设合作学习环境的要求,鼓励不同学科教师通过小组合作、项目式学习等方式培养学生的团队协作和多学科交叉的创造性思维。法国强调对实践性知识的考虑，以及教师所处场域和角色演化的划定。我国在制定专业能力标准时，可以更加注重实际教学经验和专业实践的融合，确保标准具有实际可操作性，同时适应我国的文化和社会情境。同时，改革教师专业能力标准时，强调教师作为合作型学习者和引领者的身份，建议培养其多学科交叉协作与自我领导能力，包括教师在专业团队中的协作、对跨学科领域的引领力等方面的标准，以促进多学科交叉协作教学水平的提升。

（三）建构教师反思型实践者身份，促进个性化教学与自主能力的提升

教师专业能力标准强化教师个体作为反思型实践者的身份。鼓励教师在教学过程中进行反思，关注学生的个体差异，不断调整和改进自身教学方法。着重培养教师关注学生个体差异的能力，推动个性化教学的发展，包含灵活运用教学策略，根据学生的兴趣和水平制定差异化的教学计划。建立专业社群，为教师提供一个分享、交流和学习的平台。这有助于促进教师的自主学习和自主能力的培养，从而不断提高其教育水平。

由此，我国教师专业标准与教师教育培训可适度突破知识、能力、情感态度与道德规范块状框架，在以国家意志与文化价值对教师能力框架的理念引领下，以综合性能力观贯穿教育界工作者的发展生涯，引导教师逐步形成自我驱动的综合专业发展观。与此同时，在确保教师专业能力与师资配套缩小地区与城乡差距的过程中，如何实现"好"教师对不同层次与家庭背景学生教育教学效果最优化，也值得深思与探索。

第十章
法国高师的师资选拔培养与晋升成长路径研究

一、一流师资队伍建设的背景

2021年,习近平提出深入实施新时代人才强国战略,加快建设世界重要人才中心和创新高地。党的十八大以来,党中央作出人才是实现民族振兴、赢得国际竞争主动的战略资源的重大判断,作出全方位培养、引进、使用人才的重要部署,而一流师资建设则是建设世界重要人才中心、培养拔尖人才、造就一流学科建设与世界顶尖大学的重要保障。2015年,国务院印发《统筹推进世界一流大学和一流学科建设总体方案》,进一步提出建设一流师资队伍,为"深入实施人才强校战略,强化高层次人才的支撑引领作用,加快培养和引进一批活跃在国际学术前沿、满足国家重大战略需求的一流科学家、学科领军人物和创新团队,聚集世界优秀人才。遵循教师成长发展规律,以中青年教师和创新团队为重点,优化中青年教师成长发展、脱颖而出的制度环境,培育跨学科、跨领域的创新团队,增强人才队伍可持续发展能力"①。由此,如何培养精英师资成为时代改革与发展迫切需要解决的重要问题。而法国高师集团(ENS-group)作为精英大学校,卓越的师资队伍为法国培

---

① 国务院关于印发统筹推进世界一流大学和一流学科建设总体方案的通知[EB/OL].(2015-10-24)[2021-12-13]. http://www.moe.gov.cn/jyb_xxgk/moe_1777/moe_1778/201511/t20151105_217823.html.

养出多位大师与拔尖人才。例如,巴黎高师至今为法国培养了 22 位诺贝尔奖得主和 14 位菲尔兹奖得主,已成为世界重要的数学、哲学和科学研究中心。此外,法国高师为国家培养了具有划时代意义的先锋学者,如让-保罗·萨特(Jean-Paul Sartre)和米歇尔·福柯(Michel Foucault)等哲学家,以及涂尔干(Émile Durkheim)和布迪厄(Pierre Bourdieu)等社会学家。因此,法国作为创建欧洲大学之母的国家,师资与人才培养模式值得我国借鉴与思考。

二、学术自由—职业平等—人文关怀:法国高师集团的师资选拔与发展理念

中世纪大学的"学术自治"传统影响着法国高师的师资队伍建设与人才培养。职业中的性别平等理念的践行,人性化地平衡教师个人生活与学术生活,以及对少数弱势群体教师的职业兼顾,为高师师资队伍建设搭建了人文自由且灵活弹性的发展空间及职业平等的文化氛围。

(一)中世纪"学术自由"的文化传承与法律保障

在法国高师的师资专业发展中,学术自由传承不仅体现在理念层面,且切实地以国家律法与大学章程形式予以细化,保障践行。早期中世纪大学诞生之初的"学术自由"(libertas scholastica)特指"学者自由"[1](libertas scholastica),意指中世纪大学学者享有特许权(privilegium)与豁免权[2],后罗马教廷在 1231 年正式向巴黎大学学者授予罢课权和迁徙权的宗教特许令。当前学界将"学术自由"特指大学及师生作为个体及由其组成的社团整

---

[1] 学人自由或者学者自由,此处取"张弢"在《清华大学教育评论》中所翻译的版本。
[2] 张弢. 中世纪大学之"学术自由"辨析[J]. 北京大学教育评论,2017,15(01):89—106+189—190.

体所享有的特许权的总和,包括自治、罢课、迁徙、执教资格等①。

在保障学术自治方面,首先,法律明确学术自由的活动范畴与限度,以保障教师日常的学术自由。法国在传承欧洲学术自由传统的同时,进一步以法律形式保障学者的学术自治与自由。法国《教育法典》第 L123-9 条规定,"大学和高等教育机构保障教师—科研人员、教师和专职科研人员三种职业身份在独立而平静的职场环境下开展教学与研究活动,这对于学者学术创作与理论反思至关重要"②,同时明确并细化了学术自由的边界与程度。《教育法典》第 L952-2 条规定,"教师和研究人员开展教学和研究活动时,在遵循大学传统包容与客观性的原则基础上,享有充分独立且自由的表达权"。而学术自由是法国高等教育及研究追求卓越的制度与思想基础,教育法典规定"国家颁布法令尊重教育自由",并进一步规定"法国高等教育享有教育自由权"③,"教师科研人员根据独立宪法原则行使这一自由权"④,并为教师专设"教育教学自主权"。

其次,在国家法律原则指导下,高师通过大学章程践行教育教学自主权原则,并设立"科学委员会"(conseil scientifique),以行政管理方式保障日常学术自由,如里昂高师大学章程规定:科学委员会提供科研政策方向、文本及资金等相关资源分配咨询,并对教师科研教学予以评估⑤。师资聘用时,提出在侧重人类健康福祉与科学知识前沿性探索的前提下,科研人员享有

① 张弢. 中世纪大学之"学术自由"辨析[J]. 北京大学教育评论,2017,15(01):89—106+189—190.
② Code de l'éducation[EB/OL].(2000-06-22)[2021-12-13]. https://www.legifrance.gouv.fr/codes/texte_lc/LEGITEXT000006071191?etatTexte=VIGUEUR&etatTexte=VIGUEUR_DIF.
③ 同上。
④ Code de l'éducation[EB/OL].(2020-12-27)[2021-12-13]. https://www.legifrance.gouv.fr/codes/texte_lc/LEGITEXT000006071191?etatTexte=VIGUEUR&etatTexte=VIGUEUR_DIFF.
⑤ Décret n° 2012-715 du 7 mai 2012 fixant les règles d'organisation et de fonctionnement de l'Ecole normale supérieure de Lyon[EB/OL].(2013-12-12)[2021-12-13]. https://www.legifrance.gouv.fr/loda/id/JORFTEXT000025825344/.

科研、学术思想及表达的自由[①]。同时,依据教育法典规定,科研人员同时需要认识到有限自由,包含研究环境局限(如监督、定位和管理)、实践操作局限(如预算与基础设施),尤其是与工业研究相关的知识产权保护上,应确保不与公认的道德准则与实践冲突。例如高师管理体系中的"研究主席"(Les chaires de recherche)[②],这些主席由 ENS 科学委员会验证,具有真正的独立性。这一独立性涉及科学研究所选择的主题自由,以及对研究结果的传播自由,但相应地受到严格的评估监督[③]。《萨瓦里法》对教师的权利范畴做了进一步明确与细化,指出教师在"教育,包括初始和继续教育、辅导、指导、建议和知识控制、研究,知识传播及与经济、社会和文化环境的联系,国际合作拓展,机构的行政管理等方面享有一定的权利"。在国际化推动下,2020 年12 月,法国第 2020-1674 号法令进一步深化了教师的权利范畴,包含:(1)教育,包括初始和继续教育、辅导、指导、建议和知识控制;(2)研究;(3)知识生产与转移并促进经济、社会和文化所有领域的进步;(4)在国家开放科学政策的框架内向公民提供信息,并在全国范围内传播科技文化,尤其是在年轻人中;(5)致力于欧洲高等教育研究区建设,以及开展欧洲和国际在高等教育、研究和创新领域的合作;(6)高等教育公共服务机构和研究公共服务机构的行政和管理[④]。

(二)报告—计划—实践:"职业平等行动计划"保障师资的性别平等

法国高师在师资职业发展中,尤其重视职业平等,并兼顾职场中的男女

---

① HRS4R-Plan d'action [EB/OL]. (2019-03-22)[2021-12-13]. http://www.ens-lyon.fr/lecole/travailler-lens/labellisation-hrs4r/hrs4r-plan-daction.

② 研究主席[EB/OL]. (2021-11-30)[2021-12-13]. https://www.ens.psl.eu/une-recherche-de-pointe/la-recherche-l-ens-psl/les-chaires-de-recherche.

③ 同上。

④ LOI n° 2020-1674 du 24 décembre 2020 de programmation de la recherche pour les années 2021 à 2030 et portant diverses dispositions relatives à la recherche et à l'enseignement supérieur[EB/OL]. (2020-12-26)[2021-12-13]. https://www.legifrance.gouv.fr/jorf/id/JORFTEXT000042738027.

两性平等。巴黎-萨克雷高师牵头的萨克雷大学在 2021 年发布了《男女职业平等 2019 年比较研究报告》(Rapport de situation comparée relatif à l'égalité professionnelle entre les femmes et les hommes Année 2019)①,报告指出男教师在终身与非终身教师教职中占 75%,性别上具有绝对优势,对此,2021 年发布职业平等计划②。该计划重点指出,针对高等教育核心业务工作中的女性,应创建并定期更新展示女性职业风采、突出特殊背景的女性教师的视频,以展示不同科研教学领域中女性的职业贡献,为女性设立科学日,并组织员工间进行职业交流,为女性研究员提供专业的职业生涯规划指导系统。同时,这一计划也得到了国家的高度重视,法国政府于 2021 年提出将两性平等作为发展的优先事项,尤其是职业中的性别平等(L'égalité femme-homme, une priorité nationale)③。高师集团率先联合国家科学研究中心(CNRS)发布"职业平等行动计划"(Plans d'action sur l'égalité professionnelle),旨在重点关注男女两性薪酬及差距的预防与解决办法,保障招聘、晋升及工作中的男女平等,打击性暴力和性别骚扰及歧视行为,指导监测职业平等政策的落实情况,并建立桥梁架构教师职业生活与个体及家庭生活的有效衔接。其中薪酬差距的预防包含建立有关薪酬差异的年度统计数据、诊断与额外收入相关的薪酬差异等,保障男女平等的招聘、晋升和工作,尤其是在招聘中不区分性别,并提高国家科学研究中心女性研究员的知名度,以及制定招聘及职称晋升中的性别平等参照标准,并实时监控女性在各执行程序及环节中的参与比例,切实考量女性职业中断等困

---

① Plan égalité professionnelle de l'ENS Paris-Saclay[EB/OL].(2021 - 07 - 25)[2021 - 12 - 13]. https://ens-paris-saclay. fr/sites/default/files/2021-07/DELIBERATION _ 2021-19 _ Plan _ egalite_0. pdf.

② 同上。

③ 法国 2030[EB/OL].(2021 - 10 - 12)[2021 - 12 - 13]. https://www. elysee. fr/emmanuel-macron/liberte-fraternite-egalite-des-chances#moduleAnchor-169292.

境问题。与此同时，指导监测并有效落实职业平等政策，具体措施如实验室建立通信网络，提交行动计划与主题展望，如"性别预算"、伙伴关系的平等条件等。

在学校日常工作与活动设置中，尤其在性别刻板印象偏重的科学研究领域，高师每年专设"女性科学工作日"等研讨会宣传活动，以推动科学研究领域的职业性别平等计划。与此同时，通过科学教育与传播，从 2017 年始，法国高师特别组织召集 300 名左右的女高中生，以高师女研究员为角色榜样，实践推动高中生树立"科学无性别局限"观念，以打破科学领域的性别刻板印象①。

（三）灵活的教学安排与开放的职业发展路径，为深度拓展科研空间提供制度保障

法国高师的教师兼具教师与公务员②双重身份属性，并有法律保障其充分的教学自主权。这一特殊性也为切实保障教师的可持续职业生涯发展提供了实践可能。最为突出的表现如高师系统为教师建构了个性化的一对一职业跟踪，以保障教师的前沿性研究与可持续职业发展，针对教师的教学时间、女性职业中断等议题，建立开放而连贯的职业发展框架。如巴黎-萨克雷高师③（École Normale Supérieure Paris-Saclay）科学委员会于 2021 年 7 月全票通过的"学术生涯陪伴宪章"（Charte d'accompagnement

---

① Journée Sciences, un métier de femmes［EB/OL］.（2021 - 03 - 08）［2021 - 12 - 13］. http://www.ens-lyon.fr/evenement/lecole/journee-sciences-un-metier-de-femmes-5?ctx＝contexte.

② Loi n° 83 - 634 du 13 juillet 1983 portant droits et obligations des fonctionnaires. Loi dite loi Le Pors［EB/OL］.（1983 - 07 - 13）［2021 - 12 - 13］. https://www.legifrance.gouv.fr/loda/id/JORFTEXT000000504704?init＝true&page＝1&query＝83-634&searchField＝ALL&tab_selection＝all. 1983 年 83 - 634 号法令规定法国的大学教师享有公务员的地位与待遇，因此在工作时间上，高师的教师与公务员的时间安排是类似的。

③ 原为"加香高师"（ENS de Cachan），2016 年加入巴黎萨克雷大学之后更名为"巴黎-萨克雷高师"（École Normale Supérieure Paris-Saclay）。

des carrières académiques)①。高师设置弹性灵活的教学时间转换机制,以促进并保障科研的前沿探索性,如 1 小时讲座可折抵 1.5 小时课时。教学时间安排上更自由灵活,如教学科研型及教学型岗位教师可根据自身的教学任务,将低于 32 课时的教学工作自由调换整合至下一学年②。与此同时,学校根据教师实际需求,从制度上设立教学任务转换标准(Référentiel d'équivalence de charges pédagogiques),具体如表 10-1 所示。

表 10-1 高师不同职业身份的工作时间参考标准

类型一:跨职能职责(校级)(Responsabilités Transverses)	
1. 机构层面	
副校长	三分之二服务或 128 小时
特派员	32 小时
青年讲师(教学培训)	32—64 小时
青年讲师指导	6 小时
系主任、博士生院院长	32—64 小时
项目负责人	10—32 小时
2. 文凭(Diplôme)	
负责毕业	12 小时
会议、知识传播、辅导教学实习	6—18 小时
3. 研究责任	
ANR、ERC 等项目负责人	最高 128 小时
青年讲师(研究型)	32—64 小时
类型二:跨职能职责(院级)(Responsabilités Transverses)	
1. 结构职责	
研究学院院长	64—96 小时
实验室或者研究所所长	64—96 小时

① Charte d'accompagnement des carrières académiques[EB/OL]. (2021 - 07 - 25)[2021 - 12 - 13]. https://ens-paris-saclay. fr/sites/default/files/2021-07/DELIBERATION _ 2021-20 _ Charte_accompagnement_carriere_0. pdf.

② 同上。

类型二：跨职能职责（院级）（Responsabilités Transverses）	
实验室或者研究所副所长	32—48 小时
2. 教学兴趣活动	
负责本科和硕士教学、纪律协调、行动协调、继续教育	最高 18—32 小时
技术平台安装并建立远程教学	最高 24 小时
负责技术/教育平台与实习	最高 18 小时
负责招聘、竞赛、预算的协调	最高 20 小时
各种职责：沟通、网络、国际访问、研讨会	最高 8 小时
类型三：监管豁免（Décharges réglementaires）	
校长	192 小时
IUF 法国国家大学研究所成员	128 小时
CNRS 代表团	96—192 小时

如表 10-1 所示，巴黎-萨克雷高师为不同层级教学与科研等人员的职责提供了工作时间参考，第一类是跨职能职责（Responsabilités Transverses），包括机构层面的副校长，特派员（Chargé de mission），青年讲师，青年讲师指导、系主任、博士生院院长、项目负责人；文凭层面负责毕业的工作，会议，知识传播，辅导教学实习的主体；研究责任层面包括 ANR、ERC 等项目负责人、研究型青年讲师等主体。第二类是跨实验室层级职责，包括结构职责（Responsabilités de structure）层面的研究学院院长、实验室或者研究所所长、实验室或者研究所副所长；教学兴趣活动（Activités d'intérêt pédagogique）包括负责本科和硕士教学，纪律协调、行动协调、继续教育，技术平台安装并建立远程教学，负责技术/教育平台与实习，负责招聘、竞赛、预算的协调，其他各种职责如沟通、网络、国际访问、研讨会等。第三类是监管豁免职责（Décharges réglementaires），包括法国国家大学研究所

成员、CNRS 代表团[1]。此外，不论何种情况之下，教师教学小时数不得超过 128 小时[2]。

除常规工作时限要求外，法国高师还同时兼顾人文关怀，尤其是对女教职工的关注。具体工作兼顾到女性教师的产假问题及学术中断等情况的考量。首先，依托女性身份角色与身体健康等知识基础，充分重视对女教师及工作人员的时间规定与安排，最低保障 16 周产假。考量家庭子女数量对女教师精力上的消耗，出于对女性教师及工作人员的照顾，从第三个孩子起，产假延长至 36 周。除产假时间外，学校同时考量到女教师的心理健康问题，设立"社会心理风险"（Risques psycho-sociaux）机制，成立"健康、安全和工作条件委员会"（comité d'hygiène de sécurité et des conditions de travail），监测学校教师状况并及时采取预防措施，防止产后休假后恢复研究活动的女性科研人员陷入不利处境。该委员会还专门设立 18 名"预防助理"（assistants de prévention），制定预防政策，提出改善职业风险的措施，分析工伤事故原因并参与有关职业健康和安全培训[3]。此外，该委员会还成立了"医学—社会—职业协调小组"（un groupe de coordination médico-socio-professionnel）专门负责个案，主要由预防医生、社会和家庭工作者、职业心理学家、人力资源总监和预防助理组成，为有健康风险的教师及其工作人员提供一对一服务[4]。其次，高师积极开展支持科研教学型与教学型教师的职业方向再定位及其陪伴活动（Accompagnement des Enseignant-Chercheurs et des Enseignants pour une reprise d'activités ou une

<hr />

[1] Charte d'accompagnement des carrières académiques［EB/OL］.（2021 - 07 - 25）［2021 - 12 - 13］. https://ens-paris-saclay. fr/sites/default/files/2021-07/DELIBERATION _ 2021-20 _ Charte_accompagnement_carriere_0. pdf.

[2] 同上。

[3] BILAN SOCIAL ENS Paris-Saclay 2020［EB/OL］.（2020 - 12 - 31）［2021 - 12 - 13］. https://ens-paris-saclay. fr/sites/default/files/SUPPORTS_COM/Bilan_social_ENS-PS_2020. pdf.

[4] 同上。

réorientation）。为给教师搭建开放并连贯的职业发展框架，学校可提供一对一的跟踪，并酌情予以配套支持。高师同时充分考量教师的个体差异性与职业发展路径，由负责科研教学的主管副校长带领，每三年对教师进行访谈，就教师对职业发展诉求与学校工作质量的看法意见进行充分沟通交流，并辅助其恢复科研工作，如简化学术休假程序，鼓励教师国际化流动，通过BOOSTER 计划支持国际流动；与博士生签署承诺独立研究的合同；支持教师及研究人员寻求合作伙伴，支持教师科研定位的重新提案①。

（四）全纳关怀与专业发展：为少数弱势教师群体给予专业依托与专项扶持

高师集团给予身心残疾的少数弱势教工人文环境支持与特别通道扶持。其中巴黎高师发布的 2021—2024 年残疾计划，旨在提升残疾教师的就业率，改善其工作地点与服务，使少数弱势群体的日常工作更便捷，同时也能够提升全体教师及其工作人员的用户服务意识等。自 2017 年始，高师实施残疾人全纳计划，为残障教职工提供平等的就职机会，并细化发展路径，辅助这部分弱势教职工的职业发展。依据 2005 年 2 月 11 日平等权利的第 2005—102 号法律②，高师进一步提升残障教职工的就业率与职业支持发展路径，提出了具体的支持性措施，如弱化招聘组在面试过程与简历筛选中的刻板印象，并辅以在日常宣传中增强"残疾人关怀意识"，提供职业发展相关行动计划，跟踪残疾教职工的职业发展路径并进行职业补偿等。其次，在改善物理空间场所和服务的可及性方面，针对高师建筑建造，考量残疾教

---

① Charte d'accompagnement des carrières académiques［EB/OL］.（2021 - 07 - 25）［2021 - 12 - 13］. https://ens-paris-saclay. fr/sites/default/files/2021-07/DELIBERATION _ 2021-20 _ Charte_accompagnement_carriere_0.pdf.

② DEFINITIONS ET DONNEES HANDICAP［EB/OL］.（2021 - 10 - 25）［2021 - 12 - 13］. https://www. ens. psl. eu/l-ecole-normale-superieure-psl/hrs4r-strategie-des-ressources-humaines-pour-les-personnels-de-la.

职工日常办公和生活的需求，调整公共区域的无障碍环境安排，建立完善残疾人无障碍建筑与住房登记情况等一系列具体措施。最后，将全纳关怀纳入整个学校教育体系中，在课程培训、日常宣传、信息交流以及人力资源部门的助残知识传播中纳入对少数弱势群体的特殊关怀。如针对高管和中层管理人员及实验室和服务部门的人力资源经理等，其宣传"残疾"人群的类型界定，通过招聘和整合机制，积极将残疾者纳入社会集体中，并通过提高教职工的用户信息意识，为其提供信息通信与培训等，辅助少数弱势群体融入。

三、候选人—讲师—教授之路：法国高师的师资准入与晋升机制

法国高师在师资准入与晋升上提供公开透明公平的机制保障，具体体现在准入机制与招聘中的公开透明与宁缺毋滥，吸纳全球顶尖人才建立人才库，并提供晋升与可持续发展的多元职业路径。

（一）准入机制与招聘委员会成员标准：公平、透明与宁缺毋滥的选拔流程

高师集团的师资选拔遵循"公开、透明、合议、择优录取"①的原则。1984年6月法国第84-431号法令制定了适用于教师研究人员的共同法定条款，并确立了大学教授团体和讲师团体的特殊地位②。高师集团内师资招聘

---

① Charte de recrutement académique[EB/OL].（2021-10-25）[2021-12-13]. https://www. ens. psl. eu/l-ecole-normale-superieure-psl/hrs4r-strategie-des-ressources-humaines-pour-les-personnels-de-la.

② Décret n°84-431 du 6 juin 1984 fixant les dispositions statutaires communes applicables aux enseignants-chercheurs et portant statut particulier du corps des professeurs des universités et du corps des maîtres de conférences [EB/OL].（1984-06-06）[2021-12-07]. https://www. legifrance. gouv. fr/loda/id/JORFTEXT000000520453? init = true&page = 1&query = 84-431&searchField=ALL&tab_selection=all.

与晋升主要由法国大学理事会(CNU)和卓越人才官网(GALAXIE)①受理，对教师的准入与晋升严格把关。首先，在师资招聘与筛选中，规避性别偏见与歧视，制定规避招聘偏见筛查表②。具体审查表如表10-2所示。

表10-2　巴黎-萨克雷(加香)高师教师招聘委员会规避歧视筛查标准

根据收到的申请,应在自我评估过程中分析与候选人所存在的任何联系其所属性质	潜在的偏见
专业和等级联系(Liens professionnels et hiérarchiques)	
成为候选人的下属	是
与候选人有或曾经有过冲突或比其位置低一级别的职业关系	是
是或曾经是候选人的上级领导(实验室主任、部门负责人等)	赞赏(否)
与候选人(同事、实验室成员、教学职责等)有或曾经有其他专业联系	赞赏(否)
智慧联系(Liens intellectuels)	
曾担任候选人的导师或监督过候选人提交的研究工作	是
与候选人共同签署了大部分研究工作	是
与候选人一起组织了科学和智力活动(座谈会、会议、研讨会等)	赞赏(否)
人际关系(Liens personnels)	
与候选人有密切的家庭关系,近一段时间内与候选人有或曾经有过亲密和/或情感联系	是
已就候选人或其工作申请强有力地公开了立场	是
与候选人有或曾经有过冲突或恶化的个人关系	是
某个体存在可能会被第三方视为质疑遴选委员会工作的公正性	赞赏(否)

在专业和等级联系(Liens professionnels et hiérarchiques)、智慧联系(Liens intellectuels)、人际关系(Liens personnels)等方面存在某种联系，可能存在潜在偏见，影响判断，应以规避。此外，在招聘委员会成员选拔上，无论招聘的性质如何，机构遴选委员会须根据适用的监管框架，体现男女适当

---

① Galaxie des Personnels du Supérieur[EB/OL]. [2024 - 02 - 31]. https://www. galaxie. enseignementsup-recherche. gouv. fr/ensup/candidats. html.
② Grille indicative d'aide à la détection de situations de partialité à disposition des membres de comité de sélection [EB/OL]. (2019 - 02 - 21)[2021 - 12 - 13]. https://cache. media. enseignementsup-recherche. gouv. fr/file/8/82/7/BO_MESRI_8_1080827. pdf.

性别平衡,尤其在教授招聘选拔上注重男女比例相当的平等原则。考核形式上,委员会或机构成员明确评估标准,需根据应聘者意向学科和机构进行选择,确保尊重候选人优势进行招聘。其中,委员会成员不应将家庭或个人生活导致的研究轨迹中断或路径转变视为应聘者的劣势,而应视为潜力。此外,在吸纳与筛选全球顶尖人才的同时,以历史传承与国际学术声誉为抓手,建立"顶尖候选人才库"以保障师资储备,并进一步指出为教师及科研人员提供自由宽松的优质工作环境,以加强师资招聘质量,保障为卓越师范生与顶尖前沿实验室之间搭建高质量平台。对此,巴黎高师的校长马克·梅扎德(Marc Mézard)于 2016 年在《于勒姆评论》(Revue de l'Ulm)中提及:"高等师范学校捍卫了一种独特的模式,紧密地植根于法国大学系统,作为一所小型精英大学校,提供并搭建了卓越教学与研究前沿间的桥梁,为教师的非凡职业生涯提供了便捷的行政服务和优质的办公环境,同时也成为培养未来政治家、外交官、记者及文化界名人的摇篮。巴黎高师从追求尖端研究和培养拔尖人才相结合的模式中汲取前进动力与国际声望,获得了举世瞩目的成就。"①

(二)多种招聘与专业发展路径选择:国际化与多元化并存的路径选择

高师为确保科研教学卓越性与可持续发展性,采取多元招聘路径(Une pluralité des recrutements)②,分别招聘研究型教师(只做研究)和无强制研究义务的教师。在教师招聘类型上,划分为教师资格准备者、兼职教授、合同制研究员及附属教授四种类型。第一种类型为博士及博士后(Agrégé préparateur,简称 AGPR)。针对博士与博士后等青年群体,高师建立"候选人才库",旨在挖掘领域内有研究潜力的人才,提升高师对师资候选人发展

---

① Marc Mézard[EB/OL].[2021 - 12 - 13].https://www.marcmezard.fr/.

② Charte d'accompagnement des carrières académiques[EB/OL].(2021 - 07 - 25)[2021 - 12 - 13]. https://ens-paris-saclay. fr/sites/default/files/2021-07/DELIBERATION _ 2021-20 _ Charte_accompagnement_carriere_0. pdf.

的可持续性与研究潜力挖掘。法国博士作为独立研究者，并无强制性课程要求，而是聚焦研究。这类学生隶属助教性质，成为"候选人才库"主要储备师资人员，且致力于教师资格考试与科研。第二类是兼职教授①②（professeur attaché），为加强科研教学间的联系，巴黎高师和巴黎-萨克雷高师创建并向国家科学研究中心（CNRS）、国家农业研究所（INRIA）和国家医学健康研究中心（INRAE）的研究人员提供兼职教授职位，是高师系统特有的职位类型。来自 CNRS、INRIA 或 INRAE 的研究员以与法定教师研究人员相同的方式整合到学校教学和研究部门（DER）中，这一头衔授予 2 年，可续期两次，每次 4 年，总持续时间不得超过 10 年。唯一教学要求是每年提供 64 小时教学服务，若不足则只享有国家科学研究中心的研究人员待遇，两条轨道可以选择单行，也可选择并行。高师集团内 80％的兼职教授均来自 CNRS。第三种类型为合同制教师研究员，学校通过招聘研究员章程，签订至少 64 小时教学任务合同，这类教师通常外聘，达到合同要求即可获得终身教职，极少部分可晋升为教授。第四类附属教授（professeur affilié），也就是学院的附属教授，即该领域的引领者，将会带领学院协同发展，为期 4 年。高师除法国本土招聘外，还通过外聘方式对全球顶尖学者实行邀请制，丰实高师的国际化师资团队。如里昂高师专设"特邀教授"（Chercheurs invités），邀请全世界各领域顶尖的外籍教师及科研人员，并于2007 年成立里昂学院（Collegium de Lyon）作为高级研究所（Institut d'Études Avancés，简称 IEA），每年邀请约 20 名国际研究人员，以追求国际

---

① 兼职教授［EB/OL］.（2020 - 12 - 16）［2021 - 12 - 13］. https://ens-paris-saclay. fr/actualite/professeur-attache-veritable-ressource-pour-lens.

② 与我国的兼职教授有所不同，法国语境之下的兼职教授是双轨制，可以由研究人员自由切换，如果教学服务未满 64 小时则仍以国家科学中心研究人员的身份专门从事研究，但是法国高等教育创新与研究部仍鼓励其参加教学服务，一则可以将教学与研究相结合；二则帮助有其他教学负荷的教师分担部分教学服务，以便平衡其他教学—研究人员的教学与科研的时间。

科学前沿领域突破为旨趣,开展为期 5—10 个月的研究项目①。附属教授在高师逗留 3 个月至 3 年,并需满足如在境外开展主要研究活动,提出与主要联系实验室相关的工作计划,并承诺至少有 15 天在校开展论坛等活动,承诺在 3 年内提供至少 10 小时讲座或课程。高师至少支付 130 欧元/天的住宿费,且支付的工资超过普通教授,附属教授还可获得"里昂高师特邀教授"的头衔。此外,这些世界顶尖科学研究员均以"科学家"身份进入法国,并在行政上大量简化签证程序以便于科研合作与国际交流。在教授招聘中首选外聘,当然也不排除内部晋升②。高师会对候选人的学术能力进行全方位的考核,包括地域流动性,尤其是国际流动性;研究主题流动性;教育路径范畴;私营部门经验与研发;合作网络等③。高师既兼顾本土卓越人才培养的传承,又顺应国际化趋势,特邀国际顶尖科学家加入,兼顾国际化开放与卓越传承两条路径。

(三) 教师晋升机制公正透明:监督研究权的授予与全国大学理事会的双重验证

晋升机制成为保障师资队伍质量的重要手段,并受研究指导资格审查(Habilitation à diriger des recherches,简称 HDR)。获得教授候选人资格的教师再申请成为教授,通过学校科学委员会统一考核,根据学科领域类别接受全国大学理事会最终审核。

首先,教授候选人资格审核标准与职称评审委员会程序透明公正。高师集团依据法国 1988 年 11 月发布的《关于研究指导资格审查》④明确指出:"研

---

① Chercheurs invités [EB/OL]. (2020 - 12 - 31) [2021 - 12 - 13]. http://www. ens-lyon. fr/recherche/chercheurs-invites.

② 巴黎-萨克雷高师教授招聘建议 [EB/OL]. (2021 - 04 - 15) [2021 - 12 - 13]. 2021-04_Recommandations-recrutement-EC. pdf (ens-paris-saclay. fr).

③ 同上。

④ 相当于国内博士生导师资格的获得,但只是教授资格的候选人。

究指导资格审查,认可候选人具有高科学水平,科学领域研究方法具有原创性,并在广泛的科学技术领域掌握研究策略的能力及督导青年研究人员的能力。"[1]同时,资格审查提出,职称晋升申请的候选人由校长或机构负责人负责审核,并根据科学委员会做出决议[2]。申请材料须包含一份或多份已发表的代表性成果或工作文件,并附相关科研活动摘要,以彰显领域研究的领先代表性与前沿性[3]。在职称评审中,评审主席及机构负责人根据以下程序出席评估委员会:(1)校长或机构负责人将审查候选人工作的任务委托给至少三名根据其能力选择的评审员,其中至少两名必须被授权监督研究。其中两名报告员不得属于候选人提交申请的机构的教学人员[4]。(2)被咨询的人士通过书面和合理的报告表达他们的意见,在此基础上可以授权向陪审团口头介绍候选人的作品。这些报告会传达给候选人,任何有权监督研究的人都可以查阅这些报告[5]。(3)在此报告展示之前,在大学机构内分发作品或作品的摘要,并在工作场所张贴[6]。(4)校长或机构负责人采取适当措施,确保在机构外传播与展示有关的信息,特别是向其他授权监督研究的大学和机构以及全国大学理事会[7]传播和展示。同时,陪审团由校长或机构负责人任命,至少由 5 名成员组成,从被授权在公立高等教育机构中监督研究的教职员工、公立科技机构的研究主任或主管中选出,且至少一半是来自机构外的、科学能力受到

---

① Arrêté du 23 novembre 1988 relatif à l'habilitation à diriger des recherches[EB/OL]. (1988-11-23) [2021-12-13]. https://www. legifrance. gouv. fr/loda/id/JORFTEXT000000298904? isAdvancedResult=&page=2&pageSize=10&query=Habilitation+%C3%A0+diriger+des+ recherches&searchField = ALL&searchProximity = &searchType = ALL&tab _ selection = all&typePagination=DEFAULT.

② 同上。

③ 同上。

④ 同上。

⑤ 同上。

⑥ 同上。

⑦ 同上。

认可的法国或外国人士①。陪审团需审查候选人的优点,评估其设计、指导、领导和协调研发活动的能力,再决定授权颁发并起草一份报告②。该报告由陪审团所有成员签字并传达给候选人,任何有权指导研究的人都可以查阅它③。如巴黎-萨克雷高师在评估候选人成果陈述中,侧重考评科学生产质量和重要性、法国国家和国际科学影响力,包括可能获得的奖项或荣誉、研究项目和合作、科学界活力、交叉学科研究活动或与社会经济环境(公司、医院、协会、地方当局等有关的研究活动)④。但完全依照文献计量是不被允许的。

其次,职称晋升的专业能力参照标准由全国大学理事会审查与校级能力考核。在获得研究指导资格审查后,候选人成为教授资格候选人,流程标准上需通过科学委员会投票,再进入全国大学理事会完成审核。学校一级资格选拔通常定额制,由学校内部各学科领域代表投票,针对候选人的专业价值和已获得的专业经验两方面加权比重⑤。其中,专业价值主要考察候选人的职业投入、适应能力、团队领导力、职业技术与专长、随着时间推移职责任务的演化延展性、目前任职状况、技能掌握水平、专业知识和行为。在获得专业经验方面包括课程和功能的多样性、教学计划、特殊情境践行、技能

① Arrêté du 23 novembre 1988 relatif à l'habilitation à diriger des recherches[EB/OL].(1988-11-23)[2021-12-13].https://www.legifrance.gouv.fr/loda/id/JORFTEXT000000298904?isAdvancedResult=&page=2&pageSize=10&query=Habilitation+%C3%A0+diriger+des+recherches&searchField=ALL&searchProximity=&searchType=ALL&tab_selection=all&typePagination=DEFAULT.

② 同上。

③ 同上。

④ Politique de l'Université Paris-Saclay en matière d'habilitation à diriger des recherches (HDR) et de dérogations à l'HDR[EB/OL].(2021-09-01)[2021-12-13].https://www.universite-paris-saclay.fr/sites/default/files/2021-09/Politique-HDR-septembre-2021.pdf.

⑤ Les principes généraux des lignes directrices de gestion[EB/OL].(2021-03-12)[2021-12-13].https://ens-paris-saclay.fr/sites/default/files/INSTANCES/CA/2021-03-12/5.1_LIGNES_DIRECTRICES_DE_GESTION.pdf.

的传递和评估、集体投入度、取得职称以及文凭与资格证书、参加竞赛的资格、晋升的方式、至少3个月的临时工作。具体能力标准如表10-3所示。

表10-3　巴黎-萨克雷高师教授遴选专业能力参照标准

专业价值(Valeur professionnelle)	
标　　准	细　　则
职业投入	这一标准是根据动机来评估的，在工作中的参与和努力，实现目标的决心
适应能力	这一标准是根据工作人员适应专业环境变化的能力来评估的，特别是方法和工具、组织、对话者和团队的变化
团队领导能力	这一标准是根据能力来评估的，比如在任职期间能真正动员下属(激励团队、委派、组织和管理工作、项目管理、沟通、对话、冲突管理、决定、倾听、自下而上和自上而下的反馈……)
职业技术和专长	这一标准应根据该职位所需技能的掌握程度和该工作人员执行其活动的可靠性进行评估，在其领域内引用、发展该领域的实践并将其技能教授给他人
职业发展：随着时间的推移，承担的责任和新的任务	这一标准是根据工作人员选择的调动情况以及接受扩大和丰富工作内容的新任务或责任来判断的
目前任职状况	这一标准是通过等级/职能的相关性来评估的，以及对要求和责任水平明显高于标准参考工作中定义的活动的支持
技能掌握水平	这一标准是根据工作所需技能的掌握程度来评估的，特别是了解高师的工作环境
专业知识和行为	这一标准是根据在专业面试中评估的技能来评估的，特别是考虑到其职能的要求和限制，并传达公共服务的正面形象

表10-4　巴黎-萨克雷高师教授遴选专业经验参照标准

获得的专业经验(Acquis de l'expérience professionnelle)	
标　　准	细　　则
课程和功能的多样性	这一标准是根据在机构内、在各种公共职能、在私营或联合部门、在欧洲或国际组织内的不同经验来评估的
教学计划	这一标准是根据(过去五年参加的)有关技能和能力的培训来评估的

标　准	细　则
特殊情境践行	这一标准是根据工作场所的压力或暴露程度来评估的
技能的传递和评估	这一标准根据下列活动进行评估：教师、竞赛陪审团、对青年教师进行指导
集体投入度	这一标准可以通过以下事实来判断：建设性地参与委员会、工作组、补充任务，自愿或应政府要求的工作人员代表，或曾在巴黎萨克莱大学内流动
取得职称、文凭、资格证书	这一标准适用于所有类型的培训：初级培训或继续培训
参加竞赛的资格	这一标准允许考虑一名工作人员参加一项或多项比赛的资格，即使他们没有被录取
晋升的方式	这一标准允许通过能力清单、进度表、专业考试或竞争来考虑进入
至少3个月的临时工作	同等或更高级别的职位

在通过校级筛选后的全国大学理事会审核环节中，候选人需要以电子表格形式提交两份文件，第一份主要包括完整的研究指导资格审查证明，即摘要说明、所有报告（初步答辩报告与最终答辩报告）以及附注中引用的候选人文章。候选人还须撰写简历，不限页数，以表明其研究、教学和行政职责。以经济学教授晋升为例，为确保候选人有能力教授经济学，且在未来可能成为教授，能够开展高标准研究活动，并传播研究结果，陪审团需能客观化其评价的标准[①]：其一，教学能力需要由一系列经济学课程正式确定。其二，研究人员的素质可以通过经济学期刊发表的数量和质量来证明。要求申请人说明他们的出版物是否在 HCERES 列表中被引用，并根据该列表指定期刊的排名来认定发表文章的质量。科学传播活动（学术讨论的传播）在

[①]　经济系教授晋升流程[EB/OL].（2021 - 12 - 11）[2021 - 12 - 13].https://conseil-national-des-universites.fr/cnu/#/entite/entiteName/CNU/idChild/31/idNode/3696-3701.

数量和质量上都被纳入考核范围,并建议申请人区分法国和国外的学术讨论会议。

四、法国高师集团师资职业发展的生态环境建设与制度保障

法国高师在师资的职业发展建设中,逐步建构制度性保障与软性人文环境共治的生态系统。在学术生态建设上,高师逐步建构社会文化环境中的学术共同体,学者间以及学者与其制度环境间形成互动的学术网络。在共同体层面包含学术互动关系发生的网络背景,如大学或系所,以及影响成为优秀学者的要素如学术规范、价值观、身份归属、学术共享。

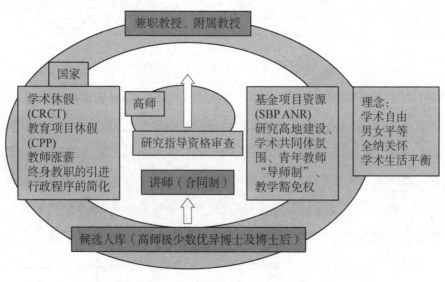

图 10-1　高师师资晋升路径图

(一)制度化的硬性保障:教学豁免—导师制—薪资提升等制度设计与生态平台搭建

在建设制度化的生态环境中,高师集团依据国家高等教育研究与创新

部的规定为研究人员在科学研究时间建立了"科研休假或主题转换假期"
（Congés pour recherches ou conversions thématiques，简称 CRCT）[①]和教学
休假项目（congé pour projet pédagogique，简称 CPP）[②]的制度，允许教师科
研人员从教学和行政任务的豁免期中受益以深化、启动和完成研究项目。
首先，在制度上，"教学豁免"合同制有效保障了教师—科研人员充足的研
究时间。早在1984年6月6日法国发布的第84-431号法令就说明，"获
得终身教职的教师—科研人员（enseignants-chercheurs titulaires）可享有研
究假期或主题转换假，每三年可休三个月假期，每六年可休一年的假期，
在此期间仍享有在职期间的所有薪资待遇"[③]。此外，担任大学校长或院
长职务的教师—科研人员在任职结束时可无条件获得一年的研究假期，
应教师—科研人员要求在产假或育儿假结束后，为恢复研究活动可申请
六个月研究假期或主题转换假期[④]。教学豁免的具体情况如表10-5
所示。

表10-5　高师集团教师类型及教学服务、招聘、晋升方式

教师选拔类型	教学豁免	招聘方式	晋升方式
博士以及博士后	无教学义务，只是助教性质，且专注自己的研究活动	通过"候选人库"选拔出极为优异者	少数优异者可以留任为讲师，隶属高师

① CRCT[EB/OL].(2019 - 09 - 27)[2021 - 12 - 13]. https://www. galaxie. enseignementsup-recherche. gouv. fr/ensup/cand_CRCT. htm.

② CPP[EB/OL].（2019 - 09 - 30）[2021 - 12 - 13]. https://www. galaxie. enseignementsup-recherche. gouv. fr/ensup/cand_CPP. htm.

③ Décret n°84 - 431 du 6 juin 1984 fixant les dispositions statutaires communes applicables aux enseignants-chercheurs et portant statut particulier du corps des professeurs des universités et du corps des maîtres de conférences.[EB/OL].(1988 - 11 - 23)[2021 - 12 - 13]. https://www. legifrance. gouv. fr/loda/id/JORFTEXT000000520453? init = true&page = 1&query = 84-431&searchField=ALL&tab_selection=all.

④ 同上。

教师选拔类型	教学豁免	招聘方式	晋升方式
兼职教授	一年提供至少 64 小时的教学服务，如果没有，则只属于 CNRS 研究员，可以自由切换身份	80％以上来自 CNRS	隶属 CNRS，如果教学达到一年 64 小时，则属于 CNRS 与高师双轨
合同教师研究人员	一年提供至少 64 小时的教学服务，如果获得终身教职则可以享有"研究假期或者主题转换假期"（CRCT），青年讲师在前三年可以享有 128 小时的教学豁免	外聘非高师博士及博士后	鼓励签订无限期合同，履行合同承诺可获得终身教职，极少部分可通过全国大学理事会晋升为教授
附属教授	无教学义务，只需一年提供 10 小时的讲座与座谈会即可	面向全球外聘领域前沿者	任聘之时已经是最高待遇

其次，"导师制"为青年教师成长提供代际经验交流平台。高师集团依据欧盟层面的研究人员等级划分，将其分为四级。第一级研究人员（First-level researcher）是指博士阶段，必要能力包括在监督下开展研究；有发展研究方法和学科知识的志向；对研究领域有良好的了解；已证明有能力在监督下收集数据；能够对新思想和复杂思想进行批判性分析、评估和综合；能够向研究同行解释研究结果及其价值。理想能力包括发展综合语言、沟通和适应环境的技能，特别是在国际环境中。第二级被认可的研究员（Recognized researcher）是指有博士水平但不能完全独立，必要能力在第一阶段之上，还包括已证明系统地了解并掌握与该领域相关的研究；已证明有能力构思、设计、实施和调整一项完整的实质性研究方案；通过原创研究作出了贡献，通过开发大量的工作、创新或应用，拓展了知识的前沿，拥有国家或国际出版或专利；展示对新思想和复杂思想的批判性分析、评价和综合；可以与同行交流并能够向研究共同体解释他们的研究结果及其价值；掌握和管理自己的职业发展等。理想能力包括了解工业和其他

相关就业部门的议程;了解他们在工业和其他相关就业部门的产品和服务背景下的研究工作的价值;可以与更广泛的共同体,以及整个社会,就他们的专业领域进行交流;可预期在专业背景下,在知识型社会中促进技术、社会或文化进步等。第三级高级研究人员(Senior researcher)是指独立的研究者,能够引领一个国家项目并成为科学的协调者。必要能力在第二个阶段之上还包括在其领域卓越的研究基础上拥有公认的声誉;通过合作和协作,为知识、研究和发展作出积极贡献;确定其专业领域的研究问题;确定适当的研究方式和方法;独立开展研究,推进研究议程等。理想能力在第二个阶段之上还包括与相关行业研发团队建立合作关系;有效地向研究界和更广泛的社会传播他们的研究;创新的研究方法等。第四级研究领导者是指在其研究的专门领域脱颖而出,前沿的代表者①。必要能力在第三个阶段之上还包括在其领域卓越的研究基础上享有国际声誉;在确定和执行研究活动方面表现出批判性判断;对其研究领域或跨越多个领域作出重大突破贡献;制定研究领域未来的战略愿景;认识到其研究的更广泛影响和应用;出版和展示有影响力的论文和书籍,在研讨会和会议组委会任职,并举办受邀讲座。理想能力在第三个阶段之上还包括成为管理和领导研究项目的专家;擅长管理和发展他人;在获得大量研究资金/预算/资源方面拥有久经考验的记录;除了团队建设和协作之外,专注于长期团队规划(例如研究人员的职业道路和为团队争取资金);是研究共同体内外优秀的沟通者和网络人;能够为研究创造创新的环境;作为他人的专业发展榜样。具体四级人员晋升能力要求如表 10 - 6 所示。

---

① European framework defining the profiles of researchers according to their level of experience [EB/OL]. (2021 - 10 - 07) [2021 - 12 - 13]. https://euraxess. ec. europa. eu/europe/career-development/training-researchers/research-profiles-descriptors.

表 10-6　高师师资职称晋升阶段与能力分类要求情况表

阶段	必要能力	理想能力
第一阶段(博士起步)包括在行业、研究机构或大学监督下进行研究的个人,博士生在内。	(1)在监督下开展研究;(2)有发展研究方法和学科知识的志向;(3)对研究领域有良好的了解;(4)已证明有能力在监督下收集数据;(5)能够对新思想和复杂思想进行批判性分析、评估和综合;(6)能够向研究同行解释研究结果及其价值	发展综合语言、沟通和适应环境的技能,特别是在国际环境中
第二阶段:公认的研究人员但尚未完全独立的博士或同等学位的人	在拥有第一阶段能力的基础之上(1)已证明系统地了解并掌握与该领域相关的研究;(2)已证明有能力构思、设计、实施和调整一项完整的实质性研究方案;(3)通过原创研究作出了贡献,通过开发大量的工作、创新或应用,拓展了知识的前沿,拥有国家或国际出版或专利;(4)展示对新思想和复杂思想的批判性分析、评价和综合;(5)可以与同行交流,能够向研究共同体解释他们的研究结果及其价值;(6)掌握和管理自己的职业发展,设定现实和可实现的职业目标,确定并开发提高就业能力的方法;(7)能够在研讨会和会议上发表合著论文	(1)了解工业和其他相关就业部门的议程;(2)了解他们在工业和其他相关就业部门的产品和服务背景下的研究工作的价值;(3)可以与更广泛的共同体,以及整个社会,就他们的专业领域进行交流;(4)可预期在专业背景下,在知识型社会中促进技术、社会或文化进步;(5)可以指导第一阶段的研究人员,帮助他们在研究发展的轨迹上更加有效和成功。
第三阶段:高级研究者(已发展出独立水平的研究人员)	在上一个阶段的必要能力和理想能力中再加上:(1)在其领域卓越的研究基础上拥有公认的声誉;(2)通过合作和协作,为知识、研究和发展作出积极贡献;(3)确定其专业领域的研究问题;(4)确定适当的研究方式和方法;(5)独立开展研究,推进研究议程;(6)可与同事和项目合作伙伴合作,率先实施合作研究项目;(7)以主要作者身份发表论文,组织研讨会或会议	(1)与相关行业研发团队建立合作关系;(2)有效地向研究界和更广泛的社会传播他们的研究;(3)创新的研究方法;(4)可以组成研究财团,从研究理事会或行业获得研究资金/预算/资源;(5)致力于自己职业生涯的专业发展,并担任他人的导师
第四个阶段:学术领袖,领导其研究领域的研究人员,包括一	在上一个阶段的必要能力和理想能力中再加上:(1)在其领域卓越的研究基础上享有国际声誉;(2)在确定和执行研究活动方面表现出批判性判断;(3)对	(1)是管理和领导研究项目的专家;(2)擅长管理和发展他人;(3)在获得大量研究资金/预算/资源方面

阶段	必要能力	理想能力
个研究小组的组长或一个行业研发实验室的负责人	其研究领域或跨越多个领域作出重大突破贡献;(4)制定研究领域未来的战略愿景;(5)认识到其研究的更广泛影响和应用;(6)出版和展示有影响力的论文和书籍,在研讨会和会议组委会任职,并举办受邀讲座	拥有久经考验的记录;(4)除了团队建设和协作之外,专注于长期团队规划(例如研究人员的职业道路和为团队争取资金);(5)是研究共同体内外优秀的沟通者和网络人(创建网络);(6)能够为研究创造创新的环境;(7)作为他人的专业发展榜样

对于初级研究人员,高师集团从 2018 年开始对所有实习讲师实施强制性培训(每年至少 32 小时的培训)。除了教学培训以外,2020 年里昂高师还为研究人员提供有关知识产权、项目管理的筹款等方面的知识培训,由技术转移与发展部联合负责开展。

除学校统一培训,还有一对一的导师指导制度。法国行政和公共服务总局(DGAFP)将指导(mentorat)定义为"一种支持、帮助、交流和学习的人际关系"。一个有经验的"导师"将他们获得的智慧和专业知识提供给被指导者,以便促进他们的专业发展。学员有职业目标要实现,有技能或知识要获得[①]。自 2021 年 5 月 19 日起,里昂高师提供一种附有章程的指导系统。其中的参与人员主要有研究人员或讲师、经验丰富的新人、签约的教师研究人员或博士后研究人员。特别是来自国外的同事,他们可能对法国学术体系的了解有限,所以需要对这类群体进行方法理论体系的指导。受训者可选择一名或两名知识渊博的导师,例如来自研究组织的导师以及教师研究员。建议导师不要有等级关系,而是直接与新来者联系,以避免利益冲突,

---

① Charte du mentorat[EB/OL].(2021 - 06 - 14)[2021 - 12 - 13]. http://www. ens-lyon. fr/actualite/lecole/charte-du-mentorat?ctx=contexte.

由专人提供指导的合同博士后除外,导师直接参与监督其工作。第二个导师可以是实验室外部的,辅导期一般为三年,双方可以协定继续指导,也可以终止。指导教师需对青年教师就职业道路的定义及与该道路相关的期望作出相应的个人建议,包括但不限于关于法国学术体系的信息,确定组织和大学中的联系人,资金来源的选择和成功申请的建议融资,出版策略,职业监控(HDR、CRCT 等),学校、大学或组织的教学和运营,区域和国家教育与研究,科学伦理等[1]。具体指导章程如表 10 - 7 所示。

表 10 - 7 里昂高师导师指导章程[2]

目标	为其他教师研究人员和研究人员提供指导,在他们职业生涯开始时或者与学校签订合同时,支持他们的职业生涯,使他们能够从研究和高等教育系统运作的知识中受益。高级教师研究人员或研究人员指导也可以为他们的科研项目提供建议
有关人员	(1)指导是为实验室的新手和刚刚起步的人提供的。职业道路可以是:研究人员或讲师,经验丰富的新人,签约的教师研究人员或博士后研究人员;(2)应该特别注意来自国外的同事,他们可能对法国学术体系的了解有限,一旦他们被招募或成为新人,应由单位管理层通知接受有关学术体系的理论以及方法类指导;(3)受训者可以选择一名或两名知识渊博的导师(例如来自研究组织的导师以及教师研究员),建议导师不要有等级关系,而是直接与新来者联系,以避免利益冲突,由专人提供指导的合同博士后除外,导师直接参与监督其工作;第二个导师可以是实验室外部的;(4)实验室保存一份可能担任导师的高级研究人员和教师名单,导师不会成为其评价的标准。
框架	(1)指导必须建立在自愿的基础上,无论是针对导师还是被指导者;(2)导师与支持的同事之间的关系是和蔼仁慈的,绝对尊重平等的,无论此人的出身或性别如何;(3)导师与被指导者的交流内容保密,不得用于对学员进行专业评价;(4)导师的选择并非最终决定,学员可随时决定更改或结束导师制,同样,导师可以随时决定结束他的参与,由一方写给另一方的一封告师信,连同一份给实验室主任的副本将结束这个过程;(5)实验室需建立适合的学科和活动类型,比如针对研究人员或教师、研究人员,需要有多样性的指导条件以及相关的

① Charte du mentorat[EB/OL]. (2021 - 06 - 14)[2021 - 12 - 13]. http://www. ens-lyon. fr/
actualite/lecole/charte-du-mentorat?ctx=contexte.

② La charte du mentorat à l'ENS de Lyon [EB/OL]. (2021 - 06 - 14)[2021 - 12 - 13]. http://
www. ens-lyon. fr/sites/default/files/2021-06/Charte%20du%20mentorat_VersionFinale210519.
pdf.

	级别;(6)实验室在实验室委员会中建立并验证指导章程;(7)在支持学术同行以及在实验室组织的研究人员和教师-研究人员会议方面,必须明确导师的角色,并将其与实验室管理人员和团队领导/轴心区分开来。需要注意的是,实验室是科学交流和经验分享的绝佳场所;(8)辅导期一般为3年,可多次续期;(9)章程将考虑到任何指导机制接受实验室的监督
内容修订	导师指导内容由双方共同定义,以最好地满足新人的期望;这些要点可能包括以下非详尽的问题列表:职业道路的定义以及与该道路相关的期望,关于法国学术体系的信息,确定组织和大学中的联系人,资金来源的选择和成功申请的建议融资,出版策略,职业监控(HDR①、CRCT②等),学校、大学或组织的教学和运营,区域和国家教育和研究;科学伦理;实验室应谨慎迅速为新来者分配领导职责,以帮助他/她熟悉法国学术体系的运作;除了指导之外,受训者将能够与实验室的所有前辈进行互动;应定期组织研究人员和教师-研究人员的会议促进关于科学和学术生涯的代际交流

再次,"多年研究计划法案"提升了法国学术职业的国际吸引力。2020年法国高等教育研究与创新部发布"2021—2030年研究计划",专门指出提高科学职业的吸引力,通过提升薪资水平、签订研究合同及简化程序吸引国际研究人员③。其中在薪资提升上,法国政府计划到2027年,按7年分期付款9 200万欧元,总支付6.44亿欧元,教授的工资由2 860.49欧元/月涨至3 829.60欧元/月④,普通研究人员从1 966.64欧元/月涨至2 977.04欧元/月⑤,大学讲师从2 261.81欧元/月涨至2 558.88欧元/月⑥。此外,高师集

---

① 研究监督权。

② 学术休假。

③ LOI n° 2020‐1674 du 24 décembre 2020 de programmation de la recherche pour les années 2021 à 2030 et portant diverses dispositions relatives à la recherche et à l'enseignement supérieur [EB/OL].(2020‐12‐24)[2021‐12‐13].https://www.legifrance.gouv.fr/jorf/id/JORFTEXT000042738027.

④ 2020—2027年法国大学教师薪资涨幅[EB/OL].(2020‐12‐24)[2021‐12‐13].https://www.enseignementsup‐recherche.gouv.fr/sites/default/files/content_migration/document/LPPR_2020_pples_mesures_1338281.pdf.

⑤ 同上。

⑥ 2020—2027年法国大学教师薪资涨幅[EB/OL].(2020‐12‐24)[2021‐12‐13].https://www.enseignementsup‐recherche.gouv.fr/sites/default/files/content_migration/document/LPPR_2020_pples_mesures_1338281.pdf.

团内部不仅针对薪酬的性别平等作出要求,而且与教师签订期限不同的合同,已先行国家一步。高师新进的教师需与学校签订合同,合同在研究项目运营完成后终止,可根据研究项目与主题无限期签订。除试用期研究人员的专业能力不足、身体原因或纪律过失外,学校不得在第一年内以任何理由终止合同。同时在合同签订期间内,研究人员需履行承诺,如论文发表等。高师根据与教师签订的研究合同,分配研究资源,对于合同的完成度,需依据同行评价,负责评估的专家的选择遵循中立原则、不存在利益冲突的原则,并且平衡国际最高水平的科学专业知识、专业知识和意见[①]。

最后,本土化"非升即走"的招聘方式与国际人才引进机制接轨。2020年法国发布了第 2020 - 1674 号法令,规定除依据现有招聘途径为研究人员和讲师开放职位外,还将为参与科学战略和机构吸引力的职位创建特定的访问途径,即"有条件的准聘"(prétitularisation conditionnelle)。这一新路径对应了世界科学就业市场上的主要招聘方式,也被称为"非升即走"(tenure track)[②]。它旨在为在广泛公开征集申请后选出的年轻科学家提供一份国家研究机构(ANR)授予的职业合同,允许在最长六年的期限结束时获得大学教授或研究主任的职位,即两个聘期。除了招聘研究人员和讲师外,每年还设置约 300 名教授或初级研究主任职位[③]。此外,对于专门为完成研究项目而招募的人员,将创建一份无限期的科学任务合同,使当前的合

---

① LOI n° 2020 - 1674 du 24 décembre 2020 de programmation de la recherche pour les années 2021 à 2030 et portant diverses dispositions relatives à la recherche et à l'enseignement supérieur [EB/OL]. (2020 - 12 - 24) [2021 - 12 - 13]. https://www. legifrance. gouv. fr/jorf/id/JORFTEXT000042738027.

② 同上。

③ 同上。

同尽可能延长,减少有关人员的不稳定①。在高师内部,早已开始实行这种准聘制合同。不同于中国大学里的"非升即走",法国高师积极为青年讲师打造成为"大师"的平台,力求师资的稳定性。具体对青年研究人员的措施包括三个部分②:"教学、研究支持、跳板"(Volet Formation 、Volet Accompagnement recherche 、Volet Tremplin)。在教学上包括入职培训,入职的讲师需接受 16 天的培训活动,培训时间为 32 小时,其中至少有5.5 天的面对面活动,并辅以其他活动,如实施新的教学实践和评估实践,让教师开始思考理想中的教学实践,并建立全球研究人员培训系统,涉及认知科学和教学方法的创新,如评估学生的学习方式、激发学生的学习动机等③。在教学实施上,先是在巴黎萨克雷大学举办为期 2 天的教学整合研讨会,之后 2—3 天是基于课程、学习成果和教学项目的培训,最后0.5—1 天的时间参与巴黎萨克雷委员会举办的教育创新日、教育研讨会或学科和教学的有关会议,年底再花 0.5 天时间对以上培训项目进行反馈。青年讲师在前三年有专门的导师一对一指导④。在研究活动上,青年讲师在前三年同样享有 128 小时的教学豁免,然而,三年之后要求对每一位受益于该计划的讲师进行评估,评估形式是一份报告,描述其教学、研究和指导活动及科学成果。主要目的是:总结青年讲师三年的发展轨迹,讲师可申请"跳板",要求提供第四年 32 小时的教学豁免,以及额外 2 500 欧元资助,部

---

① LOI n° 2020 - 1674 du 24 décembre 2020 de programmation de la recherche pour les années 2021 à 2030 et portant diverses dispositions relatives à la recherche et à l'enseignement supérieur [EB/OL].(2020 - 12 - 24)[2021 - 12 - 13]. https://www. legifrance. gouv. fr/jorf/id/JORFTEXT000042738027.

② Charte d'accompagnement des carrières académiques[EB/OL].(2021 - 07 - 25)[2021 - 12 - 13]. https://ens-paris-saclay. fr/sites/default/files/2021-07/DELIBERATION _ 2021-20 _ Charte_accompagnement_carriere_0.pdf.

③ 同上。

④ 同上。

分被认为具有高潜力的项目可获得一万欧元资助①。

打造"研究场景"为艺术家与科学家建设世界一流高地。2020年法国发布研究法案指出,需加大力度帮助科学家"改造试炼",让他们有抱负地开展大型项目,在团队层面更好地"转化试验"。这意味着有必要继续鼓励冒险精神和知识转移,还应该给予年轻科学家安全感、言论自主权,以促进冒险②。巴黎-萨克雷高师2020年已建立"研究场景"(Scène de recherche)这一聚焦研究创造的平台,集教学、研究和向公众开放三重使命于一体,专门围绕社会问题开展辩论和组织研讨,致力于打造萨克雷科学集群,成为欧洲硅谷。在"研究场景"里只有对未知的探索。2021年11月,巴黎-萨克雷高师在"研究场景"平台组织了一场大型艺术科学活动:"无形的探险家"(Explorer l'invisible),进行了为期3周的创作和辩论。围绕"系外行星地球:将地球视为待发现的行星"这一主题,艺术家和科学家受到对方的启发并开展跨越艺术和科学的合作,对系外行星地球进行新的探索③。戏剧、音乐、舞蹈、视觉艺术、媒体艺术在每一次冒险的探索中都与基础科学、工程科学和社会科学领域相交叉。高师集团通过物理环境的平台投入,追求纯粹的科学研究,而不在意科研产出④,以及多学科交叉平台的软性孵化有力地

---

① Charte d'accompagnement des carrières académiques[EB/OL].(2021 - 07 - 25)[2021 - 12 - 13]. https://ens-paris-saclay. fr/sites/default/files/2021-07/DELIBERATION _ 2021-20 _ Charte_accompagnement_carriere_0. pdf.

② LOI n° 2020 - 1674 du 24 décembre 2020 de programmation de la recherche pour les années 2021 à 2030 et portant diverses dispositions relatives à la recherche et à l'enseignement supérieur[EB/OL]. (2020 - 12 - 24)[2021 - 12 - 13]. https://www. legifrance. gouv. fr/jorf/id/JORFTEXT000042738027.

③ Explorer l'invisible[EB/OL].(2021 - 10 - 09)[2021 - 12 - 13]. https://ens-paris-saclay. fr/node/2541/.

④ Centre pompidou. Lancement de la Scène de Recherche de l'ENS PARIS-SACLAY[EB/OL]. (2019 - 04 - 19)[2024 - 01 - 31]. https://ens-paris-saclay. fr/sites/default/files/2019-04/DOSSIER-DE-PRESSE-SCENE-DE-RECHERCHE. pdf.

为科学艺术交叉探索提供了生发空间。

（二）非正式的软性环境：多样化非正式的交流平台搭建与充分的"生活时间"赋予

法国高师软性的生态环境建设集中在高师集团中的文化氛围与不成文的定制，包括学术共同体的生成与咖啡文化的熏陶，以及不同群体教师之间的非正式对话等，为教师及科研人员的软性成长与交流提供了文化空间。

首先，学术共同体的多样化研讨会将教学与研究融为一体。高师每月设置常规研究团队研讨会，并与实验室成员共进午餐，与各成员讨论10—15分钟，并与观众进行交流。例如，2020—2021年"哈里斯-哈布瓦克斯中心"（Centre Maurice Halbwachs，以下简称CMH）自发组织的内部研讨会截至11月共开展了52次。既涵盖研究主题"学校的幸福和不幸"，又包含研究方法的研讨，如"使用R构建和处理定量数据"。这些研讨会既有课程的性质，又带有学术沙龙的氛围，跨越不同学科，以学术沙龙的平等对话氛围进行讨论并解决问题[①]。

表10-8　巴黎高师CMH 2020—2021年研讨会

研讨会	人数限制	参与人员	语言要求	内容类型	学科类别
使用R构建和处理定量数据	无限制	师生（硕士）	法语	研究方法类	社会学
写作人类学白板（Pages blanches）	12个	师生（博士、EHESS研究主任）	英语法语	写作工作坊	人类学、历史、社会学
学校的幸福和不幸	无限制	师生（硕士）	英语法语	主题聚焦类	心理认知科学、社会学

① 研讨会[EB/OL].（2021-09-10）[2021-12-13]. http://www.cmh.ens.fr/Seminaires-EHESS-CMH-2018-2019.

除研讨会这一学术共同体外,高师还设有教学共同体。如巴黎高师社会科学系中的"社会学、人类学、政治学、社会历史"(Sociologie, Antropologie, Science politique, Socio-histoire)专业,各学科教师共同承担专业课程讲授,这些专业的课程设置有经济社会学导论(Introduction à la sociologie économique)、社会人类学导论(Introduction à l'anthropologie sociale)、政治学导论(Introduction à la science politique)、全球化历史和社会科学(La mondialisation. ,histoire et sciences sociales)、法律社会学导论(Introduction à la sociologie du droit)。进阶课程则由不同学科背景的教师进一步讲授该门学科的方法或者研究工具,如因素分析和分类法、多元回归方法等。最后还有 12 次研讨会,每次研讨会都由多名教师同时在场,以"跨国和全球历史研究时事"(Actualités de la recherche autour de l'histoire transnationale et globale)这一研讨会为例,由埃莱娜·布莱斯(人类学)、安东宁·杜兰(经济学)、夏洛特·吉夏尔(CNRS 历史学研究员)、拉胡尔·马尔科维茨(历史学)、瓦莱里·泰斯(政治学)、斯蒂芬·凡·范达姆(弗洛伦萨欧洲大学研究所考古学)、布莱斯·威尔弗特(社会学)等担任教师团,跨国和全球历史的方法论被广泛地运用其中,如连接、交叉和比较的方法,文化转移的历史,殖民、帝国、跨帝国的历史等。同时研讨会也关注不同的学科领域,如社会和政治史、文化史和艺术史、经济和法律史、环境史等。由于这些教师团本就属于同一个联合实验室,12 次会议组成的研讨会内容就属于该实验室的研究内容范畴[1]。

其次,不同群体间的午餐与咖啡会谈营造轻松的学术对话氛围。对于青年研究人员,一般由资深教授带领为他们的个人和职业发展提供支持和指导,分享自身的经验,从而激励并帮助他们减少对职业未来的任何不安全

---

① Autour de l'histoire transnationale et globale. Actualités de la recherche[EB/OL]. (2020 - 09 - 20)[2021 - 12 - 13]. https://sciences-sociales. ens. psl. eu/Autour-de-l-histoire. html?lang=fr.

感。如负责研究的副校长会聚集6名学校的学科代表者（通常为系主任）通过午餐活动，以一种非正式的氛围，进行教学、研究及自身专业发展上的交流。在青年教师进入高师18个月后，将安排面试的教授与其进行谈话，7年后再进行职业发展回访①。高师内部的学术氛围宽松自由，其中较为独特的是巴黎高师的师范人俱乐部（Normaliens dans l'Entreprise Club），其成立于1983年，主要有早餐、午餐、下班后酒吧小聚三类活动。其中早餐主要以小组形式见面，邀请数量有限。例如，2018年9月24日，巴黎高师校友安妮-索菲·莫罗（Anne-Sophie Moreau）与专攻古代法国和意大利的哲学家让·路易·波瓦里耶（Jean-Louis Poirier）在早餐活动中进行了一场"哲学对企业有何用"（La philosophie a-t-elle quelque chose à apporter à l'entreprise)的激烈辩论②。2017年7月4日，国家科学研究中心主任、物理学家塞尔日·加拉姆（Serge Galam）在早餐活动中提议通过社会物理学来回答"我们能预测选举吗？"③等议题讨论。社会物理学是其创建的一门学科，可被当作一门数学工具，对社会意见的进展及其成为主流的可能性进行建模④。2020年2月27日，巴黎高师执行校长斯蒂芬·伊斯拉（Stéphane Israël）在晚餐活动时与高师的师生一起讨论航天工业的发展⑤。此外，高师还有收费性质的晚餐活动。2017年9月21日，高师邀请了曾经担任过法国外交部部长的于贝尔·韦德里纳（Hubert Védrine）以"拯救欧洲！"为题，在

①　HRS4R-Plan d'action [EB/OL]. (2019 – 04 – 02) [2021 – 12 – 13]. http://www. ens-lyon. fr/ lecole/travailler-lens/labellisation-hrs4r/hrs4r-plan-daction.

②　Petit-déjeuner de rentrée le 27 septembre[EB/OL]. (2018 – 09 – 24) [2021 – 12 – 13]. https:// www. clubdesnormaliensdanslentreprise. fr/evenements/details/petit-dejeuner-de-rentree-le-27-septembre.

③　Peut-on prédire le résultat des élections ? [EB/OL]. (2017 – 07 – 04) [2021 – 12 – 13]. https:// www. clubdesnormaliensdanslentreprise. fr/evenements/details/peut-predire-le-resultat-des-elections.

④　同上。

⑤　Dîner autour de Stéphane Israël[EB/OL]. (2020 – 02 – 27) [2021 – 12 – 13]. https://www. clubdesnormaliensdanslentreprise. fr/evenements/details/diner-autour-de-stephane-israel.

晚餐活动中与高师的师生分享自己的学术观点,为参加这一活动,对于有贡献的高师人员需要支付 65 欧元,对于无贡献的高师人员需支付 80 欧元[①]不等。而这一宽松而高质的非正式活动有效促进了科研工作者的跨界合作与交流,并有效支持了科研工作者的持续能力提升与科研前沿性探索。

第三,为研究人员申请顶尖国家级与国际科研项目基金提供资源指导。为促进研究人员成功立项,高师会为研究人员提供申请顶尖的国家与国际科研项目基金的相关培训。如:项目培训用以提供多元化资助[②];提供申请项目的帮助;为研究人员提供财务、行政、法律和实践方面的建议;从项目提案的结构到合同的签署有伴随全程的服务[③];在项目的监控和进度上,高师在审计框架内参与项目的行政、法律和财务监督。尤其在帮助研究人员寻找经费上,高师鼓励研究人员参与欧洲地平线 2020 计划及其他的区域、国家、国际项目。例如,里昂高师在地区层面,卓越里昂(IDEXLYON)每年发起科学突破计划(Scientific Breakthrough Program,简称 SBP)以支持里昂圣艾蒂安基地最具创新性的研究活动[④],选定的项目在应对重大挑战,如科学、社会、技术或经济方面,能够创造新知识,项目为期三年。除科学兴趣外,所选项目还须有助于提升里昂圣艾蒂安的国际知名度,并通过新研究领域的出现增强其吸引力[⑤]。在国家层面,国家研究机构(ANR)在 2021 年设立了 6 个科学优先事项,"944 万欧元用于人工智能、376 万欧元用于人文和社会科学、187 万欧元用于量子技术、137 万欧元用于罕见病转化研究、150

---

① DINER CNE JEUDI 21 SEPTEMBRE 2017 [EB/OL]. (2017 - 09 - 27) [2021 - 12 - 13]. https://www.clubdesnormaliensdanslentreprise.fr/evenements/details/diner-cne-jeudi-21-septembre-2017.

② Aide au montage de projet [EB/OL]. [2021 - 12 - 14]. http://www.ens-lyon.fr/recherche/services-et-outils/aide-au-montage-de-projet.

③ 同上.

④ IDEXLYON Breakthrough[EB/OL]. (2018 - 07 - 12)[2021 - 12 - 13]. http://www.ens-lyon.fr/indexation/collection/idexlyon-breakthrough.

⑤ 同上.

法国一流大学的国际化战略逻辑与实施路径
以法国高师集团为例

万欧元用于生物医药生产、156 万欧元用于自闭症神经发育障碍",里昂高师的研究人员 2021 年在第一批项目中申请到 40 个,全国共 1 589 个项目[①]。在国际层面,除欧洲研究委员会与地平线 2020 计划外,还有人类前沿科学计划(The Human Frontier Science Program,以下简称 HFSP)[②],促进基础研究的国际合作,重点是阐明生物体的复杂机制,聚焦新颖和跨学科方法,为来自不同国家的科学家团队提供研究资助,2021 年仅有 5 位法国人获得,其中 2 位来自里昂高师,分别是特瓦·弗努(Teva Vernoux)和尤安·库德(Yoan Coudert)。高师集团每年会对青年教师进行项目申请的培训,培训内容包括筹备资金、建立实验室等。

表 10 - 9　高师科研项目基金来源

科研项目类型	资助要求
区域	科学突破计划(SBP),由里昂圣艾蒂安发起,依托"卓越里昂"进行项目征集
国家	国家研究机构(ANR) 国家研究机构的使命是在法国实施项目研究资助
欧盟及国际	欧洲研究委员会(ERC),其唯一的选择标准是科学卓越,致力于探索性研究的"白人科学家"计划 地平线 H2020,其汇集了欧盟对研究和创新的资助,围绕三个主要优先事项:科学卓越、行业领先和社会挑战 人类前沿科学计划(HFSP),促进基础研究方面的国际合作,重点放在新颖和跨学科的方法上,需要跨国合作

第四,为研究人员的科研成果推广与转移平台的搭建提供行政服务,鼓励研究人员建立国际学术关系,从而发展大学间的国际合作交流。研究单

---

① Appel à projets ANR : résultats de l'édition 2021[EB/OL]. (2020 - 09 - 16)[2021 - 12 - 13]. http://www. ens-lyon. fr/actualite/recherche/appel-projets-anr-resultats-de-ledition-2021? ctx = contexte.

② HFSP Funding[EB/OL]. (2021 - 09 - 10)[2021 - 12 - 13]. https://www. hfsp. org/funding/ hfsp-funding/research-grants.

位的实验室具有高度独立性,在隶属的研究单位之中处于松散状态,当实验室与企业合作时,具有独立的自主性,可由实验室自行与企业签订合作的研究合同,并基于双方可以贡献的资源达成双赢,如人工时间、专业知识、实验设备与资金①。例如巴黎-萨克雷高师的实验室或者研究团队每年会与企业签订大概 140—160 份研究合同,主要由研究与创新支持部支持并提供行政服务,在私人资助双边研究项目的框架内,正式确定合作关系。同时,法国大学教师流动主要是依托欧盟层面的 EURAXESS 计划②,然而高师集团的研究人员的流动通常得益于学者个人学术网络的建立。各种形式,如国家、机构、部门或学科之间的流动性,是教师进入高师之后保持学术活力的必要条件之一。在国家与国家之间的流动方面,比如巴黎高师建立的合作访问制度,巴黎高师与世界顶尖大学建立的国际合作关系是先由学者与国外大学,如纽约大学、普林斯顿大学、加州伯克利大学等,建立起合作交流关系,然后再带动大学与大学之间的人才合作交流。在研究机构之间的流动方面,高师通常与 CNRS 有十分紧密的联系,任职教师大都同时附属 CNRS,或者在拿到博士文凭之后先在 CNRS 就职,之后再进入高师任职。

第五,充分的"生活时间"赋予与行政事务的简化有效激发了教师的"学术激情"。研究人员的时间分配包括教学服务、科学研究、个人生活。此外,部分教授及研究人员若被选举为董事会或学术委员会成员,还会承担一定的行政事务,因而,研究人员的时间分配还包含行政时间。在高师内部,自2016 年起每年都会对教师的工作与生活质量进行调查,结果发现,以 35 岁为临界点,研究人员会产生一种差异,兼顾家庭生活和职业管理的女性教师处于"双重时间"(double-journées)的平衡之中,这种刻板印象将女性排除在

---

① Contrat de recherche[EB/OL].(2021 - 12 - 14)[2023 - 09 - 25].https://ens-paris-saclay.fr/node/4803/.

② Euraxess Research in Motion [EB/OL].[2023 - 10 - 01]. http://www.euraxess.fr/funding/search?f%5B0%5D=funding_organisation_country3A793.

学校的重要职位之外①。由于教师研究员这个职业似乎是一个非典型的职业,是一个"激情职业"(métier-passion),这意味着巨大的工作量、灵活性和对私人生活的侵犯,庞大的竞争网络以及苛刻的科学生产需要取之不竭的内驱力②。因此"生活时间"需要充分赋予教师研究人员以维持其"学术激情"。为此,巴黎高师在 2021 年发布的多年行动计划之中提出的目标之一即生活时间的表达(Articulation des temps de vie),认为自身面临的挑战包括应确保男性更多地参与私人生活(家庭)领域,为有孩子的女性研究人员腾出时间进行科学研究;改变对性别刻板观念的认识;针对性别不平等的原因,进一步阐明生活时间的范围③。目前(2021 年),巴黎高师采用了远程办公方式,更好地赋予教师科研人员以充足的生活时间。虽然这遵循了高师的监管规定(特别是孕妇工作时间的规划),但几乎没有具体的实践机制。因此,高师下一步主要致力于开发提供关于生活时间及其影响的协调信息系统,研究和衡量产假对职业发展的影响④。基于此,巴黎高师具体制定了七大行动章程:(1)制定促进工作与生活平衡及断开连接的权利的良好行为章程;(2)为新父母建立一个支持和建议系统,以告知他们有更好地协调私人生活和职业生活的权利;(3)在培训计划中包括关于如何调和生活时间的培训或者研讨会;(4)对于教师,教学服务应相应减少,相当于代理休产假或者收养假,拥有 3 个月的教学休假;(5)对于终身的行政技术人员,从产假或者收养假回来后的 3 个月内,依然以 100% 工作时间下的薪资来支付其80% 的工作时间;(6)为了鼓励经历过职业中断的人迅速恢复研究工作,为

---

① Articulation des temps de vie[EB/OL]. (2021 - 10 - 25)[2021 - 12 - 13]. https://www. ens. psl. eu/l-ecole-normale-superieure-psl/hrs4r-strategie-des-ressources-humaines-pour-les-personnels-de-la.

② 同上。

③ 同上。

④ 同上。

产假或者收养假的返回保留一个研究假期或者主题转换假(CRCT);(7)在预算指导信中,固定一个信封用于更换休假员工的预算①。生活时间的赋予同时还意味着行政时间的减少。法国 2020 年 12 月发布的第 2020 - 1674 号法令提出要"简化实验室生活,给科学家时间",研究人员和教师在很大程度上认为他们的研究、教学和知识转移受到侵入性的行政任务、多重限制和繁琐程序的限制,如接待外国研究人员、实习生、采购、报销任务费用等。因此,减轻实验室的行政负担是多年期研究规划法的核心目标之一,尤其是明确联合研究单位的法律框架,减轻其行政程序②的负担。

五、法国高师师资建设的机制与理念

法国高师在师资选拔与培养中,尊重学术自由,并赋权给教师。以"去行政化"切实减轻教师行政负担,教学豁免权为教师职业发展提供更多自由选择空间,在教师晋升中注重人文关怀与平台搭建,立足培养"大师",调节教师的时间分配,规避功利主义的残酷淘汰制带给教师职业发展的焦虑感,通过"人才库"与国际化师资蓄水池等辅助机制设置,逐步建构良好健康且可持续发展的师资招聘、晋升与发展的生态系统环境。

首先,学术自由与学术自治赋权高校教师科研探索与学术成长。学术自由和平等的理念与文化氛围,让高师的研究人员在遵循客观性与大学包容的原则下拥有教学、研究、言论的自由。针对少数残障群体,学校提供便

---

① Articulation des temps de vie[EB/OL].(2021 - 10 - 25)[2021 - 12 - 13].https://www.ens. psl. eu/l-ecole-normale-superieure-psl/hrs4r-strategie-des-ressources-humaines-pour-les-personnels-de-la.

② LOI n° 2020 - 1674 du 24 décembre 2020 de programmation de la recherche pour les années 2021 à 2030 et portant diverses dispositions relatives à la recherche et à l'enseignement supérieur[EB/ OL].(2020 - 12 - 24)[2021 - 12 - 13].https://www. legifrance. gouv. fr/jorf/id/ JORFTEXT000042738027.

利的一对一职业对接,保障弱势群体的教师专业发展。同时,针对学术职业上的性别平等,设立专门性别平等顾问,确保学校在招聘与晋升中的教师数量比例和薪资待遇上的性别比例平衡,并确保教师,尤其女性教师的教学时间,明晰女教师家庭生活付出,力求保障研究人员的学术与生活的平衡。

其次,"去行政化"与简化行政程序,为教师科研与职业发展松绑。作为精英大学的高师集团,既相对拥有学术自治,又在人才培养中传承了法兰西精神与国家意志。高师在介于"行政化"(国家化)与"自治"间寻求自洽与动态平衡。"去行政化"对于法国高师而言,不仅意味着校级权力的扩大,还意味着校内权力下放,各系所及实验室有权决定内部规章制度,如教师任聘等人事自主权。高师内部专设部门,以便于"行政"更专业地服务于科研人员的研究、教学与技术转移。此外,"去行政化"在法国语境中,不仅指减少国家的行政干预,还包含减少第三方评估机构的程序负担。2020年,法国政府要求高等教育与研究评估高级委员会(HCERES)精简对大学评估的程序,减少评估主体人数,让评估更具有横向对比度,将法国大学置于全球之中,强调评估结果的战略性①。由此,不断巩固大学的自治地位,进一步确立大学的法人地位,赋予大学更多的自主权,包括大学具有自主招聘教师的权利等。

再次,以人文关怀与学术热情为动力机制,促进学生前沿探索与职业成长。法国高师通过机制上的平台搭建与软性环境上的人文关怀氛围营造,以及规避短平快而激烈的竞争淘汰制,创设人性化的"导师制"与大师对话等学术氛围,为学校师资成长为大师提供了持续动力与前沿探索热情。例如,对少数族裔与弱势群体的人文关怀与职业发展挂钩。在性别维度上,对

---

① LOI n° 2020 – 1674 du 24 décembre 2020 de programmation de la recherche pour les années 2021 à 2030 et portant diverses dispositions relatives à la recherche et à l'enseignement supérieur [EB/OL]. (2020 – 12 – 24) [2021 – 12 – 20]. https://www. legifrance. gouv. fr/jorf/id/JORFTEXT000042738027.

女性教师的关注不仅落实到产假及学术休假等制度层面,还落实到准入机制层面。在招聘上保障男女平等,在考察女性应聘者时,不因其研究生涯中断或暂停而对她产生偏见或歧视,相反这种中断的职业轨迹应被认知为候选人的潜力与优势所在。在教龄维度上,对于青年教师,高师虽与之签订三年的准聘合同,引入"非升即走"(UP or OUT),但同时也为青年教师提供一系列专业发展支持,如项目申请的资源指导、专设三年 128 小时的教学豁免、与学术精英的非正式沙龙会谈等机制,以缓解新手教师对学术生涯的迷茫与不安,减轻其焦虑。在身体健康维度上,对于有身体残疾的少数教师,高师会提供一对一的职业经理人与之对接,建立私密的内联网,在保护这些残疾教师尊严的同时,也给予其实现学术理想的机会;校园内的建筑物随处可见专门为残障人开设的通道,保障这部分教师群体的利益。在法国高师内部,最独具特色的是专门为新手研究人员设立的"导师制",通过老教授对青年研究人员潜移默化的熏陶与扶植,培养下一代"大师"。学术研究作为一种需具有冒险精神的职业,对于刚入门的青年研究人员而言,年长教师的支持有力提升了他们的职业安全感。其中,如果教师来自法国以外的国家,还会专门对其介绍法国学术研究的传统范式,包括法国该学科领域理论与方法的主要流派等,帮助这部分教师适应法国的学术环境。在高师集团内,营造的是一种学术自由的氛围,教师队伍被选拔进入之后,更侧重的是对他们的培养,而非淘汰。

最后,灵活开放的教学时间调节为教师科研生活提供机制保障。高师集团在 2018 年就注意到教师的工作质量,开展了全校教师工作质量的调查,对教师的教学时间、行政时间、研究时间、生活时间的分配做出了更加灵活的安排。如青年教师的教学豁免、行政职务的教学豁免、学术休假期,行政人员任期结束之后还可以有学术休假帮助其恢复研究活动。在教学时间上,不仅存在教学豁免,还包括对教学时间的最高限制,不得超过 128 小时,同时可以让教师灵活地调节教学服务的时间。在行政时间的减免上，高师计划推出远程办公，所有程序均由网络提交，不需要纸质材料的记录，全部电子化。对于想要更多研究时间的教师，可凭借欧洲研究委员会、法国国家科研署等项目，申请教学豁免，以保证充足的研究时间，豁免的教学时间视个人情况而定。在生活时间的聚焦上，主要是帮助女性教师减负，让其不处于家庭与职业的两难境地。同时，法国教师的职称晋升不设年龄限制，且注重学术产出的质量而非数量，也为教师专注前沿探索，力求国际前沿的学术引领奠定了基础。

由此，一流师资的建设，不仅在于选拔与激励，还在于职中培养与制度保障。法国高师集团的建设历程对于我国一流师资队伍的建设最具借鉴意义的不是机制的建设，而是背后蕴藏的"尊重学术自由"的灵魂理念，只有从内而外地尊重并践行学术自由，大学的自由探索精神的传承与积淀才会得到沿袭。